阅读与信息检索技术

YUEDU YU XINXI JIANSUO JISHU

◇殷朝华　邵魁德　编著◇

重庆大学出版社

内容提要

本书从信息检索的相关概念、基本原理以及常用技术和方法出发，注重常用检索工具的结构、检索方法和使用技巧的介绍，同时，借助大量的检索示例，将信息检索基础知识与检索案例分析紧密结合，帮助读者快速掌握数字化信息资源的检索和利用方法。本书将传统的"文献检索"课加以延伸和拓展，针对大学生特别是高职学生阅读兴趣缺乏、阅读量较少、阅读思维狭窄、表达能力弱化、写作水平偏低等情况，本教材增加了阅读训练、思维训练、表达训练和写作训练部分。

本书既可用作高等院校信息检索课程的教材，又可用作科研、政务办公和社会各界用户阅读和信息检索的参考工具书。

图书在版编目（CIP）数据

阅读与信息检索技术 / 殷朝华, 邵魁德编著 . -- 重庆 : 重庆大学出版社, 2022.7（2023.1重印）
ISBN 978-7-5689-3448-0

Ⅰ.①阅… Ⅱ.①殷… ②邵… Ⅲ.①读者工作—阅读辅导 ②情报检索 Ⅳ.①G252.1 ②G252.7

中国版本图书馆CIP数据核字（2022）第120838号

阅读与信息检索技术

编　著　殷朝华　邵魁德
策划编辑：杨粮菊
特约编辑：冯雪燕

责任编辑：陈　力　　版式设计：杨粮菊
责任校对：谢　芳　　责任印制：张　策

*

重庆大学出版社出版发行
出版人：饶帮华
社址：重庆市沙坪坝区大学城西路21号
邮编：401331
电话：（023）88617190　88617185（中小学）
传真：（023）88617186　88617166
网址：http://www.cqup.com.cn
邮箱：fxk@cqup.com.cn（营销中心）
全国新华书店经销
重庆长虹印务有限公司印刷

*

开本：787mm×1092mm　1/16　印张：17.25　字数：370千
2022年7月第1版　　2023年1月第2次印刷
ISBN 978-7-5689-3448-0　　定价：59.00元

编委名单

顾　问　陈流汀

编　著　殷朝华　邵魁德

编　委　张志平　刘智慧　李　玲

　　　　刘　燕　邹世琴

PREFACE / 前言

本书紧密结合信息检索的最新发展和应用，介绍了阅读、检索和信息素养的基础知识，着重分析了信息检索的概念和原理、信息检索技术、信息检索语言、信息检索技能、信息检索效果、信息检索工具的应用，还介绍了图书馆、专业网站、数据库和搜索引擎的知识与应用、短视频的制作、综合文书和专业论文的写作等。力求理论与实际相结合，以实操为引领，注重简约性、实操性、实用性和指导性。全书分六个章节加以介绍。第一章阅读与思维；第二章图书馆与检索；第三章自媒体检索与制作；第四章专业网站与检索；第五章专业数据库与检索；第六章构思与写作。

据了解，目前国内高校特别是高职院校大都开设了"文献与信息检索"课程，但苦于理论枯燥、实操细繁、检索工具传统，学生学习兴趣和学习积极性不高。我们一直在思考编写一本结合时代发展，结合自媒体检索与制作，结合知识性、技能性、趣味性阅读，结合实用专业网站和专业数据库检索的简约式、步骤化、实操性的检索教材，培养学生的学习兴趣，提升学生的检索技能和技巧。经过实践和研究，我们最终编写了本书。本书从阅读训练、思维训练、表达训练、检索训练、自媒体制作训练、写作训练入手，引导学生从阅读中发现文化之美、从思考中发现人文之美、从表达中发现语言之美、从写作中发现文采之美、从检索中发现信息之美、从镜头中发现万物之美；让"阅读与信息检索技术"课程成为校园"阅读推广"的主航道。我们在课程中提出"通读概览法""精细品读法""故事衔接法""历史接历法""知识溯源法""手机追查法""内化修炼法""学以致用法""研究考证法"等阅读方法，扩大学生的阅读认知和阅读体验。从"读、思、讲、检、拍、写"多方面引导学生从思维到思想、从情境到意境、从感知到感悟来扩大阅读的感知收获。指导学生用科学、实用的方法去阅读、思考、记忆、背诵、朗读、分享、写作、传播，从而促进校园和社会阅读风气的形成。

本书可作为高等院校大学生信息素养教育的专用教材。本书力求指引实操，力求传授技能，力求简化各种数据库操作，力求直观、真实、步骤化，既便于理解、操作和掌握，又扩大知识面和知识域，是非常实用的图书馆学、档案学、信息学、信息资源管理专业学生的专业教材，也可作为其他专业选修和必修阅读与信息检索技能课的实用教材。

编　者

2022 年 3 月

CONTENTS / 目录

第二章 图书馆与检索

第三章 自媒体检索与制作

第四章　专业网站与检索

第五章　专业数据库与检索

第六章　构思与写作

附录　现代教学工具的应用

第一章

阅读与思维

1.1 阅读训练

📖 阅读意义

阅读是运用语言文字来获取信息、认识世界、发展思维，并获得审美体验与知识的活动。阅读是一种主动的过程，由阅读者根据不同的目的加以调节控制，能陶冶人们的情操，提升自我修养。阅读是一种理解、领悟、吸收、鉴赏、评价和探究文章的思维过程，阅读可以获取知识，可以改变思想，可以获得灵感和智慧，从而可能改变命运。历史上凡是有成绩之人，无不喜欢阅读和学习。通过阅读和学习，掌握知识、发展思维、领悟思考、努力实践，创造价值。

"大学生作为新时代的主人，如何成为复合型人才、应对瞬息万变的社会环境，保持自己永远处于不败之地？"正确的办法就是学习和阅读。人只有不断学习，长期阅读，丰富自己的知识、技能、远见、智慧，才能在竞争中处于不败。人类的知识和智慧是来自前人的成果之上，站在前人的肩膀上，你才能看得更远、见识更广。人的一生要做许多投资，其他投资都有可能亏本，只有投资自己、投资自己的大脑不会亏本，只会稳赚不赔。

多阅读，多掌握知识，你将成为人类的骄子。阅读＝心境＋思想＋格局。

📖 阅读目的

通过阅读掌握前人总结的知识、获取前人的生活经验和生活智慧、学习前人语言、思维，丰富自己的知识体系，修养个人灵魂和道德。通过阅读借鉴前人的成功经验和失败教训，丰富自己阅历，使自己在人生路上少走弯路。阅读的目的具体可分为：消遣读、兴趣读、知识读、借鉴读、目标读、实用读。

毛泽东一生酷爱读书。据徐中远《毛泽东是怎样读二十四史的》介绍，毛泽东同志从青少年时代起就酷爱读书，一直到他生命的最后一天。他几十年如一日，不知疲倦，不懈地追求，每天无休止地读书，一生读过数万册的书刊。毛泽东逝世以后，我们将他生前读过的书和他老人家在中南海住地的存书进行了登记和统计，合计书刊有近 10 万册。这还不包括他在革命战争年代遗失了的藏书及出差到外地向当地图书馆借阅的图书。综观毛泽东一生的读书实践，我们有以下四点启示：（一）读书要"下苦功"；（二）读书要"挤"和"钻"；（三）读书要紧密联系实际；（四）"不动笔墨不看书"。

金庸一生读书、写书。金庸本名查良镛，当代武侠小说作家、新闻学家、企业家、政治评论家、社会活动家，被誉为"香港四大才子"之一，与古龙、梁羽生、温瑞安并称为中国"武侠小说四大宗师"。其家为书香门第。金庸受祖父影响，知道一定要读书，才能解救民族苦难，故他尤爱阅读关于历史的书籍，如《资治通鉴》《二十五史》等。对金庸影响至深的就是其父查枢卿。查父在金庸年幼时，每天将武侠小说《荒江女侠》剪存给他看，令他对武侠小说产生了浓厚兴趣，后来主动追看《水浒传》和《七侠五义》等著作，为日后撰写武侠小说奠下根基。金庸 8 岁开始接触武侠小说，读的第一本武侠小说是《荒江女侠》，15 岁读初中三年级的金庸与同学合编了一本《给投考初中者》。这是此类型书籍首次在中国出版，也是金庸出版的第一本书。20岁考入位于重庆的中央政治大学外交系。后在中央图书馆挂职，阅读了大量书籍。31岁首次以"金庸"为笔名拟写了首部武侠小说《书剑恩仇录》。之后他写武侠小说多部，主要几部小说的首字连成一副对联："飞雪连天射白鹿，笑书神侠倚碧鸳。"

诺贝尔文学奖获得者莫言从小迷恋读书。他说过："读书可以改变一个人的命运"。莫言，本名管谟业，中国当代作家，现为北京师范大学教授，国际写作中心主任。2012 年 10 月，成为首位中国籍诺贝尔文学奖获得者。莫言从小就热爱读书，但只上了五年小学就辍学了，他是靠读"闲书"、听"闲故事"长大的。这些"闲书"包括《封神演义》《三国演义》《水浒传》《儒林外史》《青春之歌》《破晓记》《三家巷》《钢铁是怎样炼成的》等。他 21 岁参军，曾任战士、班长、教员、干事等职。他在部队担任了 4 年的图书管理员，阅读了大量的文学、哲学和历史书籍，包括黑格尔的《逻辑学》、马克思的《资本论》等。他 23 岁开始进行文学创作。26 岁发表处女作短篇小说《春夜雨霏霏》。29 岁考入原解放军艺术学院文学系。30 岁发表成名作中篇小说《透明的红萝卜》。31 岁发表中篇小说《红高粱》，在文坛引起轰动。

司马迁 10 岁就阅读古代史书。司马迁在史官家庭中长大，受到良好的文化熏陶，自幼就养成了读书的习惯，据《太史公自序》的陈述："年十岁则诵古文"，从 10岁开始诵读用籀文写就的文献。司马迁的父亲司马谈曾任太史令，是一位刻苦勤奋的学者。司马谈多方求教，"学天官于唐都，受《易》于杨何，习道论于黄子"（《太史公自序》）。司马迁从小就打下了坚实的古文基础。他还转益多师，向儒学大师孔安国学习古文《尚书》，向董仲舒学习公羊派《春秋》。后来担任太史令，他又利用工作上的方便，翻阅了由国家收藏的各种文献资料。从《史记》提供的线索来看，司马迁的阅读范围非常广泛，上至古老的有关三代的典籍，下至西汉盛世司马相如等人的辞赋，他都有涉猎。至于诸子百家的著作，春秋战国到秦汉之际的史料，乃至朝廷的公文档案，都是他的阅读对象。司马迁对于上述文献不是浮光掠影式地浏览，而是认真地鉴别真伪，比较异同。最终用了 13 年时光完成了历史巨著《史记》。《史记》代表了古代历史散文的最高成就，鲁迅称它是"史家之绝唱，无韵之离骚"（《汉文学史纲要》）。司马迁是汉代成就最高的散文家，他那渊博的学识、深邃的思想、不朽的人格，以及挥洒自如的神来之笔，令后代文人仰慕不已。

图 1.1.1　伟大的史学家、思想家、文学家司马迁[1]

　　勤学善思诸葛亮。诸葛亮，三国时期蜀汉丞相，中国古代杰出的政治家、军事家、发明家、文学家。《三国演义》载有："床头堆积皆黄卷，座上往来无白丁。""或驾小舟游江湖之上，或访僧道于山岭之中，或寻朋友于村落之间，或乐棋琴于洞府之内。"说明诸葛亮是一位爱读书、爱学习、爱观察、爱交流、爱思考之人。他的知识和智慧来源于外部获得的知识、信息，来源于自我的分析和思考。

图 1.1.2　杰出的政治家、军事家、文学家诸葛亮[2]

　　从各个时代有成就之人的学习经历看，同学们要想成才、有所作为、对社会有更大贡献，必须爱读书、勤读书、多读书、读好书，并善于观察，勤于思考，树立目标，勇于践行，不懈努力。

---

[1] 伟大的史学家、思想家、文学家司马迁，图片来源于百度《结合具体事例分析〈史记〉的人物形象》。
[2] 杰出的政治家、军事家、文学家诸葛亮，图片来源于千叶互享资讯《诸葛亮隐居多年，为何舌战群儒时，却对东吴各大臣事迹了如指掌？》。

📖 阅读动力

　　阅读可通过口诵心行，接受知识、认识世界、感悟人生、提升境界。没有阅读就没有提高。阅读的动力就来源于对阅读本身的发自内心的一种向往和执着的恒久精神力量。阅读是人与文献之间的对话过程，当你读的书越多，你就越会发现自己的不足。同时，对于生活和社会就会有更深刻的思考，慢慢地你就会越发谦卑，内心越来越宁静。阅读的动力和兴趣直接影响着我们的人文素养、知识水平、生命境界的高低。通过阅读毛姆的《月亮与六便士》《刀锋》《面纱》《人生的枷锁》，你会发现在日常生活之外，我们还应有一颗向往远方的心，关于生活、关于社会、关于历史、关于宇宙、关于生命这一切的欲望和求知便是我们阅读的动力。

　　看一位作家是怎样产生阅读动力的：我最初的读书动力不是因为书中自有黄金屋，也不是想通过读书考取功名。说实话是闲时无聊，我又不善于社交，不善于交朋友，那就为了摆脱孤独开始读书。一开始读的书完全是被书中的故事情节吸引，自己也成了书中的主人公。随着书中的情节变化，自己的喜怒哀乐也随着起落，后来就萌生了自己也想写点儿什么的冲动。然后就更加用心地去找一些专业书籍来读，更加用心地去分析书中的写作手法。后来就走上了买书、读书的道路，我买了很多书，也读了很多书。但是没想到歪打正着，这些书在提高我的审美能力方面起到了很大的帮助作用。使我在绘画艺术这条路上越走越远，越攀越高。使我凭我自己的本事，在任何一个城市都能很轻松地生存下来。再后来这些书读多了，我就开始用漫长的时间来整理自己平时的读书笔记，然后开始写书。写书，把自己心里话说给全世界人听。于是我找到了那些从未谋面的知音，知音来自世界各地，很多人用读我的书来排解自己的孤独，然后我的孤独也就不再孤独了。阅读的动力就是来自自己的兴趣、爱好，来自自己的需求和追求。

　　阅读的原力是"心力"。通过"心力"的作用，感悟万事万物、感悟大千世界、感悟人生哲理。通过"勤读"和"善思"获得知识和智慧。阅读是一种主动行为过程，其实质是通过阅读加以思考和获知。阅读需要"静下心来"。《大学》曰："静而后能安，安而后能虑，虑而后能得。""物有本末，事有终始，知所先后，则近道矣。"通过读、思而获"道"。通过读、思而获"技"，通过读、思而获"能"。多阅读，多获知，你会发现自己"无所不能"。通过阅读悟道、品味、审美、启迪、正心；扬善、弃恶；抒情、铭志、鉴史。通过勤读、善思，将知识和悟道内化成个人品质。

　　毛泽东在《心之力》中说：

　　宇宙即我心，我心即宇宙。细微至发梢，宏大至天地。世界、宇宙、万物皆思维心力所驱使。博古观今，尤知人类之所以为世间万物之灵长，实为天地间心力最致力于进化者也；志者，心力者也；天之力莫大于日，地之力莫大于电，人之力莫大于心。

扫描二维码
朗读

阳气发处，金石亦透，精神一到，何事不成？人生于天地之间，形而下者曰血肉之躯，形而上者曰真心实性。血肉者化物质之所成，心性者先天地之所生。故而有唯物唯心之论说。人活于世间，血肉乃器具，心性为主使，神志为天道；血肉现生灭之相，心性存不变之质，一切有灵生命皆与此理不悖。盖古今所有文明之真相，皆发于心性而成于物质。德政、文学、艺术、器物乃至个人所作所为均为愿、欲、情等驱使所生；故个人有何心性即外表为其生活，团体有何心性即外表为其事业，国家有何心性即外表为其文明，众生有何心性即外表为其业力果报。故心为形成世间器物之原力，佛曰：心生种种法生，心灭种种法灭；心为万力之本，由内向外则可生善、可生恶、可创造、可破坏；修之以正则可造化众生，修之以邪则能涂炭生灵。心之伟力如斯……

📖 中华国学经典

中华国学经典就是中华传统文化中的精华部分。中国传统文化是齐鲁文化、荆楚文化、吴越文化、巴蜀文化等地域文化，儒、道、墨、法等学派文化，百川归海、相互触摄、绵延至今的历史产物。经过先秦时期的百家争鸣及以后兴衰迭变的历史选择，形成了儒道互补的思想文化主流，再同佛教思想交合涵化而构成儒道佛三教合流的中华思想文化。学国学经典是一种素质教育，作为当代大学生，应当阅读和研究国学经典，以便从中汲取营养并用来指导自己的日常生活、社会实践和个人修养。

【中华国学经典——经部】

十三经：《易经》《尚书》《周礼》《仪礼》《左传》《公羊传》《谷梁传》《尔雅》《孟子》《礼记》《论语》《孝经》《诗经》

【中华国学经典——史部】

二十五史：《史记》《汉书》《后汉书》《三国志》《晋书》《宋书》《南齐书》《梁书》《陈书》《魏书》《北齐书》《周书》《隋书》《南史》《北史》《旧唐书》《新唐书》《旧五代史》《新五代史》《宋史》《辽史》《金史》《元史》《明史》《清史稿》

【中华国学经典——子部】

《孙子兵法》《吴子》《六韬》《司马法》《三略》《尉缭子》《唐李问对》《孙膑兵法》《百战奇略》《将苑》《守城录》《太白阴经》《历代兵制》《备论》《墨子·城守》《握奇经》《鬼谷子》《何博士备论》《三十六计》《孙子略解》《阴符经》《素书》《乾坤大略》

【中华国学经典——集部】

《全唐诗》《全宋词》《李太白全集》《乐府诗集》《文心雕龙》《文选》《王右丞集笺注》《楚辞》《楚辞补注》《观林诗话》《优古堂诗话》《诚斋诗话》《庚溪诗话》《草堂诗话》《藏海诗话》《六一诗话》《后山诗话》《诗品》《彦周诗话》《二老堂诗话》《怀麓堂诗话》《沧浪诗话》《诗人玉屑》《中山诗话》

【中华国学经典·四书】

《论语》《孟子》《大学》《中庸》

【中华国学经典·五经】

《诗经》《尚书》《礼记》《周易》《春秋》

【中华国学经典——诸子百家丛书】

《老子》《庄子》《管子》《列子》《墨子》《荀子》《尸子》《孙子》《孔子集语》《晏子春秋》《吕氏春秋》《贾谊新书》《春秋繁露》《扬子法言》《文子缵义》《商君书》《韩非子》《淮南子》《文中子中说》《道德经》《山海经》《阴符经》《关尹子》《亢仓子》《鹖子》《公孙龙子》《鬼谷子》《子华子》《尹文子》《鹖冠子》《穆天子传》《十洲记》《列仙传》《抱朴子》《曾子全书》《子思子全书》《盐铁论》《说苑》《独断》《傅子》《神异经》《博物志》《神仙传》《邓析子》《慎子》《孔子家语》《孔丛子》《周髀算经》《九章算术》《太玄经》《新语》《新序》《白虎通德论》《风俗通义》《论衡》《潜夫论》《申鉴》《中论》《人物志》

📖 经典文献介绍

扫描二维码
视频

图 1.1.3 《四书五经》

"四书五经"：是"四书"与"五经"的合称，是历代儒客学子研学的核心经书。在中国传统文化的诸多文献作品中，"四书五经"占据着重要的位置。它记载了我国早期思想文化发展史上政治、军事、外交、文化等各个方面的史实资料以及孔孟等思想家的重要观点。四书：《大学》《中庸》《论语》《孟子》四部作品。五经：《诗经》《尚书》《礼记》《周易》《春秋》五部作品。《春秋》由于文字过于简略，通常分别与解释《春秋》的《左传》《公羊传》《谷梁传》合刊。"四书"之名始于宋朝，"五经"之名始于汉武帝。

"二十五史"："二十五史"是中国历代的二十五部纪传体史书的总称，包括《史记》《汉书》《后汉书》《三国志》《晋书》《宋书》《南齐书》《梁书》《陈书》《魏书》《北齐书》《周书》《隋书》《南史》《北史》《旧唐书》《新唐书》《旧五代史》《新五代史》《宋史》《辽史》《金史》《元史》《明史》《清史稿》。除《史记》是通史外，其余都是断代史，且均为官修史书。"二十五史"记叙的时间，从第一部《史记》记叙传说中的黄帝起，到最后一部《清史稿》记叙清朝灭亡大约 5 000 年的历史进程，构成了一个前后衔接、连续不断的整体。其内容非常丰富，记载了历代经济、政治、军事、文化艺术、科学技术等方面的内容，"二十五史"修撰情况介绍见表 1.1.1。

扫描二维码
视频

表 1.1.1　"二十五史"修撰情况介绍

书名	卷数 / 卷	修撰者	书名	卷数 / 卷	修撰者
《史记》	130	西汉 司马迁	《南史》	80	唐 李延寿
《汉书》	100	东汉 班固	《北史》	100	唐 李延寿
《后汉书》	120	南朝 宋范晔	《旧唐书》	200	后晋 刘昫等
《三国志》	65	西晋 陈寿	《新唐书》	225	北宋 欧阳修等
《晋书》	130	唐房 玄龄等	《旧五代史》	150	北宋 薛居正等
《宋书》	100	南朝 梁沈约	《新五代史》	74	北宋 欧阳修
《南齐书》	59	南朝 梁萧子显	《宋史》	496	元 脱脱等
《梁书》	56	唐 姚思廉	《辽史》	116	元 脱脱
《陈书》	36	唐 姚思廉	《金史》	135	元 脱脱
《魏书》	114	北朝 北齐魏收	《元史》	210	明 宋濂等
《北齐书》	50	唐 李百药	《明史》	332	清 张廷玉等
《周书》	50	唐 令狐德棻等	《清史稿》	529	赵尔巽主编
《隋书》	85	唐 魏征等			

《史记》：西汉史学家司马迁撰写的纪传体史书，是中国历史上第一部纪传体通史，记载了上至上古传说中的黄帝时代，下至汉武帝太初四年（前 101 年）共 3 000 多年的历史。该著作前后经历了 14 年才得以完成。《史记》规模巨大，体系完备，而且对此后的纪传体史书影响很深。《史记》与《汉书》《后汉书》《三国志》合称"前四史"。《史记》还被认为是一部优秀的文学著作。

扫描二维码
视频

图 1.1.4　《史记》

图 1.1.5 《资治通鉴》

《资治通鉴》：常简作《通鉴》，是由北宋史学家司马光主编的一部多卷本编年体史书，共 294 卷，约三百多万字，另有《考异》《目录》各三十卷。历时十九年完成。主要以时间为纲，事件为目，从周威烈王二十三年（前 403 年）写起，到五代后周世宗显德六年（959 年）征淮南停笔，涵盖十六朝 1 362 年的历史。在这部书里，编者总结出许多经验教训供统治者借鉴，宋神宗认为此书"鉴于往事，有资于治道"，即以历史的得失作为鉴诫来加强统治，故定名为《资治通鉴》（图 1.1.5）。

《永乐大典》：明永乐年间由明成祖朱棣先后命解缙、姚广孝等主持编纂的一部集中国古代典籍于大成的类书。初名《文献大成》，后明成祖亲自撰写序言并赐名《永乐大典》。全书 22 877 卷（目录 60 卷，共计 22 937 卷），11 095 册，约 3.7 亿字，汇集了古今图书七八千种。全书于永乐六年（1408 年）才抄写完毕。《永乐大典》内容包括经、史、子、集、天文地理、阴阳医术、占卜、释藏道经、戏剧、工艺、农艺等，涵盖了中华民族数千年来的知识财富（图 1.1.6）。

图 1.1.6 《永乐大典》

图 1.1.7 《四库全书》

《四库全书》：全称《钦定四库全书》（图 1.1.7），是清代乾隆时期编修的大型丛书。在清高宗乾隆帝的主持下，由纪昀等 360 多位高官、学者编撰，3 800 多人抄写，耗时 13 年编成。分经、史、子、集四部，故名"四库"。据文津阁藏本，共收录 3 462 种图书，共计 79 338 卷，36 000 余册，约八亿字。乾隆四十四年（1779 年）开始编撰，乾隆四十七年（1782 年）初稿完成，乾隆五十七年（1792 年）全部完成。乾隆帝命人手抄了 7 部《四库全书》，下令分别藏于全国各地。先抄好的四部分贮于紫禁城文渊阁、辽宁沈阳文溯阁、圆明园文源阁、河北承德文津阁珍藏，这就是所谓的"北四阁"。后抄好的三部分贮扬州文汇阁、镇江文宗阁和杭州文澜阁珍藏，这就是所谓的"南三阁"。

《钦定四库全书荟要》：编纂宗旨与《四库全书》不同，《四库全书》面向世人，而《钦定四库全书荟要》（以下简称《荟要》）（图 1.1.8）仅供皇帝御览，从未流向民间，因此，《荟要》有着《全书》无法与之相匹的特色。《荟要》旨在于精，而不在于多。只收存享有盛名而又确实能影响世人的作品，其思想学术、义理辞章俱属上乘，中国传统思想文化的菁华尽备于斯。《荟要》所收书籍

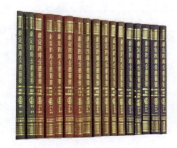

图 1.1.8 《钦定四库全书荟要》

的种类只有《四库全书》的七分之一，而册数是《四库全书》的三分之一，可谓"全书中的全书，精品中的精品"。

　　《道德经》：春秋时期老子（李耳）的哲学作品，又称《道德真经》《老子》《五千言》《老子五千文》（图1.1.9），是道家哲学思想的重要来源。道德经分上下两篇，上篇《德经》，下篇《道经》，后改为《道经》在前，37章，《德经》在后，44章，共为81章。《道德经》以哲学意义之"道德"为纲宗，论述修身、治国、用兵、养生之道，而多以政治为旨归，乃所谓"内圣外王"之学，文义深奥，包涵广博，被誉为"万经之王"。《道德经》是中国历史上最伟大的名著之一，对传统哲学、科学、政治、宗教等产生了深刻影响。据联合国教科文组织统计，《道德经》是除了《圣经》以外被译成外国文字发布量最多的文化名著。

图1.1.9　《道德经》

扫描二维码
视频

　　据文献记载，老子静思好学，知识渊博。他的老师商容教授知识过程中，老子总是寻根问底，对知识非常渴望。为解开自己的疑惑，他经常仰头观日月星辰，思考天上之天为何物，以至于经常睡不着觉。后来，商容老师"实乃老夫之学有尽。"推荐老子入周都深造。据老子《道德经全集》记载："老子入周，拜见博士，入太学，天文、地理、人伦，无所不学，《诗》《书》《易》《历》《礼》《乐》无所不览，文物、典章、史书无所不习，学业大有长进。博士又荐其入守藏室为史。守藏室是周朝典籍收藏之所，集天下之文，收天下之书，汗牛充栋，无所不有。"通过这段经历，老子积累了丰富的学识，也使他远近闻名。

四大国学经典——《周易》《老子》《论语》《孙子兵法》

　　《周易》：由《易经》和《易传》组成。《周易》包含了深刻的人生哲理，尤其经过《易传》解释和发挥，其哲理化程度达到了新的高度，遂成为一部博大精深的哲学典籍。正因如此，《周易》得到了各朝统治者的青睐，成为官方安邦治国、修身养性的哲学之书，被称为"五经之首"，大道之源。

　　《老子》：《道德经》又名《老子》，或称《五千言》。《老子》是道家学派最具权威的经典著作。它文约意丰，涵盖哲学、伦理学、政治学、军事学等诸多学科，其内容博大精深，玄奥无极，涵括百家，包容万物，被后人尊奉为治国、齐家、为学、修身的宝典。

　　《论语》：是中国春秋时期一部语录体散文集，主要记录孔子及其弟子的言行，较为集中地反映了孔子的思想，是儒家学派的经典著作之一。《论语》，圣人之学，载道之学，君子治天下之学也。

　　《孙子兵法》：又称《孙武兵法》或《吴孙子兵法》，是中国现存最早的兵书，也是世界上最早的军事著作，问世已有 2 500 余年历史。《孙子兵法》是中国古代军事文化遗产中的璀璨瑰宝，优秀传统文化的重要组成部分，其内容博大精深，思想精邃富赡，逻辑缜密严谨，是古代军事思想精华的集中体现，被奉为"兵家经典""兵学圣典"。现存《孙子兵法》共有 6 000 字左右，一共 13 篇。作者为春秋时祖籍齐国乐安的吴国将军孙武。

📖 阅读方法

　　阅读方法有多种，不同人的阅读习惯、阅读目的不同，会应用不同的阅读方法。从具体的实用性方法上分为"通读概览法""精细品读法""故事衔接法""历史接力法""知识溯源法""手机追查法""学以致用法""研究考证法"等。阅读的真正目的是掌握知识、掌握历史（知识来源）、掌握原理、学以致用。终极目的是"学"和"用"。

　　通读概览法：指一般性阅读。把书籍或文章从头到尾阅读一遍，掌握大概内容，意在追求对作品的整体理解以及阅读速度，不注重一些字句的翻译或逐字逐句地理解文章，从整体角度通览全文的阅读方法。

　　精细品读法：即精细深入阅读。对文章的语言、内容、结构、表现手法等进行精细的研读、理解、掌握、记忆，以达到理解内容、吸收知识、提高境界、丰富人生的阅读方法。

　　故事衔接法：在阅读文章和作品时，以掌握"故事"为主线索，通过一个"故事"联想到相关的另一个"故事"，逐渐扩大故事范围，通过"故事"与"故事"的衔接来掌握整个阅读内容的方法。

　　历史接力法：通过某一历史事件、历史人物、历史时代，联想到相关的事件、人物、时代，并进行接力式学习和掌握，最后使掌握的知识具有整体性和完整性的阅读方法。

　　知识溯源法：通过工具阅读某一方面的知识，直至追溯到它的来历和最早的起源以及相关的演变，从而完整掌握这一知识和相关内容的方法。

　　手机追查法：以人物、事件、典故为线索，利用手机的快速搜索，准确查询、查找到相关人物、事件和历史事实，以求扩大知识、了解掌握事实真相的阅读方法。

　　学以致用法：将学到的知识、信息、美文、辞藻，主动运用到工作、实践、交际和讲话中，从而促进知识的掌握和深化学习的阅读方法。

　　研究考证法：指一边阅读一边研究，并查阅、对比相关文献，对某一事件、某一历史事实、某一人物原型等的考证和求证的阅读方法。

📖 阅读范例

【经典阅读】

悟　道

　　道可道，非常道；名可名，非常名。无名，天地之始；有名，万物之母。故常无，欲以观其妙；常有，欲以观其徼。此两者，同出而异名，同谓之玄，玄之又玄，众妙之门。

——老子《道德经》

　　这是老子对"道"这个概念的总括性的描述：道，非当时社会一般的道，即人伦、常理之道，也非当时所能命名之道。老子的"道"已经超越了世俗社会生活，更加接近于自然法则之道。因为天地万物的始基与母源在于"道"，由道开始，"道生一，一生二，二生三，三生万物"。由此，老子用"玄之又玄"来描述"道"的特殊性与深奥性，而"道"虽然"视之而弗见""听之而弗闻""搏之而弗得"，但老子所言之道并不远人，只是老子用"玄"来强调他所言之道与当时社会所言之道的差异性，并且阐述他所言之道的超然性与根基性。

　　大学之道，在明明德，在亲（新）民，在止于至善。知止而后有定，定而后能静，静而后能安，安而后能虑，虑而后能得。物有本末，事有终始，知所先后，则近道矣。古之欲明明德于天下者，先治其国；欲治其国者，先齐其家；欲齐其家者，先修其身；欲修其身者，先正其心；欲正其心者，先诚其意；欲诚其意者，先致其知。致知在格物。物格而后知至，知至而后意诚，意诚而后心正，心正而后身修，身修而后家齐，家齐而后国治，国治而后天下平。自天子以至于庶人，壹是皆以修身为本。

——曾子《大学》

图1.1.10　周易先天八卦图

　　道，反映出万事万物的自然规律，接近事物的本质。天道、物道、人道皆如此。正如周易先天八卦图一样，揭示了自然万物变化的规律，所以人们将周易称为"大道之源""宇宙密码"（图1.1.10）。

图 1.1.11　水、木、火、土、金自然相生相克

喜怒哀乐之未发，谓之中；发而皆中节，谓之和。中也者，天下之大本也，和也者，天下之达道也。致中和，天是位焉，万物育焉。

——子思《中庸》

万事万物皆有各自运行规律，大自然的万事万物相生相克——"发而皆中节"，构成自然现象和规律。如大自然"水、木、火、土、金"一样，相伴、相生、相克（图 1.1.11）。

品　味

扫描二维码
朗读

关关雎鸠，在河之洲。窈窕淑女，君子好逑。
参差荇菜，左右流之。窈窕淑女，寤寐求之。
求之不得，寤寐思服。悠哉悠哉，辗转反侧。
参差荇菜，左右采之。窈窕淑女，琴瑟友之。
参差荇菜，左右芼之。窈窕淑女，钟鼓乐之。

——《关雎》

《诗经》是我国古代诗歌的开端，是中国最早的一部诗歌总集。其内容概括为一句话：思无邪。《诗经》中的诗歌清晰而真诚。它是我国先民感情与生活的凝练。

《关雎》是诗经的第一首，历来被人们称道。这首诗歌将男子相思、追求女子的行为表现得十分高雅、美好和有品位。

审　美

扫描二维码
朗读

蒹葭苍苍，白露为霜。所谓伊人，在水一方。
溯洄从之，道阻且长。溯游从之，宛在水中央。
蒹葭萋萋，白露未晞。所谓伊人，在水之湄。
溯洄从之，道阻且跻。溯游从之，宛在水中坻。
蒹葭采采，白露未已。所谓伊人，在水之涘。
溯洄从之，道阻且右。溯游从之，宛在水中沚。

——《蒹葭》

《蒹葭》也是《诗经》中的名篇，其中的"所谓伊人，在水一方"将男女之间的"爱而不能""追而不及"的感情表现得淋漓尽致。缺憾的爱情总让人回味，镜花水月的事情总让人无限追寻和遐想。

　　1980 年，由著名歌手邓丽君演唱的红遍大江南北的歌曲《在水一方》，就是著名作家琼瑶根据《诗经·蒹葭》改写的歌词。歌曲曲调婉转悠扬，邓丽君的歌声更是柔情似水，她的音色与词曲完美地结合，体现了歌词中塑造的流水般的意境和美感。

　　　绿草苍苍，白雾茫茫，有位佳人，在水一方。
　　　绿草萋萋，白雾迷离，有位佳人，靠水而居。
　　　我愿逆流而上，依偎在她身旁，无奈前有险滩，道路又远又长。
　　　我愿顺流而下，找寻她的方向，却见依稀仿佛，她在水的中央。

——歌曲《在水一方》

扫描二维码
演唱

【名著阅读】

　　通过前文经典的介绍，我们已经领略到了中国传统文化的博大精深和精彩纷呈。华夏文化悠悠五千年的历史，成就了无数的文学形式。例如上古的神话，两周的诗歌，先秦的散文，汉代的辞赋，唐代的诗和传奇，宋代的词和话本，元代的杂剧以及明清的小说。在如此众多的文学形式中，小说最受读者青睐。然中国古典名著常常遇到这样一种尴尬的境况，读者对它敬而远之，想读但又怕读，总在拿与放之间往返再三。前段时间，互联网上做过这样一份调查："说说你读起来很困难的作品有哪些？"上万人参与投票，前十名中，中国四大名著通通上榜。此时触碰到了棘手的问题，中国古典名著如何读？今天我们以古典小说的经典之作《红楼梦》和《三国演义》为例，介绍阅读方法。

　　小说的阅读可以应用"故事衔接法"，通过已知或探知的"故事"为主线索去读，将一个个生动的"故事"连接在一起，形成对整部作品内容的总体掌握。

　　《红楼梦》是中国文学史上最伟大的一部小说，是一部博大精深的作品，被誉为"中国封建社会的百科全书"，是我国古代小说的巅峰之作。

　　《红楼梦》的故事："石头神话""绛珠还泪""甄家突变""宝玉摔玉""王熙凤出场""雨村判案""黛玉进贾府""元春省亲""黛玉葬花""黛玉焚稿""刘姥姥三进荣国府""宝玉出家"等。

启　迪

读曹雪芹《红楼梦》

　第一回　甄士隐梦幻识通灵　贾雨村风尘怀闺秀

　　原来女娲氏炼石补天之时，于大荒山无稽崖炼成高经十二丈，方经二十四丈顽石三万六千五百零一块。娲皇氏只用了三万六千五百块，只单单剩了一块未用，便弃在此山青埂峰下。谁知此石自经煅炼之后，灵性已通，因见众石俱得补天，独自己无材

扫描二维码
听朗读

不堪入选，遂自怨自叹，日夜悲号惭愧。

一日，正当嗟悼之际，俄见一僧一道远远而来，生得骨格不凡，丰神迥异，说说笑笑来至峰下，坐于石边高谈快论。先是说些云山雾海神仙玄幻之事，后便说到红尘中荣华富贵；此石听了，不觉打动凡心，也想要到人间去享一享这荣华富贵，但自恨粗蠢，不得已，便口吐人言，向那僧道说道："大师，弟子蠢物，不能见礼了。适闻二位谈那人世间荣耀繁华，心切慕之。弟子质虽粗蠢，性却稍通；况见二师仙形道体，定非凡品，必有补天济世之材，利物济人之德。如蒙发一点慈心，携带弟子得入红尘，在那富贵场中，温柔乡里受享几年，自当永佩洪恩，万劫不忘也。"二仙师听毕，齐憨笑道："善哉，善哉！那红尘中有却有些乐事，但不能永远依恃，况又有'美中不足，好事多磨'八个字紧相连属，瞬息间则又乐极悲生，人非物换，究竟是到头一梦，万境归空，倒不如不去的好。"

这石凡心已炽，那里听得进这话去，乃复苦求再四。二仙知不可强制，乃叹道："此亦静极思动，无中生有之数也。既如此，我们便携你去受享受享，只是到不得意时，切莫后悔。"石道："自然，自然。"那僧又道："若说你性灵，却又如此质蠢，并更无奇贵之处。如此也只好踮脚而已。也罢，我如今大施佛法助你助，待劫终之日，复还本质，以了此案。你道好否？"石头听了，感谢不尽。那僧便念咒书符，大展幻术，将一块大石登时变成一块鲜明莹洁的美玉，且又缩成扇坠大小的可佩可拿。那僧托于掌上，笑道："形体倒也是个宝物了！还只没有实在的好处，须得再镌上数字，使人一见便知是奇物方妙。然后携你到那昌明隆盛之邦，诗礼簪缨之族，花柳繁华地，温柔富贵乡去安身乐业。"石头听了，喜不能禁，乃问："不知赐了弟子那几件奇处，又不知携了弟子到何地方？望乞明示，使弟子不惑。"那僧笑道："你且莫问，日后自然明白的。"说着，便袖了这石，同那道人飘然而去，竟不知投奔何方何舍。

后来，又不知过了几世几劫，因有个空空道人访道求仙，忽从这大荒山无稽崖青埂峰下经过，忽见一大块石上字迹分明，编述历历。空空道人乃从头一看，原来就是无材补天，幻形入世，蒙茫茫大士、渺渺真人携入红尘，历尽离合悲欢炎凉世态的一段故事。后面又有一首偈云：

无材可去补苍天，枉入红尘若许年。

此系身前身后事，倩谁记去作奇传？

诗后便是此石坠落之乡，投胎之处，亲自经历的一段陈迹故事。其中家庭闺阁琐事，以及闲情诗词倒还全备，或可适趣解闷，然朝代年纪、地舆邦国却反失落无考。

空空道人遂向石头说道："石兄，你这一段故事，据你自己说有些趣味，故编写在此，意欲问世传奇。据我看来，第一件，无朝代年纪可考；第二件，并无大贤大忠理朝廷治风俗的善政，其中只不过几个异样女子，或情或痴，或小才微善，亦无班姑蔡女之德能。我纵抄去，恐世人不爱看呢。"石头笑答道："我师何太痴耶！若云无朝代可考，今我师竟假借汉唐等年纪添缀，又有何难？但我想，历来野史，皆蹈一辙，莫如我这不借此套者，反倒新奇别致，不过只取其事体情理罢了，又何必拘拘于朝代年纪哉！再者，市井俗人喜看理治之书者甚少，爱适趣闲文者特多。历来野史，或讪谤君相，或贬人妻女，奸淫凶恶，不可胜数。更有一种风月笔墨，其淫秽污臭，屠毒笔墨，坏人子弟，又不可胜数。至若佳人才子等书，则又千部共出一套，且其中终不能不涉于淫滥，以致满纸潘安、子建、西子、文君、不过作者要写出自己的那两首情诗艳赋来，故假拟出男女二人名姓，又必旁出一小人其间拨乱，亦如剧中之小丑然。且鬟婢开口即者也之乎，非文即理。故逐一看去，悉皆自相矛盾，大不近情理之话，竟不如我半世亲睹亲闻的这几个女子，虽不敢说强似前代书中所有之人，但事迹原委，亦可以消愁破闷；也有几首歪诗熟话，可以喷饭供酒。至若离合悲欢，兴衰际遇，则又追踪蹑迹，不敢稍加穿凿，徒为供人之目而反失其真传者。今之人，贫者日为衣食所累，富者又怀不足之心，纵然一时稍闲，又有贪淫恋色，好货寻愁之事，那里去有工夫看那理治之书？所以我这一段故事，也不愿世人称奇道妙，也不定要世人喜悦检读，只愿他们当那醉淫饱卧之时，或避事去愁之际，把此一玩，岂不省了些寿命筋力？就比那谋虚逐妄，却也省了口舌是非之害，腿脚奔忙之苦。再者，亦令世人换新眼目，不比那些胡牵乱扯忽离忽遇，满纸才人淑女、子建文君红娘小玉等通共熟套之旧稿。我师意为何如？"

空空道人听如此说，思忖半晌，将《石头记》再检阅一遍，因见上面虽有些指奸责佞贬恶诛邪之语，亦非伤时骂世之旨；及至君仁臣良父慈子孝，凡伦常所关之处，皆是称功颂德，眷眷无穷，实非别书之可比。虽其中大旨谈情，亦不过实录其事，又非假拟妄称，一味淫邀艳约、私订偷盟之可比。因毫不干涉时世，方从头至尾抄录回来，问世传奇。从此空空道人因空见色，由色生情，传情入色，自色悟空，遂易名为情僧，改《石头记》为《情僧录》。东鲁孔梅溪则题曰《风月宝鉴》。后因曹雪芹于悼红轩中披阅十载，增删五次，纂成目录，分出章回，则题曰《金陵十二钗》。并题一绝云：

满纸荒唐言，一把辛酸泪。

都云作者痴，谁解其中味！

出则既明，且看石上是何故事。按那石上书云：……

枉凝眉

一个是阆苑仙葩，一个是美玉无瑕。

若说没奇缘，今生偏又遇着他；

若说有奇缘，如何心事终虚化？

一个枉自嗟呀，一个空劳牵挂。

一个是水中月，一个是镜中花。

扫描二维码
演唱

想眼中能有多少泪珠儿，

怎禁得秋流到冬尽，春流到夏！

[《红楼梦》中的十个故事]

1. 绛珠还泪

（第一回　甄士梦幻识通灵　贾雨村风尘怀闺秀）

扫描二维码
看视频

林黛玉前身是西方灵河岸上的一棵绛珠仙草，贾宝玉的前身是补天石，亦即神瑛侍者。神瑛侍者每天用甘露灌溉绛珠仙草，使仙草既受天地精华，又受雨露滋养，于是脱掉草胎木质，修成女体。后来神瑛侍者下凡造历，绛珠仙草决定也下凡为人，用一生的眼泪偿还神瑛侍者的甘露之恩。

2. 甄家突变

（第一回　甄士隐梦幻识通灵　贾雨村风尘怀闺秀）

扫描二维码
看视频

甄士隐家有一女名唤英莲，就是后来的香菱，这个女子本有一段孽缘，是风月中的不祥之人，"好防佳节元宵后，便是烟消火灭时。"果不然到了元宵佳节，街市好不热闹，家人霍启（祸起）带着英莲看龙灯，将孩子放到一个门槛上后去小解，回来时人已经不见了踪影，找了半夜不曾找到，然后屁股一拍，逃回了乡下。甄家夫妇见女儿一夜未归，便四处打探，终无果。俗话说"祸不单行，福不双降"，英莲丢了不久，葫芦庙油锅起火，大火焚烧了整个寺庙，且连累的左邻右舍，最后大地一片白茫茫真干净，家烧了，人丢了，甄士隐无路可走，最后以出家为结局。

3. 宝玉摔玉

（第三回　贾雨村夤缘复旧职　林黛玉抛父进京都）

扫描二维码
看视频

贾宝玉第一次见到林黛玉就有一种似曾相识的感觉，冥冥中说自己曾见过这个林妹妹。然后走近林黛玉挨着她坐下来聊天，具体聊些上学读书识字的事情。之后问到林黛玉出生的时候是否有玉。当时林黛玉出到贾府，人生地不熟，和贾宝玉也不曾相熟，为了以后相处的容易，便暗自揣测是因为贾宝玉有玉，所以问她有没有。之后回答贾宝玉："我没有那个，想来不是一件俗物，哪能每个人都有？"。贾宝玉听后顿时癫狂起来，摘下了玉，狠命地摔了出去。口中怒骂道："什么了不起的物件，也不择人而栖，还说什么通灵不通灵的"吓得众人急忙去抢拾。

4. 王熙凤出场

（第三回　贾雨村夤缘复旧职　林黛玉抛父进京都）

扫描二维码
看视频

林黛玉初进贾府正和贾母叙谈。一语未了，只听后院中有人笑声，说："我来迟了，不曾迎接远客！"黛玉纳罕道："这些人个个皆敛声屏气，恭肃严整如此，这来者系谁，这样放诞无礼？"心下想时，只见一群媳妇丫鬟围拥着一个人从后房门进来。这个人打扮与众姑娘不同，彩绣辉煌，恍若神妃仙子。一进来，就拉着黛玉的手夸她长得标致，不像贾母的外孙女，倒像嫡孙女。接着又哀伤起黛玉的母亲，说哭便哭，用帕拭泪，待到贾母说："我才好了，你倒来招我。"忙转悲为喜。

5. 雨村判案

（第四回　薄命女偏逢薄命郎　葫芦僧乱判葫芦案）

小乡宦之子冯渊和薛家"呆霸王"薛蟠为争买一个丫头（其实是甄士隐女儿英莲）而发生争执，拐子收了冯家钱，又把丫头卖给薛家，薛蟠便喝令手下人把冯家公子冯渊打死了。贾雨村正要判案的时候，一个门子拦住他，给他看"护身符"。贾雨村看了"护身符"，只见上边写着："贾不假，白玉为堂金作马。阿房宫，三百里，住不下金陵一个史。东海缺少白玉床，龙王来请金陵王。丰年好大雪，珍珠如土金如铁。"知道薛蟠是金陵有连带关系的四大家族之一的薛家公子，便徇情枉法，胡乱判案，让薛蟠逍遥法外。贾雨村借此拉拢薛家和贾家。

扫描二维码
看视频

6. 刘姥姥三进荣国府

（第六回、第三十九回、第四十回、第一一三回）

刘姥姥一进荣国府不但使贾府认下了这门亲戚，还拿回来二十两银子；刘姥姥二进大观园，装疯卖傻，逗得贾母欢心，又得了许多银子、衣服之类；刘姥姥三进荣国府时，贾府的老祖宗贾母已死，凤姐病得骨瘦如柴，神情恍惚，只得把自己的独生女巧姐托付给她。

扫描二维码
看视频

7. 元春省亲

（第十七至十八回　大观园试才题对额　荣国府归省庆元宵）

元春被封为贵妃，皇帝恩准她元宵节回家省亲。贾府为迎接元春省亲，专门修了一座大观园。元宵节之日，元春乘坐乡凤銮大轿，前呼后拥来到大观园。在轿内见园内外如此豪华，因默默叹息奢华过费，命换"天仙宝境"为"省亲别墅"，并将大观园各处分别赐名，命众兄弟姐妹各展才华题诗一首，以示庆贺。

扫描二维码
看视频

8. 黛玉葬花

（第二十八回　蒋玉菡情赠茜香罗　薛宝钗羞笼红麝串）

林黛玉头夜敲怡红院的门找贾宝玉，晴雯误以为是丫头，便拒绝开门。黛玉错疑在宝玉身上，那一夜她枉自嗟叹着身世，生宝玉的气。次日恰逢饯花之期，看见落花满地，便躲了众人来到昔日葬桃花的地方，更不由感花伤己，感叹"花谢花飞花满天，红消香断有谁怜？""桃李明年能再发，明年闺中知有谁？""花开易见落难寻，阶前闷杀葬花人。""愿奴胁下生双翼，随花飞到天尽头。""侬今葬花人笑痴，他年葬侬知是谁？试看春残花渐落，便是红颜老死时！一朝春尽红颜老，花落人亡两不知！"的凄伤身世，写出了那篇有名的《葬花吟》。

扫描二维码
看视频

9. 黛玉焚稿

（第九十七回　林黛玉焚稿断痴情　薛宝钗出闺成大礼）

扫描二维码
看视频

黛玉无意中听说了宝玉和宝钗即将成婚的消息，急火攻心，吐出血来，病日重一日。此时贾府上下人都忙宝玉的婚事，黛玉病榻前冷冷清清，黛玉睁开眼，只有紫鹃一人，陷入了彻底的绝望之中。她挣扎着狠命撕那宝玉送的旧帕和写有诗文的绢子，又叫雪雁点灯笼上火盆，黛玉将绢子撂在火上，雪雁也顾不得烧手，从火里抓起来撂在地上乱踩，却已烧得所余无几了。就在宝玉和宝钗成亲之时，黛玉只叫了声："宝玉，宝玉，你好……"便香消玉殒。

10. 宝玉出家

（第一二〇回　甄士隐详说太虚情　贾雨村归结红楼梦）

扫描二维码
看视频

贾政路过毗陵驿地方，天下大雪，便泊在一个清净去处。抬头忽见船头上微微的雪影里面一个人，光着头、赤着脚，身上披着一顶大红斗篷，向贾政倒身下拜。贾政迎面一看，不是别人，却是宝玉。贾政便向他问话，宝玉未及回答，只和一僧一道做歌飘然而去。

戚蓼生序：

红楼梦是一部隐写的史书。《戚序》第五段：然吾谓作者有两意，读者当具一心。譬之绘事，石有三面，佳处不过一峰；路看两蹊，幽处不逾一树。心得是意，以读是书，乃能得作者微旨。

"作者有两意"是说作者在写书的时候同时写了正面和反面两个故事。面"读者当具一心"是说我们读者读书的时间应该专注于一件事情，就是专注于作者所真正想表达的事情。那么作者倾尽心力，想要表达的是什么呢？难道是贾府的日常琐事和儿女情长吗？不是的，他是要表达事件背后的隐写的"真事"—"真事隐"—"甄士隐"。"譬之绘事"说画家画画会画很多山石，但最终目的是凸显一处秀丽的山峰。"路看两蹊"幽处不过一树。《红楼梦》表面是写"花柳繁华地，温柔宝贵乡"，其实是突出在这"众山石"背面的"荒坟遍野，白骨如山"的史实。

整部《红楼梦》中作者极少直接出来说话，在开端引这两首《西江月》，还是受了古代话本的影响，这是传统小说中以作者口吻介绍人物的一种形式，《红楼梦》写到后来精彩万分之处，这种形式上的套头就完全撇开了。曹雪芹在宝玉出现时采用这种形式，在全书中是很独特的。这两首《西江月》，可以说是给贾宝玉作的全面"鉴定"。没有一句好话，把贾宝玉贬得一文不值。曹雪芹用这样的形式，是有意给读者留下深刻的印象，说得宝玉一无是处，世界上很少有这样的人。曹雪芹把全书的主角说成最坏的人，这是为什么？曹雪芹毫无顾忌，他不低估读者，他怕费了毕生精力创造出来的文学人物形象被读者误解，曹雪芹就敢于这样写（反语）。

西江月二首

其一

无故寻愁觅恨，有时似傻如狂。纵然生得好皮囊，腹内原来草莽。

潦倒不通世务，愚顽怕读文章。行为偏僻性乖张，那管世人诽谤！

其二

富贵不知乐业，贫穷难耐凄凉。可怜辜负好韶光，于国于家无望。

天下无能第一，古今不肖无双。寄言纨袴与膏粱：莫效此儿形状！

扫描二维码
朗读

曹雪芹（约1715—约1763年），清代小说家。名霑，字梦阮，雪芹是其号，又号芹圃、芹溪。祖籍辽阳，先世原是汉族，后为满洲正白旗"包衣"人。曹雪芹的曾祖曹玺任江宁织造。曾祖母孙氏做过康熙帝玄烨的保姆。祖父曹寅做过玄烨的伴读和御前侍卫，后任江宁织造，兼任两淮巡盐监察御使，极受玄烨宠信。玄烨六下江南，其中四次由曹寅负责接驾，并住在曹家。曹寅病故，其子曹颙、曹𫗧先后继任江宁织造。他们三代四人担任此职达60年之久。曹雪芹自幼就是在这"秦淮风月"之地的"繁华"生活中长大的。雍正初年，由于封建统治阶级内部斗争的牵连，曹家遭受一系列打击。曹𫗧下狱治罪，家产抄没。曹家从此一蹶不振，日渐衰微。经历了生活中的重大转折，曹雪芹深感世态炎凉，对封建社会有了更清醒、更深刻的认识。他蔑视权贵，远离官场，过着贫困如洗的艰难日子。晚年，曹雪芹移居北京西郊。生活更加穷苦，"满径蓬蒿""举家食粥"。他以坚韧不拔的毅力，专心一志地从事《红楼梦》的写作和修订。乾隆二十七年（1762年），幼子夭亡，他陷于过度的忧伤和悲痛，卧床不起。到了这一年的除夕（1763年2月12日），终于因贫病无医而逝世。

读罗贯中《三国演义》

话说天下大势，分久必合，合久必分。

……

且说张角一军，前犯幽州界分。幽州太守刘焉，乃江夏竟陵人氏，汉鲁恭王之后也。当时闻得贼兵将至，召校尉邹靖计议。靖曰："贼兵众，我兵寡，明公宜作速招军应敌。"刘焉然其说，随即出榜招募义兵。榜文行到涿县，引出涿县中一个英雄。那人不甚好读书，性宽和，寡言语，喜怒不形于色，素有大志，专好结交天下豪杰，生得身长七尺五寸，两耳垂肩，双手过膝，目能自顾其耳，面如冠玉，唇若涂脂，中山靖王刘胜之后，汉景帝阁下玄孙，姓刘名备，字玄德。昔刘胜之子刘贞，汉武时封涿鹿亭侯，后坐酎金失侯，因此遗这一枝在涿县。玄德祖刘雄，父刘弘。弘曾举孝廉，亦尝作吏，早丧。玄德幼孤，事母至孝，家贫，贩屦织席为业。家住本县楼桑村。其家之东南，有一大桑树，高五丈馀，遥望之童童如车盖。相者云："此家必出贵人。"玄德幼时，与乡中小儿戏于树下，曰："我为天子，当乘此车盖。"叔父刘元起奇其言，曰："此儿非常人也！"因见玄德家贫，常资给之。年十五岁，母使游学，尝师事郑玄、卢植，与公孙瓒等为友。及刘焉发榜招军时，玄德年已二十八岁矣。

当日见了榜文，慨然长叹。随后一人厉声言曰："大丈夫不与国家出力，何故长叹？"玄德回视其人，身长八尺，豹头环眼，燕颔虎须，声若巨雷，势如奔马。玄德见他形貌异常，问其姓名。其人曰："某姓张，名飞，字翼德。世居涿郡，颇有庄田，卖酒屠猪，专好结交天下豪杰。恰才见公看榜而叹，故此相问。"玄德曰："我本汉室宗亲，姓刘，名备。今闻黄巾倡乱，有志欲破贼安民，恨力不能，故长叹耳。"飞曰："吾颇有资财，当招募乡勇，与公同举大事，如何？"玄德甚喜，遂与同入村店中饮酒。正饮间，见一大汉，推着一辆车子，到店门首歇了，入店坐下，便唤酒保："快斟酒来吃，我待赶入城去投军。"玄德看其人身长九尺，髯长二尺，面如重枣，唇若涂脂，丹凤眼，卧蚕眉，相貌堂堂，威风凛凛。玄德就邀他同坐，叩其姓名。其人曰："吾姓关，名羽，字长生，后改云长，河东解良人也。因本处势豪倚势凌人，被吾杀了，逃难江湖，五六年矣。今闻此处招军破贼，特来应募。"玄德遂以己志告之，云长大喜。同到张飞庄上共议大事。

扫描二维码
朗读

飞曰："吾庄后有一桃园，花开正盛；明日当于园中祭告天地，我三人结为兄弟，协力同心，然后可图大事。"玄德、云长齐声应曰："如此甚好。"次日，于桃园中，备下乌牛白马祭礼等项，三人焚香再拜而说誓曰："念刘备、关羽、张飞，虽然异姓，既结为兄弟，则同心协力，救困扶危，上报国家，下安黎庶，不求同年同月同日生，只愿同年同月同日死。皇天后土，实鉴此心。背义忘恩，天人共戮！"誓毕，拜玄德为兄，关羽次之，张飞为弟。祭罢天地，复宰牛设酒，聚乡中勇士，得三百余人，就桃园中痛饮一醉。来日收拾军器，但恨无马匹可乘。正思虑间，人报有两个客人，引一伙伴侣，赶一群马，投庄上来。玄德曰："此天佑我也！"三人出庄迎接。原来二客乃中山大商：一名张世平，一名苏双，每年往北贩马，近因寇发而回。玄德请二人到庄，置酒管待，诉说欲讨贼安民之意。二客大喜，愿将良马五十匹相送，又赠金银五百两，镔铁一千斤，以资器用。玄德谢别二客，便命良匠打造双股剑。云长造青龙偃月刀，又名"冷艳锯"，重八十二斤。张飞造丈八点钢矛。各置全身铠甲。共聚乡勇五百余人，来见邹靖。邹靖引见太守刘焉。三人参见毕，各通姓名。玄德说起宗派，刘焉大喜，遂认玄德为侄。

不数日，人报黄巾贼将程远志统兵五万来犯涿郡。刘焉令邹靖引玄德等三人，统兵五百，前去破敌。玄德等欣然领军前进，直至大兴山下，与贼相见。贼众皆披发，以黄巾抹额。当下两军相对，玄德出马，左有云长，右有翼德，扬鞭大骂："反国逆贼，何不早降！"程远志大怒，遣副将邓茂出战。张飞挺丈八蛇矛直出，手起处，刺中邓茂心窝，翻身落马。程远志见折了邓茂，拍马舞刀，直取张飞。云长舞动大刀，纵马飞迎。程远志见了，早吃一惊，措手不及，被云长刀起处，挥为两段。后人有诗赞二人曰：英雄露颖在今朝，一试矛兮一试刀。初出便将威力展，三分好把姓名标。

……

滚滚长江东逝水

滚滚长江东逝水，浪花淘尽英雄。

是非成败转头空。

青山依旧在，几度夕阳红。

白发渔樵江渚上，惯看秋月春风。

一壶浊酒喜相逢。

古今多少事，都付笑谈中。

扫描二维码
演唱

［《三国演义》中的故事］

"桃园三结义""三顾茅庐""草船借箭""火烧赤壁""煮酒论英雄""七擒孟获""温酒斩华雄""三英战吕布""过五关斩六将""官渡之战""火烧新野""当阳救阿斗""蒋干中计""苦肉计""败走华容道""单刀赴会""刮骨疗毒""大意失荆州""刘备托遗孤""空城计""挥泪斩马谡"等。

《三国演义》是中国古典长篇小说四大名著之一，全称《三国志通俗演义》。原作者是元末明初小说家罗贯中。《三国演义》描写了从东汉末年到西晋初年之间近105年的历史风云，以描写战争为主，反映了东汉末年的群雄割据混战和魏、蜀、吴三国之间的政治和军事斗争以及司马炎最终一统三国建立晋朝的故事。反映了三国时代各类社会斗争与矛盾的转化，并概括了这一时代的历史巨变，塑造了一批叱咤风云的三国英雄人物。全书以宏大的场景描绘了三国时期复杂的政治军事斗争，起自黄巾起义，终于西晋统一。作品谴责了统治者的残暴和丑恶，反映了动乱时代人民的痛苦和对清明政治和仁君的向往，体现了鲜明的"拥刘反曹"倾向。《三国演义》"文不甚深，言不甚俗"，语言简洁明快而又生动。它把历史和文学自然结合，既有现实的描绘，又充满了浪漫主义的传奇色彩。

罗贯中（约1330—约1400年），名本，字贯中，号湖海散人，汉族，元末明初著名小说家、戏曲家，是中国章回小说的鼻祖，代表作《三国演义》。其他主要作品有小说：《隋唐两朝志传》《残唐五代史演义》《三遂平妖传》。《三国演义》对后世文学创作影响深远。罗贯中14岁时母亲病故，于是辍学随父亲去苏州、杭州一带做生意。元朝末年，天下大乱，群雄并起，罗贯中也曾参与其中。"有志图王"的罗贯中在苏州结识了施耐庵，并以师徒相称，两人一同参加位于平江（即苏州）的张士诚反元起义政权，做过一段时间幕僚后离开。曾与另一位吴王朱元璋为敌，在明朝建立之后，罗贯中放弃读书人步入官场的机会，创作了《残唐五代史演义传》《隋唐志传》

等著作。在罗贯中写作《三国演义》期间，施耐庵从苏州迁移到兴化，并在洪武三年（1370年）逝世。为了纪念他的师傅施耐庵，罗贯中在完成《三国演义》之后，决定加工、增补施氏的《水浒传》。成书于洪武四年（1371年）至十年（1377年）之间。在加工、增补《水浒传》的同时，罗贯中继续创作历史演义系列作品。

【诗词阅读】

抒 情

扫描二维码
朗读

大江东去，浪淘尽、千古风流人物。

故垒西边，人道是、三国周郎赤壁。

乱石穿空，惊涛拍岸，卷起千堆雪。

江山如画，一时多少豪杰。

遥想公瑾当年，小乔初嫁了，雄姿英发。

羽扇纶巾，谈笑间、强虏灰飞烟灭。

故国神游，多情应笑我，早生华发。

人生如梦，一尊还酹江月。

——苏轼《念奴娇·赤壁怀古》

全词怀古抒情，抒发了词人对昔日英雄人物的无限怀念和敬仰之情，以及对自己坎坷人生的感慨之情。全词雄浑苍凉，大气磅礴，笔力遒劲，境界宏阔，将写景、咏史、抒情融为一体，给人以撼魂荡魄的艺术力量。作者豁达的胸怀，在祖国雄伟的江山和历史风云人物的激发下，借景抒情，写下了这脍炙人口的名篇。

苏轼（1037—1101年），字子瞻、和仲，号东坡居士，世称苏东坡、苏仙，汉族，眉州眉山（四川省眉山市）人，祖籍河北栾城，北宋著名文学家、书法家、画家，历史治水名人。苏轼是北宋中期文坛领袖，在诗、词、散文、书、画等方面取得很高成就。文纵横恣肆；诗题材广阔，清新豪健，善用夸张比喻，独具风格，与黄庭坚并称"苏黄"；词开豪放一派，与辛弃疾同是豪放派代表，并称"苏辛"；散文著述宏富，豪放自如，与欧阳修并称"欧苏"，为"唐宋八大家"之一。苏轼善书，为"宋四家"之一；擅长文人画，尤擅墨竹、怪石、枯木等。与韩愈、柳宗元和欧阳修合称"千古文章四大家"。作品有《东坡七集》《东坡易传》《东坡乐府》《潇湘竹石图卷》《古木怪石图卷》等。

君不见，黄河之水天上来，奔流到海不复回。

君不见，高堂明镜悲白发，朝如青丝暮成雪。

人生得意须尽欢，莫使金樽空对月。

天生我材必有用，千金散尽还复来。

烹羊宰牛且为乐，会须一饮三百杯。

岑夫子，丹丘生，将进酒，杯莫停。

与君歌一曲，请君为我倾耳听。

钟鼓馔玉不足贵，但愿长醉不复醒。

古来圣贤皆寂寞，惟有饮者留其名。

陈王昔时宴平乐，斗酒十千恣欢谑。

主人何为言少钱，径须沽取对君酌。

五花马，千金裘，呼儿将出换美酒，与尔同销万古愁。

——李白《将进酒·君不见》

扫描二维码
朗读

《将进酒》本是乐府旧题，大抵以"饮酒放歌"为意，李白运用这个旧题，表面上是任达放纵，而全诗以"抱用世之才而不遇合"为诗脉，整篇酣畅淋漓地抒发酒兴诗情，实际上还是表达自己怀才不遇的悲愤，真实地熔铸了诗人的性格情感和艺术个性。诗人在这首诗里演绎了庄子的乐生哲学，表示对富贵、圣贤的藐视。他借题发挥，借酒浇愁，抒发自己的愤激情绪。全诗气势豪迈，感情奔放，语言流畅，具有很强的感染力。

李白（701—762 年），字太白，号青莲居士，又号"谪仙人"，唐代伟大的浪漫主义诗人，被后人誉为"诗仙"，与杜甫并称为"李杜"。北京大学教授李志敏评价："李白之诗呼吸宇宙，出乎道；杜甫之诗德参天地，源于儒，皆至天人合一境界，故能出神入化。"《旧唐书》记载李白为山东人；《新唐书》记载，李白为兴圣皇帝李暠九世孙，与李唐诸王同宗。其人爽朗大方，爱饮酒作诗，喜交友。李白有《李太白集》传世，诗作中多以醉时写的，代表作有《望庐山瀑布》《行路难》《蜀道难》《将进酒》《明堂赋》《早发白帝城》等多首。李白所作词赋，宋人已有传记（如文莹《湘山野录》卷上），就其开创意义及艺术成就而言，"李白词"享有极为崇高的地位。

浔阳江头夜送客，枫叶荻花秋瑟瑟。主人下马客在船，举酒欲饮无管弦。

醉不成欢惨将别，别时茫茫江浸月。忽闻水上琵琶声，主人忘归客不发。

寻声暗问弹者谁，琵琶声停欲语迟。移船相近邀相见，添酒回灯重开宴。

千呼万唤始出来，犹抱琵琶半遮面。转轴拨弦三两声，未成曲调先有情。

弦弦掩抑声声思，似诉平生不得志。低眉信手续续弹，说尽心中无限事。

轻拢慢捻抹复挑，初为霓裳后六幺。大弦嘈嘈如急雨，小弦切切如私语。

嘈嘈切切错杂弹，大珠小珠落玉盘。间关莺语花底滑，幽咽泉流冰下难。

冰泉冷涩弦凝绝，凝绝不通声暂歇。别有幽愁暗恨生，此时无声胜有声。

扫描二维码
朗读

银瓶乍破水浆迸，铁骑突出刀枪鸣。　曲终收拨当心画，四弦一声如裂帛。

东船西舫悄无言，唯见江心秋月白。　沉吟放拨插弦中，整顿衣裳起敛容。

自言本是京城女，家在虾蟆陵下住。　十三学得琵琶成，名属教坊第一部。

曲罢曾教善才服，妆成每被秋娘妒。　五陵年少争缠头，一曲红绡不知数。

钿头银篦击节碎，血色罗裙翻酒污。　今年欢笑复明年，秋月春风等闲度。

弟走从军阿姨死，暮去朝来颜色故。　门前冷落鞍马稀，老大嫁作商人妇。

商人重利轻别离，前月浮梁买茶去。　去来江口守空船，绕船月明江水寒。

夜深忽梦少年事，梦啼妆泪红阑干。　我闻琵琶已叹息，又闻此语重唧唧。

同是天涯沦落人，相逢何必曾相识。　我从去年辞帝京，谪居卧病浔阳城。

浔阳地僻无音乐，终岁不闻丝竹声。　住近湓江地低湿，黄芦苦竹绕宅生。

其间旦暮闻何物，杜鹃啼血猿哀鸣。　春江花朝秋月夜，往往取酒还独倾。

岂无山歌与村笛，呕哑嘲哳难为听。　今夜闻君琵琶语，如听仙乐耳暂明。

莫辞更坐弹一曲，为君翻作琵琶行。　感我此言良久立，却坐促弦弦转急。

凄凄不似向前声，满座重闻皆掩泣。　座中泣下谁最多？江州司马青衫湿。

——白居易《琵琶行》

这是一首脍炙人口的现实主义杰作，全文以人物为线索，既写琵琶女的身世，又写诗人的感受，然后在"同是天涯沦落人，相逢何必曾相识！"上会合。歌女的悲惨遭遇写得很具体，可算是明线；诗人的感情渗透在字里行间，随琵琶女弹奏的曲子和她身世的不断变化而荡起层层波浪，可算是暗线。这一明一暗，一实一虚，使情节波澜起伏。它所叙述的故事曲折感人，抒发的情感能引起人的共鸣。

白居易（772—846年），字乐天，号香山居士，又号醉吟先生，祖籍山西太原，到其曾祖父时迁居下邽，生于河南新郑，贞元进士。元和年间任左拾遗。后因上表请求严缉刺死宰相武元衡的凶手，得罪权贵，被贬为江州司马。长庆初年任杭州刺史，宝历初年任苏州刺史，后官至刑部尚书。在文学上，主张"文章合为时而著，歌诗合为事而作"，是新乐府运动的倡导者。白居易是唐代伟大的现实主义诗人，唐代三大诗人之一。白居易与元稹共同倡导新乐府运动，世称"元白"，与刘禹锡并称"刘白"。白居易的诗歌题材广泛，形式多样，语言平易通俗，有"诗魔"和"诗王"之称。官至太子少傅、刑部尚书，封冯翊县侯。有《白氏长庆集》传世，代表诗作有《长恨歌》《卖炭翁》《琵琶行》等。

铭　志

独立寒秋，湘江北去，橘子洲头。看万山红遍，层林尽染；漫江碧透，百舸争流。鹰击长空，鱼翔浅底，万类霜天竞自由。怅寥廓，问苍茫大地，谁主沉浮？

携来百侣曾游，忆往昔峥嵘岁月稠。恰同学少年，风华正茂；书生意气，挥斥方遒。指点江山，激扬文字，粪土当年万户侯。曾记否，到中流击水，浪遏飞舟？（毛泽东1925年离开故乡去广州主持农民运动讲习所写于湖南）

扫描二维码朗读

——毛泽东《沁园春·长沙》

北国风光，千里冰封，万里雪飘。望长城内外，惟余莽莽；大河上下，顿失滔滔。山舞银蛇，原驰蜡象，欲与天公试比高。须晴日，看红装素裹，分外妖娆。

江山如此多娇，引无数英雄竞折腰。惜秦皇汉武，略输文采；唐宗宋祖，稍逊风骚。一代天骄，成吉思汗，只识弯弓射大雕。俱往矣，数风流人物，还看今朝。（毛泽东1936年抗日战争时期写于西北高原）

扫描二维码朗读

——毛泽东《沁园春·雪》

毛泽东（1893—1976年），字润之，湖南湘潭人。中国人民的领袖，伟大的马克思主义者，伟大的无产阶级革命家、战略家、理论家，中国共产党、中国人民解放军和中华人民共和国的主要缔造者和领导人，马克思主义中国化的伟大开拓者，近代以来中国伟大的爱国者和民族英雄，中国共产党第一代中央领导集体的核心，领导中国人民彻底改变自己命运和国家面貌的一代伟人。1949—1976年，毛泽东担任中华人民共和国最高领导人。他对马克思列宁主义的发展、军事理论的贡献以及对共产党的理论贡献被称为毛泽东思想。毛泽东被视为现代世界历史中最重要的人物之一。

怒发冲冠，凭栏处、潇潇雨歇。抬望眼、仰天长啸，壮怀激烈。三十功名尘与土，八千里路云和月。莫等闲、白了少年头，空悲切。

靖康耻，犹未雪；臣子恨，何时灭。驾长车踏破、贺兰山缺。壮志饥餐胡虏肉，笑谈渴饮匈奴血。待从头、收拾旧山河，朝天阙。（写于靖康之后约1136年）

扫描二维码朗读

——岳飞《满江红·怒发冲冠》

岳飞（1103—1142年），字鹏举，相州汤阴（今河南省汤阴县）人。南宋时期军事家、战略家、书法家、诗人，位列南宋"中兴四将"之首。岳飞从二十岁起，曾先后四次从军。金军攻打江南时，独树一帜，力主抗金，收复建康。绍兴四年（1134年），收复襄阳六郡。绍兴六年（1136年），率师北伐，顺利攻取商州、虢州等地。绍兴十年（1140年），完颜宗弼毁盟攻宋，岳飞挥师北伐，两河人民奔走相告，各地义军纷纷响应，夹击金军。岳家军先后收复郑州、洛阳等地，在郾城、颍昌大败金军，进军朱仙镇。宋高宗赵构和宰相秦桧却一意求和，以十二道"金字牌"催令班师。在宋金议和过程中，岳飞受秦桧、张俊等人诬陷入狱。1142年1月，以"莫须有"的罪名，与长子岳云、部将张宪一同遇害。宋孝宗时，平反昭雪，改葬于西湖畔栖霞岭，追谥武穆，后又追谥忠武，封鄂王。岳飞的文才同样卓越，其代表词作《满江红·怒发冲冠》是千古传诵的爱国名篇，后人辑有文集传世。

【散文阅读】

　　散文是一种抒发作者真情实感、写作方式灵活的记叙类文学体裁。作者借助想象与联想，由此及彼，由浅入深，由实而虚地依次写来，可以融情于景、寄情于事、寓情于物、托物言志，表达作者的真情实感，实现物我的统一，展现出更深远的思想，使读者领会更深的道理。散文的特点是"形散神聚""意境深邃"。若说小说是一个作家的文学世界，那么他的散文就是他所接触的所有世界。中国现代文学的奠基人之一鲁迅先生为著名的文学家、思想家、革命家、教育家。鲁迅一生在文学创作、文学批评、思想研究等方面都做出了重大贡献，鲁迅的散文更是具有音乐美和画面美。

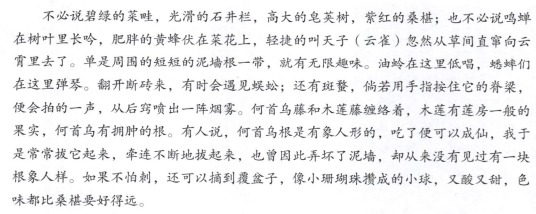

通　感

　　我家的后面有一个很大的园，相传叫作百草园。现在是草已并屋子一起卖给朱文公的子孙了，连那最末次的相见也已经隔了七八年，其中似乎确凿只有一些野草；但那时却是我的乐园。

　　不必说碧绿的菜畦，光滑的石井栏，高大的皂荚树，紫红的桑椹；也不必说鸣蝉在树叶里长吟，肥胖的黄蜂伏在菜花上，轻捷的叫天子（云雀）忽然从草间直窜向云霄里去了。单是周围的短短的泥墙根一带，就有无限趣味。油蛉在这里低唱，蟋蟀们在这里弹琴。翻开断砖来，有时会遇见蜈蚣；还有斑蝥，倘若用手指按住它的脊梁，便会拍的一声，从后窍喷出一阵烟雾。何首乌藤和木莲藤缠络着，木莲有莲房一般的果实，何首乌有拥肿的根。有人说，何首乌根是有象人形的，吃了便可以成仙，我于是常常拔它起来，牵连不断地拔起来，也曾因此弄坏了泥墙，却从来没有见过有一块根象人样。如果不怕刺，还可以摘到覆盆子，像小珊瑚珠攒成的小球，又酸又甜，色味都比桑椹要好得远。

——鲁迅《从百草园到三味书屋》

扫描二维码
朗读

　　鲁迅（1881—1936年），原名周樟寿，后改名周树人，字豫山，后改字豫才，浙江绍兴人。著名文学家、思想家、革命家、教育家、民主战士，新文化运动的重要参与者，中国现代文学的奠基人之一。早年与厉绥之和钱均夫同赴日本公费留学，于日本仙台医科专门学校肄业。"鲁迅"，是1918年发表《狂人日记》时所用的笔名，也是最为广泛的笔名。鲁迅一生在文学创作、文学批评、思想研究、文学史研究、翻译、美术理论引进、基础科学介绍和古籍校勘与研究等多个领域具有重大贡献。他对于五四运动以后的中国社会思想文化发展具有重大影响，蜚声世界文坛，尤其在韩国、日本思想文化领域有极其重要的地位和影响，被誉为"二十世纪东亚文化地图上占最大领土的作家"。

扫描二维码
朗读

　　高密东北乡东南边隅上那个小村，是我出生的地方。村子里几十户人家，几十栋土墙草顶的房屋稀疏地摆布在胶河的怀抱里。村庄虽小，村子里却有一条宽阔的黄土大道，道路的两边杂乱无章地生长着槐、柳、柏、楸，还有几棵每到金秋就满树黄叶、无人能叫出名字的怪树。路边的树有的是参天古木，有的却细如麻杆，显然是刚刚长出的幼苗。

　　沿着这条奇树镶边的黄土大道东行三里，便出了村庄。向东南方向似乎是无限地延伸着的原野扑面而来。景观的突变使人往往精神一振。黄土的大道已经留在身后，脚下的道路不知何时已经变成了黑色的土路，狭窄，弯曲，爬向东南，望不到尽头。人至此总是禁不住回头。回头时你看到了村子中央那完全中国化了的天主教堂上那高高的十字架上蹲着的乌鸦变成了一个模糊的黑点，融在夕阳的余晖或是清晨的乳白色炊烟里。也许你回头时正巧是钟声苍凉，从钟楼上溢出，感动着你的心。黄土大道上树影婆娑，如果是秋天，也许能看到落叶的奇观：没有一丝风，无数金黄的叶片纷纷落地，叶片相撞，索索有声，在街上穿行的鸡犬，仓皇逃窜，仿佛怕被打破头颅。

　　如果是夏天站在这里，无法不沿着黑土的弯路向东南行走。黑土在夏天总是黏滞的，你脱了鞋子赤脚向前，感觉会很美妙，踩着颤颤悠悠的路面，脚的纹路会清晰地印在那路面上。但你不必担心会陷下去。如果挖一块这样的黑泥，用力一攥，你就会明白了这泥土是多么的珍贵。我每次攥着这泥土，就想起了那些在商店里以很高的价格出售的那种供儿童们捏制小鸡小狗用的橡皮泥。它仿佛是用豆油调和着揉了九十九道的面团。祖先们早就用这里的黑泥，用木榔头敲打它几十遍，使它像黑色的脂油，然后制成陶器、砖瓦，都在出窑时呈现出釉彩，尽管不是釉。这样的陶器和砖瓦是宝贝，敲起来都能发出清脆悦耳的声音。

　　……请看，那条莽撞的狗把野兔子咬住了，叼着，献给它的主人，高寿的门老头儿。他已经九十九岁。他的房屋坐落在高密东北乡最东南的边缘上，孤零零的。出了他的门，往前走两步，便是一道奇怪的墙壁，墙里是我们的家乡，墙外是别人的土地。

　　门老头儿身材高大，年轻时也许是个了不起的汉子。他的故事至今还在高密东北乡流传。我最亲近他捉鬼的故事。说他赶集回来，遇到一个鬼，是个女鬼，要他背着走。他就背着她走。到了村头时鬼要下来，他不理睬，一直将那个鬼背到了家中。他将那个女鬼背到家中，放下一看，原来是个……这个孤独的老人，曾经给一个大名鼎鼎的人物当过马夫。据说他还是共产党员。从我记事起，他就住在远离我们村子的地方。小时候我经常吃到他托人捎来的兔子肉或是野鸟的肉。他用一种红梗的野草煮野物，肉味于是鲜美无比，宛如动听的音乐，至今还缭绕在我的唇边耳畔。但别人找不到这种草。前几年，听村子里的老人说，门老头儿到处收集酒瓶子，问他收了干什么，他也不说。终于发现他在用废旧的酒瓶子垒一道把高密东北乡和外界分割开来的墙。但这道墙刚刚砌了二十米，老头儿就坐在墙根上，无疾而终了。

这道墙是由几十万只酒瓶子砌成，瓶口一律向着北。只要是刮起北风，几十万只酒瓶子就会发出声音各异的呼啸，这些声音汇合在一起，便成了亘古未有的音乐。在北风呼啸的夜晚，我们躺在被窝里，听着来自东南方向变幻莫测、五彩缤纷、五味杂陈的声音，眼睛里往往饱含着泪水，心中常怀着对祖先的崇拜，对大自然的敬畏，对未来的憧憬，对神的感谢。

你什么都可以忘记，但不要忘记这道墙发出的声音。因为它是大自然的声音，是鬼与神的合唱。

会唱歌的墙昨天倒了，千万只碎的玻璃瓶子，在雨水中闪烁清冷的光芒继续歌唱，但较之以前的高唱，现在已经是雨中的低吟了。值得庆幸的是，那高唱，那低吟，都渗透到了我们高密东北乡人的灵魂里，并且会世代流传着的。

——莫言《会唱歌的墙》

【历史阅读】

思　考

马陵之战

齐孙膑伐魏，诈为粮尽而退。庞涓追之，查其火灶，大约十万。涓曰："十万火灶，焉能远继粮饷乎！"催兵急追。膑又减为五万灶，又明日三万灶。庞涓抚掌大笑曰："吾固知齐兵怯也，过三日，兵亡大半，不追何待？"（庞涓）乃弃其步军，与其轻锐倍日并行逐之。孙子度其行，暮当至马陵。马陵道陕，而旁多阻隘，可伏兵，乃斫大树白而书之曰"庞涓死于此树之下"。於是令齐军善射者万弩，夹道而伏，期曰"暮见火举而俱发"。庞涓果夜至斫木下，见白书，乃钻火烛之。读其书未毕，齐军万弩俱发，魏军大乱相失。庞涓自知智穷兵败，乃自刭，曰："遂成竖子之名！"齐因乘胜尽破其军，虏魏太子申以归。孙膑以此名显天下，世传其兵法。

——司马迁《史记》

扫描二维码
视频

宋朝的洪迈，曾在《容斋随笔》中质疑曰：孙膑胜庞涓之事，兵家以为奇谋，予独有疑焉，云：齐军入魏地为十万灶，明日为五万灶，又明日为三万灶。方师行逐利，每夕而兴此役，不知以几何人给之，又必人人各一灶乎？庞涓行三日而大喜曰：齐士卒亡者过半。则是所过之处必使人枚数之矣。是岂救急赴敌之师乎？又云：度其暮当至马陵，乃斫大树，白而书之，曰：庞涓死于此树之下。遂伏万弩，期日暮见火举而俱发。涓果夜至，斫木下，见白书，钻火烛之。读未毕，万弩俱发。夫军行迟速，既非他人所料，安能必其以暮至，不差晷刻乎？古人坐于车中，既云暮矣，安知树间之有白书？且必举火读之乎？齐弩尚能俱发，而涓读八字未毕。皆深不可信。殆好事者为之，而不精考耳。

司马迁（前145或前135—前87年），字子长，生于龙门（西汉夏阳、即今陕西省韩城市，另说今山西省河津市），西汉史学家、文学家、思想家。司马谈之子，任太史令，被后世尊称为史迁、太史公、历史之父。司马迁早年受学于孔安国、董仲舒，漫游各地，了解风俗，采集传闻。初任郎中，奉使西南。28岁任太史令，继承父业，著述历史。后因替李陵败降之事辩解而受宫刑，调任中书令，发奋继续完成所著史籍。他以"究天人之际，通古今之变，成一家之言"的史识创作了中国第一部纪传体通史《史记》（原名《太史公书》），被公认为是中国史书的典范。该书记载了从上古传说中的黄帝时期，到汉武帝太初四年（前101年），长达3 000多年的历史，被鲁迅誉为"史家之绝唱，无韵之离骚"。

汉高祖用韩信为大将，而以三诈临之；信既定赵，高祖自成皋渡河，晨自称汉使驰入信壁，信未起，即其卧，夺其印符，麾召诸将易置之；项羽死，则又夺其军；卒之伪游云梦而缚信。夫以豁达大度开基之主，所行乃如是，信之终于谋逆，盖有以启之矣。

——洪迈《汉祖三诈》

洪迈（1123—1202年），字景庐，号容斋，又号野处，南宋饶州鄱阳（今江西省鄱阳县）人，南宋著名文学家，洪皓第三子。官至翰林院学士、资政大夫、端明殿学士，宰执、封魏郡开国公、光禄大夫。卒年八十，谥"文敏"，原配张氏，兵部侍郎张渊道女；继室陈氏，均封和国夫人。主要作品有《容斋随笔》《夷坚志》。

通 鉴

中国各朝代开国之君

1. 夏朝

夏禹（前2081—前1978年）。姓姒夏，名文命，字高密，被后世尊称为大禹。他是黄帝的七世孙，颛顼的五世孙，其父名鲧。大禹治水有功，帝舜传位于大禹，禹定国号为夏，改定历日为夏历，以安邑（今山西夏县）为都城。从此中国第一个朝代开始，其子夏启继位也标志着禅让制结束，世袭制正式开启。

2. 商朝

商汤（前1588年）。名履，又名天乙。商部族首领主癸之子。商原为夏的属国，夏朝后期国力衰弱，也无法控制各诸侯国势力的发展。经过多年征战，最终在鸣条大败夏桀，定都亳，定国号为"商"，成为商朝的开国君主。

3. 周朝

西周：周武王姬发（前 1087—前 1043 年）。姬姓，名发，周的创建者，西周王朝开国君主。周文王姬昌之子。周起初属于商控制内的一个部落，后来逐渐壮大可与商朝博弈。最终在牧野之战打败商，周朝建立。（封神榜讲的就是这段历史）

东周：周平王姬宜臼（前 781—前 720 年）。东周第一代王，西周幽王之子。平王于幽王去世后，在东都雒邑建立东周，为一复国君主。此时周国力衰落，多数诸侯都不再听从天子，春秋时代由此开始。

4. 秦朝

秦始皇嬴政（前 259—前 210 年）。嬴姓，赵氏，名政，秦庄襄王之子。周朝后期周王势力渐退，经历了春秋时期，三家分晋后，战国七雄并立，秦朝经过商鞅变法，国力逐渐强盛，秦王嬴政先后灭韩、赵、魏、楚、燕、齐，完成统一大业。前 221 年，嬴政称帝，史称"秦始皇"。

5. 汉朝

西汉：汉高祖刘邦（前 256—前 195 年）。汉民族和汉文化伟大的开拓者之一。秦朝灭亡以后，项羽封刘邦为汉王。后来项羽和刘邦展开了长达 4 年的楚汉之争。刘邦在萧何、韩信、张良、彭越等人的辅助下，在垓下之战中打败了项羽，于前 202 年正式称帝，定都长安。

新朝：新帝王莽（前 45—23 年）。字巨君，汉元帝皇后王政君之侄。西汉自汉称帝起，刘氏的大权逐渐旁落在王莽手中。公元 8 年王莽废孺子婴（刘婴），自立为帝，改国号为"新"。

东汉：汉光武帝刘秀（前 5—57 年）。字文叔，汉高祖刘邦九世孙，汉景帝之子长沙定王刘发后裔。公元 8 年，王莽篡立新朝，刘秀随兄刘演起兵于南阳郡。公元 25 年继位，光复汉室，定都于洛阳。

6. 三国

魏：魏文帝曹丕（187—226 年）。《资治通鉴》作世祖，字子桓，魏武帝曹操之子。220 年正月，曹操逝世，曹丕继任丞相、魏王，之后曹丕受禅登基，以魏代汉，成为曹魏的开国皇帝，220—226 年在位。他与其父曹操和弟曹植并称"三曹"。

蜀汉：汉昭烈帝刘备（161—223 年）。字玄德，汉中山靖王刘胜后代。公元 221 年在成都称帝，以延续汉室政权称国号为"汉"，年号章武。因曹魏和西晋并不承认其国号为"汉"，而称为蜀，蜀遂成为其俗称，史称蜀或蜀汉。

吴：吴大帝孙权（182—252 年）。字仲谋。长沙太守孙坚之子。幼年跟随兄长吴侯孙策平定江东，200 年孙策早逝，孙权继位为江东之主。229 年，孙权于武昌登基为皇帝，建国号吴，史称孙吴或东吴。

7. 晋朝

晋武帝司马炎（236—290 年）。字安世，谥号武皇帝，庙号世祖。司马懿之孙，司马昭嫡长子。在三国时期为曹魏世族。高平陵事变后掌握魏国政权。265 年司马炎逼迫魏元帝曹奂禅位，国号晋，建都洛阳。280 年灭吴。

8. 南朝

宋武帝刘裕（363—422 年）。字德舆，汉代楚元王刘交之后，曾两度北伐，收复洛阳、长安等地。420 年，刘裕废晋恭帝司马德文，自立为帝，国号为宋，定都建康，建立南朝宋政权。

齐高帝萧道成（427—482 年），字绍伯，在位四年。据《南齐书·高帝纪》载，齐高帝萧道成乃"汉相萧何二十四世孙"。

梁武帝萧衍（464—549 年）。谥号武帝，庙号高祖，是兰陵萧氏的世家子弟，为汉朝相国萧何的二十五世孙。502 年，齐和帝被迫"禅位"于萧衍，南梁建立。

陈武帝陈霸先（503—559 年）。字兴国，548 年讨伐图谋起事的广州刺史元景仲，攻占广州城番禺。同年起兵北上，讨灭侯景，552 年光复建康，555 年击败北齐进攻，受封陈王。557 年代梁自立。

9. 北朝

北魏道武帝拓跋珪（371—409 年）。又名拓跋开、拓跋翼圭，字涉珪，鲜卑族，北魏开国皇帝。386 年，16 岁的拓跋珪趁乱重兴代国，即位称代王，当年定国号为"魏"，是为北魏，改元"登国"，迁都大同。

东魏孝静皇帝元善见（524—552 年），东魏皇帝，既是开国皇帝，也是唯一一位皇帝。孝文帝元宏曾孙，清河文献王元怿之孙，清河文宣王元亶之子。

北齐文宣帝高洋（526—559 年）。字子进，南北朝时期北齐开国皇帝，为东魏权臣、北齐神武皇帝（追谥）高欢次子。

西魏文皇帝元宝炬（507—551 年），西魏开国皇帝，北魏孝文帝元宏之孙，临洮王元愉之子。

北周孝闵帝宇文觉（542—557 年），字陀罗尼，周文帝宇文泰第三子。南北朝时期北周第一位君主（当时称天王）。

10. 隋朝

隋文帝杨坚（541—604 年）。其父杨忠是西魏和北周的军事贵族，北周武帝时官至柱国大将军，封为随国公，杨坚职承袭父爵。杨坚受北周静帝禅让为帝，改元开皇，后灭陈结束分裂，统一了中国。

11. 唐朝

唐高祖李渊（566—635 年）。字叔德。隋末天下大乱时，乘势从太原起兵，攻占长安。次年接受隋恭帝的禅让称帝，建立唐朝，定都长安，统一全国。

12. 五代十国之"五代"

后梁太祖朱温（852—912 年），宋州砀山（今安徽省砀山县）人。开平元年（907 年）

到乾化二年（912年）在位，后梁开国皇帝，唐僖宗赐名"朱全忠"，即位后改名朱晃。

后唐庄宗李存勖（885—926年），代北沙陀人，生于晋阳（今山西太原）。唐末五代军事家，后唐开国皇帝，晋王李克用之子。

后晋高祖石敬瑭（892—942年），太原人，后晋开国皇帝。

后汉高祖刘知远（895—948年），即位后改名刘暠，太原府太原县（今山西省太原市）人。后汉开国皇帝。

后周太祖郭威（904—954年），邢州尧山县（今河北省隆尧县）人。后周开国娇君主，顺州刺史郭简之子。

13. 五代十国之"十国"

前蜀高祖王建（847—918年），许州舞阳（今河南舞阳）人，唐末将领，前蜀开国皇帝，定都于成都。

后蜀高祖孟知祥（874—934年），邢州龙冈县（今河北邢台）人，后唐将领，后蜀开国皇帝，定都成都。

吴国太祖杨行密（852—905年），庐州合肥（今安徽省长丰县）人，定都广陵。子杨溥即帝位时追尊其为武皇帝。

南唐烈祖李昇（徐知诰）（889—943年），徐州（今江苏徐州）人，南唐开国皇帝，定都江宁（今江苏省南京市）。

吴越国太祖钱镠（852—932年），杭州临安（今杭州市临安区）人，吴越国开国皇帝，定都杭州。

闽国太祖王审知（862—925年），光州固始（今河南省固始县）人，闽国开国国君，先后定都于长乐府（今福建福州）、建州（今福建建瓯）。

楚国武穆王马殷（852—930年），许州鄢陵（今河南鄢陵）人，南楚开国君主，首都长沙。

南汉汉高祖刘陟（889—942年），蔡州上蔡（今河南上蔡）人，南汉开国皇帝，位于现今广东、广西、海南。

南平武信王高季兴（858—929年），陕州峡石（今河南三门峡）人，南平开国君主，都城为荆州。

北汉汉世祖刘旻（895—954年），后汉高祖刘知远之弟，北汉开国君主，位于山西省中部和北部。

14. 辽朝

耶律阿保机（872—926年），姓耶律，字阿保机，辽朝开国君主。契丹迭剌部霞濑益石烈乡耶律弥里（今内蒙古赤峰市一带）人，辽朝是中国历史上由契丹族建立的朝代。

15. 宋朝

北宋：宋太祖赵匡胤（927—976年），字元朗，涿郡人，生于洛阳夹马营（今河南省洛阳市瀍河区东关），赵弘殷次子。在"陈桥兵变"中被拥立为帝，并回京逼迫后周恭帝禅位。改元建隆，国号"宋"，史称宋朝或北宋。

南宋：宋高宗赵构（1107—1187年），字德基，东京汴梁（今河南省开封市）人。宋朝第十位皇帝，南宋开国皇帝，宋徽宗赵佶第九子、宋钦宗赵桓之弟。靖康之变后，金兵俘虏其父宋徽宗和其兄宋钦宗，灭亡北宋。康王赵构即位于南京应天府（今河南省商丘市），建立南宋。

16. 西夏

夏景宗李元昊（1003—1048年），党项族，银州米脂寨（今陕西米脂县）人，西夏王朝开国皇帝。西夏是中国历史上由党项人在中国西北部建立的朝代。

17. 金国

完颜阿骨打（1068—1123年），女真族，汉名完颜旻，会宁府会宁县（今黑龙江省哈尔滨市）人，金朝开国皇帝。金朝是中国历史上由女真族建立的统治中国北方和东北地区的封建王朝。

18. 元朝

元世祖忽必烈。忽必烈于1271年建立元朝。其前身是成吉思汗所建立的大蒙古国。元朝的正式国号叫"大元"。

19. 明朝

明太祖朱元璋（1328—1398年）。字国瑞，原名重八，后取名兴宗。1352年，朱元璋参加红巾军反抗元政权，他先后击败了众多诸侯军阀，统一南方，后北伐灭元，统一中国，建立了明朝，国号"大明"，年号"洪武"。

20. 清朝

清太祖爱新觉罗·努尔哈赤（1559—1626年）。清朝实际奠基者。1616年在赫图阿拉创建"大金"朝。1626年，努尔哈赤去世，皇太极继承汗位，成为后金第二位大汗，次年改元"天聪"。1636年，皇太极登基称帝，改国号"大金"为"大清"，清朝正式建立。

📖 阅读推荐书目

"知识就是力量"，知识源于读书，读书使人博学，读书使人智慧，读书创造历史，读书改变命运。阿根廷文学家博尔赫斯说过"天堂应该就是图书馆的模样"。图书馆是灵感迸发之地、是美轮美奂之世界、是心灵陶冶之境地。每位学生有幸进入大学，有幸与名师、图书馆相伴，开始你的读书生涯，开始你的人生起点，开始你的逐梦远行。每位同学每个学期从推荐书目中选读20本图书，精读10本。写读书笔记6篇，通过作业平台发给教师，老师根据同学在图书馆借书数量、读书笔记数量和写作质量给予考核、考评。大学生推荐阅读书目见表1.1.2.

表 1.1.2　大学生阅读推荐书目

数量	书名	作者	出版社	学年
1	《100 小时逻辑思考课》	［日］大前研一，斋藤显一	吉林出版集团	
2	《PPT 演讲力 —— 重要时刻，不要输在表达上》	Sophie	人民邮电出版社	
3	《巴菲特给儿女的一生忠告》	范毅然	吉林文史出版社	
4	《曾国藩传》	梅寒	江苏凤凰文艺出版社	
5	《曾国藩家书》	檀作文	中华书局	
6	《大脑幸福密码》	［美］里克·汉森	机械工业出版社	
7	《稻盛和夫给年轻人的忠告》	德群	吉林文史出版社	
8	《高效能人士的七个习惯》	［美］史蒂芬·柯维	中国青年出版社	
9	《高效学习法》	赵莎	人民邮电出版社	
10	《汉字中国》	张立军，何芙蓉	北京师范大学出版集团	
11	《红楼梦》	曹雪芹	人民文学出版社	第一学年
12	《考试脑科学》	［日］池谷裕二	人民邮电出版社	
13	《了不起的盖茨比》	［美］F.S. 菲茨杰拉德	四川文艺出版社	
14	《李嘉诚——财富人生》	曾禹	北京工业大学出版社	
15	《洛克菲勒写给儿子的 38 封信》	［美］洛克菲勒	民主与建设出版社	
16	《骆驼祥子》	老舍	南海出版公司	
17	《毛泽东读史有学问》	冷成金	中共中央党校出版社	
18	《毛泽东诗词鉴赏》	公木	长春出版社	
19	《毛泽东与读书学习》	唐矴	中央文献出版社	
20	《父亲的格局，母亲的情绪，决定孩子的未来》	宁十一	台海出版社	
21	《能力陷阱》	［美］埃米尼亚·伊贝拉	北京联合出版公司	

续表

数量	书名	作者	出版社	学年
22	《人生如逆旅，我亦是行人》	余光中	中国友谊出版公司	第一学年
23	《人生只有一件事》	金惟纯	中信出版社	
24	《三国演义》	罗贯中	人民文学出版社	
25	《水浒传》	施耐庵	人民文学出版社	
26	《思辨与立场》	[美]理查德·保罗，琳达·埃尔德	中国人民大学出版社	
27	《宋词三百首》	黄国贞	商务印书馆	
28	《塔木德》	[美]塔尔莱特·赫里姆	中国画报出版社	
29	《唐诗三百首》	滕一圣	商务印书馆	
30	《如何阅读一本书》	[美]莫提默·J.艾德勒，查尔斯·范多伦	商务印书馆	
31	《西游记》	吴承恩	人民文学出版社	
32	《学习的格局》	黄静洁	中信出版集团	
33	《学习高手》	李柘远	北京联合出版公司	
34	《愿你一生清澈明朗》	丰子恺	现代出版社	
35	《掌控习惯》	[美]詹姆斯·克利尔	北京联合出版公司	
36	《爱因斯坦传》	[德]菲利普·弗兰克	长江文艺出版社	第二学年
37	《财务自由之路》	[德]博多·舍费尔	现代出版社	
38	《次第花开》	希阿荣博堪布	海南出版社	
39	《读史有智慧》	文若愚	中国华侨出版社	
40	《跟道德经学领导力》	吴强	机械工业出版社	
41	《艺术的故事》	[英]E.H.贡布里希	广西美术出版社	
42	《非暴力沟通》	[美]马歇尔·卢森堡	华夏出版社	
43	《富爸爸穷爸爸》	[美]罗伯特·清崎	四川人民出版社	
44	《共产党宣言》	马克思，恩格斯	人民出版社	
45	《裸演说：职场达人的演讲秘笈》	[美]加尔.雷纳德	电子工业出版社	

续表

数量	书名	作者	出版社	学年
46	《华为工作法：任正非的工作哲学》	李桥林	古吴轩出版社	
47	《揭秘中国财富》	启文	山东画报出版社	
48	《解惑：心智模式决定你的一生》	［英］E.F.舒马赫	中信出版集团	
49	《卡耐基经典全集》	［美］戴尔·卡耐基	中国友谊出版社	
50	《靠山》	铁流	人民文学出版社	
51	《毛泽东传》	［英］迪克·威尔逊	国际文化出版公司	
52	《毛泽东选集》	毛泽东	人民出版社	
53	《平凡的世界》	路遥	北京十月文艺出版社	
54	《乔布斯全传》	雅瑟，萌萌	华中科技大学出版社	
55	《情绪急救》	［美］盖伊·温奇	上海社会科学院出版社	
56	《人类笔记》	特·官布扎布	作家出版社	
57	《人性的弱点》	［美］戴尔·卡耐基	中国友谊出版社	
58	《人一生不可不知的 2000 个文化常识》	修铁	黑龙江科学技术出版社	第二学年
59	《任正非传》	林超华	华中科技大学出版社	
60	《假如给我三天光明》	［美］海伦·凯勒	安徽文艺出版社	
61	《十宗罪》	蜘蛛	湖南文艺出版社	
62	《世界观》	［美］理查德·德威特	机械工业出版社	
63	《晚熟的人》	莫言	人民文学出版社	
64	《围城》	钱钟书	人民文学出版社	
65	《习近平新时代中国特色社会主义思想三十讲》	中共中央宣传部	学习出版社	
66	《一代女皇：武则天成就一生的层层突破》	王志刚	金城出版社	
67	《与罗摩相会》	［英］阿瑟·克拉克	江苏凤凰文艺出版社	
68	《袁隆平的世界》	陈启文	海南文艺出版社	
69	《重读邓小平》	马京波	人民出版社	

续表

数量	书名	作者	出版社	学年
70	《马克思资本论》	马克思	人民出版社	
71	《容斋随笔》	洪迈	北京联合出版公司	
72	《数字经济：中国创新增长新动能》	马化腾等	中信出版集团	
73	《365日创意文案》	［日］WRITES PUBLISHING	湖南美术出版社	
74	《白话二十四史》	张爱玲	光明日报出版社	
75	《白鹿原》	陈忠实	北京十月文艺出版社	
76	《百年孤独》	［哥伦比亚］加西亚·马尔克斯	南海出版公司	
77	《博弈论与生活》	［英］兰·费雪	中信出版集团	
78	《理想国》	［古希腊］柏拉图	商务印书馆	
79	《从0到1》	［美］彼得·蒂尔，布莱克·马斯特	中信出版集团	
80	《鬼谷子》	许富宏	中华书局	第三学年
81	《国富论》	［英］亚当·斯密	河南大学出版社	
82	《六祖坛经》	徐文明	中州古籍出版社	
83	《拿破仑传》	［德］埃尔·路德维希	华文出版社	
84	《墨菲定律》	阳知行	中国商业出版社	
85	《战争与和平》	［俄］列夫·托尔斯泰	上海文艺出版社	
86	《沈从文全集》	沈从文	北岳文艺出版社	
87	《圣经故事大全集》	王峥嵘	中国华侨出版社	
88	《四书五经》	陈晓芬等译注	中华书局	
89	《孙子兵法》	陈曦译注	中华书局	
90	《向巴菲特学投资跟卡耐基学说话》	王刚	中国纺织出版社	
91	《销售就是要玩转情商：99%的人都不知道的销售软技巧》	［美］科林·斯坦利	武汉出版社	
92	《社会契约论》	［法］卢梭	作家出版社	
93	《心灵革命》	［美］李海燕	北京大学出版社	

续表

数量	书名	作者	出版社	学年
94	《雅典 3000 年》	［法］雅克·伯萨尼	敦煌文艺出版社	第三学年
95	《永不放弃：马云给创业者的24 堂课》	成杰	中国华侨出版社	
96	《增广贤文》	李冲锋译注	中华书局	
97	《战争论》	［德］克劳塞维茨	北京联合出版公司	
98	《中国商界风云人物》	林超华	华中科技大学出版社	
99	《周易》	杨天才、张善文译注	中华书局	
100	《资治通鉴》	司马光	岳麓书社	

📖 训练任务

1. 通过《满江红·怒发冲冠》了解北宋和南宋，了解岳飞，了解"靖康之耻"，了解"澶渊之盟"，了解"清明上河图"，并讲述。

2. 通过"故事衔接法"读《红楼梦》，通过阅读掌握故事："石头神话""绛珠还泪""甄家突变""雨村判案""刘姥姥三进荣国府""元春省亲""黛玉葬花"等，并讲述。

3. 从推荐书目中选读 20 本图书阅读，精读 10 本。写读书笔记 6 篇，每篇 500 ~ 1 000 字。通过"云班课"发给老师，老师根据同学在图书馆借书数量、读书笔记数量和写作质量（读者思想融入的程度）给予考核、考评。

1.2 思维训练

阅读能力是体现一个人综合能力的重要方面，它包含识读能力、理解能力、分析能力、归纳能力、记忆能力等。

📖 标记批注

标记批注即在阅读时对重点段落、重点词句做标记符号、做批语注释，是在阅读时在读物的空白处随时记注个人思想、体会、联想、考证或是纠错，以便在以后应用时查阅和再阅读时注意的一种方法。标记批注是对文章的品评、鉴赏，是多角度、高层次的阅读过程，同时也是读者的消化、吸收、转化和运用的过程。其要点是：在重要的句子下画横线，在重要的段落旁画竖线，将关键性词或短语圈出来，在有疑惑处标注问号，在有感悟之处标注感叹号等，并在需要之处记录感想、批注和疑问内容。这样有利于思考和抓住重点，便于掌握全书内容和理解全书宗旨。

📖 阅读笔记

阅读笔记指读书时为了把自己的读书心得记录下来或是把文中的精彩部分整理出来而做的笔记。这是阅读训练、思维训练的好办法。俗话说："好记性不如烂笔头。"列宁记忆力惊人，他却勤于动笔，写下了大量的读书笔记。俄国文学家列夫·托尔斯泰要求自己：身边永远带着笔和本，读书和谈话时碰到一切美妙的典故和词句就把它记录下来。我们在阅读书籍或文章时，遇到文中精彩的部分或好词佳句都要习惯把它记录下来，阅读时产生的思考、想法、体会、梳理的人物关系、故事变化的过程等也都可以记录下来。笔记对于积累知识是非常重要的，一本好的内容丰富的笔记，就是一本个人积累下来的知识财富。长期记录形成的笔记，它将成为你的"知识宝典""百科全书"。有助于形成个人的思想、思维和知识体系。

📖 随笔（读后感）

在阅读时将自己对文本内容的见解、质疑、感想、体会写下来。随笔就是读书的随感，是文字规模较小的阅读笔记。它是散文的一种，随手笔录，不拘一格。它是议论文的一个变体，兼有议论和抒情两种特性。一般以借事抒情、夹叙夹议为其特色。随笔形式多样，是短小的记录和理思，当随笔达到一定的积累后，便可形成读后笔记和读后感。中国古典名著《容斋随笔》是南宋文学家洪迈所著的历史随笔，它是洪迈在读书之际，每有心得，随手记下的笔记体小说。他把读历史40余年的感悟、考证、鉴赏等写出记下，形成了《容斋随笔》5集、74卷。洪迈的随笔成了他多年博览群书、经世致用的智慧和汗水的结晶，也成为后人学习、鉴赏、考证历史的重要史料。

📖 背诵记忆

经过阅读、标记、批注、综合、思考、感悟、研究、考证，最终将其通过背诵、记忆，吸纳为自身的营养，成为自身的学识，变为自身的修养，成为自身的能量。背诵吸纳是思维训练的重要部分。

【经典名篇背诵】

诗经·小雅·鹿鸣

呦呦鹿鸣，食野之苹。我有嘉宾，鼓瑟吹笙。吹笙鼓簧，承筐是将。人之好我，示我周行。

呦呦鹿鸣，食野之蒿。我有嘉宾，德音孔昭。视民不恌，君子是则是效。我有旨酒，嘉宾式燕以敖。

呦呦鹿鸣，食野之芩。我有嘉宾，鼓瑟鼓琴。鼓瑟鼓琴，和乐且湛。我有旨酒，以燕乐嘉宾之心。

扫描二维码
朗读

扫描二维码
朗读

诗经·郑风·子衿

青青子衿，悠悠我心。纵我不往，子宁不嗣音？

青青子佩，悠悠我思。纵我不往，子宁不来？

挑兮达兮，在城阙兮。一日不见，如三月兮。

诗经·小雅·鹤鸣

扫描二维码
朗读

鹤鸣于九皋，声闻于野。鱼潜在渊，或在于渚。乐彼之园，爰有树檀，其下维萚。他山之石，可以为错。

鹤鸣于九皋，声闻于天。鱼在于渚，或潜在渊。乐彼之园，爰有树檀，其下维榖。他山之石，可以攻玉。

【名著名段背诵】

红楼梦·红豆曲

扫描二维码
演唱

滴不尽相思血泪抛红豆，

开不完春柳春花满画楼，

睡不稳纱窗风雨黄昏后，

忘不了新愁与旧愁，

咽不下玉粒金莼噎满喉，

照不见菱花镜里形容瘦。

展不开的眉头，

捱不明的更漏，

呀！恰便似遮不住的青山隐隐，

流不断的绿水悠悠。

红楼梦·引子

扫描二维码
演唱

开辟鸿蒙，谁为情种？都只为风月情浓。

趁着这奈何天，伤怀日，寂寥时，试遣愚衷。

因此上，演出这怀金悼玉的《红楼梦》。

红楼梦·好了歌

扫描二维码
演唱

世人都晓神仙好，惟有功名忘不了！

古今将相在何方？荒冢一堆草没了。

世人都晓神仙好，只有金银忘不了！

终朝只恨聚无多，及到多时眼闭了。

世人都晓神仙好，只有娇妻忘不了！

君生日日说恩情，君死又随人去了。

世人都晓神仙好，只有儿孙忘不了！
痴心父母古来多，孝顺儿孙谁见了？

红楼梦·贾宝玉判词

其一：天不拘兮地不羁，心头无喜亦无悲。
　　　却因煅炼通灵后，便向人间觅是非。
其二：粉渍脂痕污宝光，绮栊昼夜困鸳鸯。
　　　沉酣一梦终须醒，冤孽偿清好散场。

红楼梦·林黛玉判词

可叹停机德，堪怜咏絮才。玉带林中挂，金簪雪里埋。

红楼梦·终身误

都道是金玉良姻，俺只念木石前盟。空对着，山中高士晶莹雪；终不忘，世外仙姝寂寞林。叹人间，美中不足今方信。纵然是齐眉举案，到底意难平。

赞省亲别墅

金门玉户神仙府，桂殿兰宫妃子家。
天地启宏慈，赤子苍头同感戴；
古今垂旷典，九州万国被恩荣。
衔山抱水建来精，多少工夫筑始成。
天上人间诸景备，芳园应赐大观名。

旷性怡情（迎春）

园成景物特精奇，奉命羞题额旷怡。
谁信世间有此境，游来宁不畅神思？

世外仙源（林黛玉）

名园筑何处，仙境别红尘。
借得山川秀，添来景物新。
香融金谷酒，花媚玉堂人。
何幸邀恩宠，宫车过往频。

有凤来仪（贾宝玉）

秀玉初成实，堪宜待凤凰。
竿竿青欲滴，个个绿生凉。
迸砌妨阶水，穿帘碍鼎香。
莫摇清碎影，好梦昼初长。

好了歌注

扫描二维码
朗读

陋室空堂，当年笏满床；衰草枯杨，曾为歌舞场。

蛛丝儿结满雕梁，绿纱今又糊在蓬窗上。说什么脂正浓，粉正香，如何两鬓又成霜？

昨日黄土陇头送白骨，今宵红灯帐底卧鸳鸯。

金满箱，银满箱，展眼乞丐人皆谤。

正叹他人命不长，那知自己归来丧！

训有方，保不定日后作强梁。择膏粱，谁承望流落在烟花巷！

因嫌纱帽小，致使锁枷扛；昨怜破袄寒，今嫌紫蟒长；

乱烘烘你方唱罢我登场，反认他乡是故乡。甚荒唐，到头来都是为他人作嫁衣裳！

红楼梦十二曲·飞鸟各投林

扫描二维码
朗读

为官的，家业凋零；富贵的，金银散尽；

有恩的，死里逃生；无情的，分明报应。

欠命的，命已还；欠泪的，泪已尽。

冤冤相报实非轻，分离聚合皆前定。

欲知命短问前生，老来富贵也真侥幸。

看破的，遁入空门；痴迷的，枉送了性命。

好一似食尽鸟投林，落了片白茫茫大地真干净！

出师表

诸葛亮

扫描二维码
朗读

先帝创业未半，而中道崩殂，今天下三分，益州疲弊，此诚危急存亡之秋也。然侍卫之臣不懈于内，忠志之士忘身于外者，盖追先帝之殊遇，欲报之于陛下也。诚宜开张圣听，以光先帝遗德，恢弘志士之气，不宜妄自菲薄，引喻失义，以塞忠谏之路也。

宫中府中，俱为一体，陟罚臧否，不宜异同。若有作奸犯科及为忠善者，宜付有司论其刑赏，以昭陛下平明之理，不宜偏私，使内外异法也。

侍中、侍郎郭攸之、费祎、董允等，此皆良实，志虑忠纯，是以先帝简拔以遗陛下。愚以为宫中之事，事无大小，悉以咨之，然后施行，必能裨补阙漏，有所广益。

将军向宠，性行淑均，晓畅军事，试用于昔日，先帝称之曰能，是以众议举宠为督。愚以为营中之事，悉以咨之，必能使行阵和睦，优劣得所。

亲贤臣，远小人，此先汉所以兴隆也；亲小人，远贤臣，此后汉所以倾颓也。先帝在时，每与臣论此事，未尝不叹息痛恨于桓、灵也。侍中、尚书、长史、参军，此悉贞良死节之臣，愿陛下亲之信之，则汉室之隆，可计日而待也。

臣本布衣，躬耕于南阳，苟全性命于乱世，不求闻达于诸侯。先帝不以臣卑鄙，猥自枉屈，三顾臣于草庐之中，咨臣以当世之事，由是感激，遂许先帝以驱驰。后值倾覆，受任于败军之际，奉命于危难之间，尔来二十有一年矣。

先帝知臣谨慎，故临崩寄臣以大事也。受命以来，夙夜忧叹，恐托付不效，以伤先帝之明，故五月渡泸，深入不毛。今南方已定，兵甲已足，当奖率三军，北定中原，庶竭驽钝，攘除奸凶，兴复汉室，还于旧都。此臣所以报先帝而忠陛下之职分也。至于斟酌损益，进尽忠言，则攸之、祎、允之任也。

愿陛下托臣以讨贼兴复之效，不效，则治臣之罪，以告先帝之灵。若无兴德之言，则责攸之、祎、允等之慢，以彰其咎；陛下亦宜自谋，以咨诹善道，察纳雅言，深追先帝遗诏，臣不胜受恩感激。

今当远离，临表涕零，不知所言。

短歌行

曹操

对酒当歌，人生几何！
譬如朝露，去日苦多。
慨当以慷，忧思难忘。
何以解忧？唯有杜康。
青青子衿，悠悠我心。
但为君故，沉吟至今。
呦呦鹿鸣，食野之苹。
我有嘉宾，鼓瑟吹笙。
明明如月，何时可掇？
忧从中来，不可断绝。
越陌度阡，枉用相存。
契阔谈讌，心念旧恩。
月明星稀，乌鹊南飞。
绕树三匝，何枝可依？
山不厌高，海不厌深。
周公吐哺，天下归心。

扫描二维码
朗读

南乡子·登京口北固亭有怀

辛弃疾

何处望神州？满眼风光北固楼。千古兴亡多少事？悠悠。不尽长江滚滚流。
年少万兜鍪，坐断东南战未休。天下英雄谁敌手？曹刘。生子当如孙仲谋。

永遇乐·京口北固亭怀古

辛弃疾

千古江山，英雄无觅孙仲谋处。舞榭歌台，风流总被雨打风吹去。斜阳草树，寻常巷陌，人道寄奴曾住。想当年，金戈铁马，气吞万里如虎。

元嘉草草，封狼居胥，赢得仓皇北顾。四十三年，望中犹记、烽火扬州路。可堪回首、佛狸祠下，一片神鸦社鼓。凭谁问：廉颇老矣，尚能饭否？

剔银灯

范仲淹

昨夜因看蜀志，笑曹操孙权刘备。用尽机关，徒劳心力，只得三分天地。屈指细寻思，争如共、刘伶一醉？

世都无百岁。

少痴騃、老成尪悴。只有中间，些子少年，忍把浮名牵系？一品与千金，问白发、如何回避？

【精彩散文背诵】

北京秋天下午的我

莫言

……据说秋季的北京的天是最蓝的，蓝得好似澄澈的海，如果天上有几朵白云，白云就像海上的白帆。如果再有一群白鸽在天上盘旋，鸽哨声声，欢快中蕴涵着几丝悲凉，天也就更像传说中的北京秋天的天了。但我在北京生活这些年里，几乎没有感受到上个世纪里那些文人笔下的北京的秋天里美好的天。那样的秋天是依附着低矮的房舍和开阔的眼界而存在的，那样的秋天是与蚂蚁般的车辆和高入云霄的摩天大厦为敌的，那样的天亲近寂寞和悠闲，那样的天被畸形的繁华和病态的喧嚣扼杀了。没有了那样的天，北京的秋天就仅仅是一个表现在日历牌上的季节，使生活在用空调制造出来的暧昧温度里、很少出门的人忘记了它。

洗热水澡

莫言

……我在农村生活了二十年，从没洗过一次热水澡。那时候我们洗澡是到河里去。我家的房后有一条胶河，每到盛夏季节，河中水势滔滔，坐在炕上便能看到河中的流水。回忆中那时候的夏天比现在热得多，吃罢午饭，总是满身大汗。什么也不顾不上，扔下饭碗便飞快地跑上河堤，一头扎到河里去，扎猛子打扑通，这行为本是游泳，但我们从来把这说成是洗澡。

春雨

阿贝尔

在窗外下响，从午夜开始。我喜欢豆腐的春雨，开着窗睡，滴滴答答，不仅把雨声带进了梦，把空气的湿润也带进了梦。窗外是一棵花椒树和一棵棕树，失眠的时候我分辨得出雨打花椒树和雨打棕树的声响。我总感觉夜里的春雨是栅栏，而我是栅栏里的羊，卧在隔年的草料里。

春花

阿贝尔

……我着迷于春花从枯枝抽出的过程，它的幽秘和神异是我们的想象力与理智无法企及的，要想得到一个满意解释，唯一的手段就是借助"上帝"。先是春梅，然后是野樱桃花、野桃花、野梨花。更多的是叫不出名的花，有的细腻、娇嫩，像处女，花蕊花柱如丝如玉，上面扑着初雪；有的简朴、素淡，如村姑，花瓣花蕊皆本色。不需要知识，单凭本能和直觉，我们便可以从那些被春雨打湿的花蕊洞见性的秘密。它的构造，它的色泽，它的气味，吻合了我们自己肉身和灵魂里最神秘的曲调。

走来走去

张利文

我迷上了散步。

夜晚来临的时候，我扔了手头的一切，走出家门，走到大街上。从西黄寺出发，走黄寺大街，到马甸，这是我固定的路线。还有许多路可以走，比如走北三环。我只走我选定的路。我每个晚上穿上六块线买的布鞋，装上一盒烟，裤兜里揣一些零钱，从东走到西，又从南走到北，再从北走到南，从西走到东。走一圈，大约四十分钟，有时候，需要一个小时，最长的，两个小时。

倦鸟

江少宾

……在乡下，往往能和一些鸟相遇。它们是乌鸦、麻雀和喜鹊，顽皮地在空地里跳跃，间或还能看见它们悠闲地踱着方步，人来不惊，畜去不散，仿佛聋子或瞎子，对身边的危险失去了最起码的判断。当然，危险也确实并非无处不在，这让鸟们一度与人们和平共处。

【著名诗文背诵】

望天门山

李白

天门中断楚江开，碧水东流至此回。
两岸青山相对出，孤帆一片日边来。

送友人

李白

青山横北郭，白水绕东城。

此地一为别，孤蓬万里征。

浮云游子意，落日故人情。

挥手自兹去，萧萧班马鸣。

登金陵凤凰台

李白

凤凰台上凤凰游，凤去台空江自流。

吴宫花草埋幽径，晋代衣冠成古丘。

三山半落青天外，二水中分白鹭洲。

总为浮云能蔽日，长安不见使人愁。

行路难

李白

金樽清酒斗十千，玉盘珍馐直万钱。

停杯投箸不能食，拔剑四顾心茫然。

欲渡黄河冰塞川，将登太行雪满天。

闲来垂钓坐溪上，忽复乘舟梦日边。

行路难，行路难，多歧路，今安在？

长风破浪会有时，直挂云帆济沧海。

水调歌头·明月几时有

苏轼

丙辰中秋，欢饮达旦，大醉。作此篇，兼怀子由。

明月几时有？把酒问青天。不知天上宫阙，今夕是何年？我欲乘风归去，惟恐琼楼玉宇，高处不胜寒。起舞弄清影，何似在人间。

转朱阁，低绮户，照无眠。不应有恨，何事长向别时圆？人有悲欢离合，月有阴晴圆缺，此事古难全。但愿人长久，千里共婵娟。

无题·相见时难别亦难

李商隐

相见时难别亦难，东风无力百花残。

春蚕到死丝方尽，蜡炬成灰泪始干。

晓镜但愁云鬓改，夜吟应觉月光寒。

蓬山此去无多路，青鸟殷勤为探看。

无题二首

李商隐

其一

昨夜星辰昨夜风，画楼西畔桂堂东。

身无彩凤双飞翼，心有灵犀一点通。

隔座送钩春酒暖，分曹射覆蜡灯红。

嗟余听鼓应官去，走马兰台类转蓬。

其二

闻道阊门萼绿华，昔年相望抵天涯。

岂知一夜秦楼客，偷看吴王苑内花。

竹枝词二首·其一

刘禹锡

杨柳青青江水平，闻郎江上唱歌声。

东边日出西边雨，道是无晴却有晴。

竹枝词二首·其二

刘禹锡

楚水巴山江雨多，巴人能唱本乡歌。

今朝北客思归去，回入纥那披绿罗。

咏柳

贺知章

碧玉妆成一树高，万条垂下绿丝绦。

不知细叶谁裁出，二月春风似剪刀。

花下自劝酒

白居易

酒盏酌来须满满，花枝看即落纷纷。

莫言三十是年少，百岁三分已一分。

种桃杏

白居易

无论海角与天涯，大抵心安即是家。

路远谁能念乡曲，年深兼欲忘京华。

忠州且作三年计，种杏栽桃拟待花。

凉州词

王之涣

黄河远上白云间，一片孤城万仞山。

羌笛何须怨杨柳，春风不度玉门关。

山行

杜牧

远上寒山石径斜，白云深处有人家。

停车坐爱枫林晚，霜叶红于二月花。

泊船瓜洲

王安石

京口瓜洲一水间，钟山只隔数重山。

春风又绿江南岸，明月何时照我还？

元日

王安石

爆竹声中一岁除，春风送暖入屠苏。

千门万户曈曈日，总把新桃换旧符。

春日游湖上

徐俯

双飞燕子几时回？夹岸桃花蘸水开。

春雨断桥人不渡，小舟撑出柳阴来。

[《中国历史朝代歌》]

盘古开天神话传，三皇五帝数千年。

炎帝黄帝华夏祖，尧舜禹王位让贤。

夏商西周奴隶制，东周列国变封建。

秦汉统一开疆域，三国纷争起战乱。

西晋东晋南北朝，隋唐疆域又扩展。

五代十国闹割据，宋辽夏金归大元。

明朝船队下西洋，清朝锁国被破关。

民国内战加外战，人民共和开新篇。

📖 研究考证

　　研究考证是对阅读的文献加以研究、考察、证实、纠错的过程。将研究、考证的结果写出来，供后人学习时借鉴。在读一本书时，特别是古代久远的文献，语言、文字、读音都会随历史的演变而变化，不是只通过阅读就能获得作者的原意，而需要认真的研读、品读、分析，与作者一贯的思想相比较，得出作者最终的思想认知体系。这就要求读者在阅读时，不仅要看字面意思，更要探究文字背后作者的思想体系，隐藏在文字背后的深层次的含义。如《道德经》曰："天下之至柔，驰骋天下之至坚，无有入无间。""反者道之动，弱者道之用。"究竟什么意思，要不断阅读、体会、研究、考证。研究考证法有：横向研究考证，即同一历史时期的历史事件、历史人物、历史问题比较、分析的方法；纵向研究考证，即从历史朝代、历史发展的纵深，从古至今或从今至古所发生的相关历史事件、历史人物、历史问题下手，去比较、分析的方法；点面结合研究考证，即从某一点出发，逐渐扩展比较、分析的方法。

📖 训练任务

1.阅读《三国演义》，用简短语言概述"桃园三结义""三顾茅庐""草船借箭""火烧赤壁""煮酒论英雄""七擒孟获"等故事。

2.通览清朝历史，按顺序说出中国最后一个封建王朝清朝十二帝，简单讲述清朝历史由建立、强盛、衰败到灭亡的历史过程。

1.3 表达训练 ⚫

📖 阅读分享

阅读分享指阅读后同他人一起享受阅读的快乐、阅读的体会、阅读的启发和阅读感受。学习期间，老师根据同学的借书情况、读书情况、读书笔记写作情况、到图书馆学习交流情况等，评选"优秀读者"进行交流、汇报，开展"读书分享"体验活动。读书分享包括读书心得、读书感悟、读书综述、读书评论等。通过分享读书获得、读书快乐、读书启发、读书所思、读书所想，在大学生中开展读书人生教育。分享分三步：一是以班级为单位开展分享；二是选拔优秀者参加年级的分享；三是再次选拔优秀者参加校级分享大赛。校级大赛优秀者推荐评选"优秀阅读达人""优秀大学生"和"优秀毕业生"。

分享大赛规则及要求：

1.精读图书，分享内容。在图书馆精选、精读一本书，结合自身实际，从为什么喜欢这本书，这本书的内容带给你的启迪及思考等方面进行分享。题目自拟，要求主题鲜明、内容充实、联系密切、感想生动。需原创，严禁抄袭。展示当代大学生积极向上的精神面貌和博学善思的文化涵养。

2.语言精练，富有感召力。要求脱稿分享、语言精练流畅，富有感染力和号召力，能引起情感共鸣。每人分享时间为 3~5 分钟。

3.分享过程需使用 PPT、音乐、视频等多媒体方式进行辅助交流。

4.大赛分为初赛、复赛、决赛三场，比赛采用十分制，评委根据评分标准，进行现场打分。

分享大赛评分标准：

1.分享内容。主题鲜明，故事生动，联想贴切，行文流畅。（5分）

2.语言艺术。普通话标准，表现真切，语言流利，感召力强。（3分）

3.综合表现。临场自如，形象端庄，衣着得体，交流互动。（2分）

📖 讲故事

讲故事的能力就是将所学、所读知识，通过语言表达出来。阅读分享体现出同学们对文章和著作内容的分析理解水平。在阅读分享的基础上，组织同学阅读文学、历史、哲学、名人传记等，组织同学开展"讲故事"交流活动。通过"讲故事"锻炼同学们的记忆能力、逻辑思维能力和叙述表达能力。通过读故事、记故事、想故事、讲故事活动，启发和锻炼同学的阅读能力、思维能力、记忆能力和演讲能力。通过分组试讲，层层选拔，选取优秀者参加校级"讲故事"大赛，促进大学生丰富情感世界的形成。

故事大赛规则及要求：

1.阅读图书，分享故事。在图书馆选书、读书，联系自身实际，从书中故事吸取灵感、借鉴经验、感悟人生。题目自拟，要求主题鲜明、内容充实、联想密切、感想生动。需原创，严禁抄袭。展示当代大学生的丰富情感。

2.语言精练，阐述精辟。表达自如，语言精辟，富有感染力。要求脱稿演讲，生动有趣，与现实紧密结合，展示大学生的精神世界与现实世界的结合度和丰富的说理过程。每人演讲时间为 3~5 分钟。

3.讲说过程需使用 PPT、音乐、视频等多媒体方式进行辅助交流。

4.大赛分为初赛、复赛、决赛三场，比赛采用十分制，评委根据评分标准，进行现场打分。

故事大赛评分标准：

1.演讲内容。主题鲜明，故事生动，联想贴切，行文流畅。（5分）

2.语言艺术。普通话标准，表现真切，语言流利，感召力强。（3分）

3.综合表现。临场自如，形象端庄，衣着得体，交流互动。（2分）

📖 诗词诵读

朗诵是语言与情感的结合。诗词朗诵能表现出同学们的语言表现力、语言感染力，将思想融入心灵，从而表达自己丰富的情感和心声。朗诵是声音、形体、动作的协调和完美结合，是锻炼同学语言、展示大学生风采的极佳方式。在阅读、思考、交流的基础上，体会诗词和朗读诗词又是另一个层次的素质提升和思想境界的升华。通过老师的组织、学生的参与，层层试讲，层层选拔，在指导和比较的基础上，同学们的朗诵水平会有一个质的飞跃。通过朗诵会使学生自我激发、热情高涨，自我表现的欲望增强，朗诵过程中，会表现出人人互比、人人互攀的劲头，提升同学们将所读、所学知识应用到语言中的能力，展示出大学生的高雅学风。通过层选，让优秀者在更高层次——校级大赛中大显身手。

📖 演讲

演讲即演说，是指在公众场合以有声语言和体态语言针对某一具体事物和问题，鲜明、完整地发表自己的见解和主张，阐明事理或抒发情感，从而宣传某一道理、提倡某一行动的语言感召和交际活动。在大学生中提倡和锻炼演讲能力是非常重要的。通过阅读、学习，提升自己的文学修养和文学水平，将所读、所学、所思、所想，结合个人实际、家庭实际、社会实际、国际实际等，讲述和阐述一个道理或提倡某一行动。这是集知识、说理、劝导、思维逻辑于一体的语言表达形式，也是很好的集知识与语言表达相结合的综合性思维训练和语言训练。通过阅读课程，将演讲融入课程过程中，在"读"的基础上"思"，在"思"的基础上"感"，在"感"的基础上"讲"，这样才能有"血"有"肉"，充分展示大学生的文学风采、文化风采、思想境界和思维高度。

📖 训练任务

1. 举办阅读分享大赛。主题是《我的阅读收获》，通过初赛、复赛、决赛层层选拔、评选，成为全校性的品牌活动。

2. 举办讲故事大赛。主题是《我心中的故事》，通过初赛、复赛、决赛层层选拔、评选，成为全校性的品牌活动。

3. 举办演讲大赛。主题是《我的奋斗目标》，通过初赛、复赛、决赛层层选拔、评选，成为全校性的品牌活动。

第二章

图书馆与检索

2.1 文献知识

📖 相关概念

【信息】

信息是客观事物运动状态和变化的反映，即人们通过感觉器官与外界进行交换的一切内容。信息存在必须依托载体，信息是无序的。依据存在方式，信息可分为口头信息、实物信息、文献信息。

【知识】

人类在实践中认识客观世界的成果，知识是有序的。满足历史性的三个条件：①验证过的；②正确的；③相信的。

【情报】

在一定领域内，有价值的信息。

【文献】

有历史意义或参考价值的竹简、图书、期刊、报纸、典章、手抄、光盘、影音资料、电子数据库等。

【图书】

人类用来记录一切成就的主要工具，人类交融感情、取得知识、传承经验的重要媒介。

【图书馆】

图书馆是搜集、整理、收藏图书资料以供人阅览、参考的机构。现在图书馆有保存人类文化遗产、开发信息资源、提供优雅的环境和先进仪器设备、开展文化教育、参与社会教育的重要职能。图书馆是"社会的记忆"。

早在 3 000 多年前就出现了最早的图书馆。据《在辞典中出现的"图书馆"》介绍："图书馆"一词最初于 1877 年出现在日本的文献中，而最早在我国文献中出现，当推《教育世界》第 62 期中所刊出的一篇《拟设简便图书馆说》，时间为 1894 年。中国最早的省级图书馆为 1904 年创办的湖北省图书馆。

信息汇聚成知识，知识汇聚成文献，文献以多种形式存在，文献汇聚成图书馆。图书是纸质文献的主要形式，历史久远，文献量大，各大图书馆中体量最大、占据空间最大的就是图书文献。

📖 一次文献

人们直接以自己的生产、科研、生活、社会活动等实践经验为依据生产出来的文献，即原始文献。一般将作者发表的论文、著作、成果等，称作一次文献。

📖 二次文献

对一次文献的外部特征（题名、作者、出处等）进行加工整理，并按照一定的逻辑顺序和科学体系加以编排存储，使之形成系统的检索文献，如目录、索引、文摘等。

【目录】

通常指书籍正文前所载的目次，也指某一专业的书目合编，它是揭示报导文献的工具——二次文献。

【索引】

为人们准确、迅速地获得文献资料提供线索性指引。组成的基本单位是索引款目。通常也指对一列数据进行排序——二次文献。

【文摘】

对文献内容作实质性描述的文献条目——二次文献。

文摘条目样例（图 2.1.1）：

国家重点档案抢救修复核心问题研究

张艳欣在《档案学通讯》2010年第2期撰文，从三方面研究了国家重点档案抢救修复的核心问题：一是国家重点档案抢救修复的指导思想问题。国家重点档案抢救修复的真实含义是对损毁的档案进行修正、恢复，去除档案中对耐久性不利的因素，避免损坏加剧，使档案恢复原貌，提高档案形成材料的耐久性，以利于收藏、保管和利用。对国家重点档案抢救修复应遵循"保持原貌和最小干预"的原则。基于该原则，国家重点档案抢救修复必须坚持的指导思想应该是：遵循档案保护技术的基本原则，确保档案绝对安全。二是目前国家重点档案抢救修复工作方法存在的问题。主要有：方法单一、技术简单，缺乏科学化的修复工艺和集成化的修复手段，技术水平参差不齐。三是国家重点档案抢救修复系统化、科学化管理的问题。①要贯彻工程化管理的思想，优化抢救修复工作流程；②要建立完善的操作规范和质量检验标准；③要重视国家重点档案抢救人员的培训与资格认定；④要加强国家重点档案抢救经费的管理。

档案馆运行机制再造论

马英杰、黄存勋在《档案学研究》2009年第6期撰文，从政府信息公开入手，从以下三个方面较全面地探讨了档案馆运行机制再造的若干思路：

一是理念创新，构建"以用户为中心"的服务机制。其一，要以集成政府信息资源为重点，满足政府内部信息参考需要；其二，要根据企业的特点，向企业提供有关产业政策、进出口注册、纳税、工资、城市规划等方面的各项方针、政策、法规、行政规定、业务办理数据等档案信息；其三，通过宣传、服务等手段，向公民提供其劳动就业、福利待遇、社会保险、救助、房屋拆迁、土地管理、政府投资、个人缴税方面与民生相关的信息，以及居民出生、死亡登记、迁徙、户口管理、婚姻情况登记、工龄登记等档案证据材料。

二是基础重构，建设网络化的档案信息资源管理平台。其一，要通过政务网接收政府在政务活动中产生的电子文件及相关数据，完成馆藏各类档案、资料的数字化以及通过互联网的在线采集等形

式，努力使信息来源最大化；其二，通过对新采集的信息进行数据重构、规范整理、分类著录和用户需求分析等方式，加强信息的有效管理；其三，通过统一的标准语言实现档案馆与档案馆、档案馆与政府部门、政府部门与政府部门之间信息的共享；其四，通过建设网络化的档案信息资源共享平台，为未来建立起广泛的档案信息资源共享数字档案馆打下坚实的基础。

三是体制保障，改进档案馆内部管理模式。其一，要科学合理地制定分阶段的目标体系，引导馆员一步步向最终目标前进；其二，要加强宣传和教育培训，强化馆员对发展目标的认可，增强馆员的能力与信心；其三，要通过沟通和提高馆员对领导的信任度，增强领导的魅力；其四，要构建学习型组织，使工作过程变为学习过程，使学习效果体现为工作效率。

广东省创立重大建设项目档案金册奖

钟伦清在《中国档案》2010年第2期发表《一个与众不同的奖项》一文，介绍了广东省创立重点大建设项目"金册奖"的情况与效果。作者指出：

2006年8月，广东省档案局与省发展和改革委员会，创立了"广东省重大建设项目档案金册奖"。全省许多在建项目和新开工项目都以争创"金册奖"作为项目档案工作目标，促进了该省重大建设项目档案管理水平的提高。该奖项是首个以建设项目档案工作为主题的专项奖，填补了建设项目质量管理中的空白。

该奖项之所以受欢迎，是因为它的产生是与项目档案验收同步的，没有额外的评定程序（其程序为：建设单位对项目档案进行自检，并提出项目档案验收申请报告——有关档案行政管理部门组织项目档案验收，并根据设立的评奖条件确定申报该奖项的资格——省档案局对申报该奖项的项目建设单位及主要参建单位进行最终确认——通过媒体发布公告，颁发荣誉证书），它是一个开放性的奖项，没有评定时间、获奖名额和行业的限制。截至2009年6月，广东省首批4个建设单位和主要参建单位已获得该奖项。

图 2.1.1　文摘条目样例

📖三次文献

对一次文献和二次文献进行广泛深入的分析研究之后综合概括而成的产物，如综述、专题述评、数据手册、指南、辞海、全书、年鉴等。三次文献可直接阅读，二次文献指引阅读一次文献。

【词典（辞典）】

收集词汇按某种顺序排列加以解释供人检索参考的工具书——三次文献，典型的三次文献如图 2.1.2 所示。

图 2.1.2　典型的三次文献

📖 **训练任务**

　　1. 何为一次文献、二次文献、三次文献？举例说明。

　　2. 何为信息、知识、文献、图书、图书馆？它们之间的关系如何？

2.2　图书馆知识 ⚬⚬⚬⚬⚬⚬⚬⚬⚬⚬⚬⚬⚬⚬⚬⚬⚬⚬⚬⚬⚬⚬⚬⚬⚬⚬⚬⚬⚬⚬⚬⚬⚬⚬ ◎

📖 大开放服务模式

　　图书馆内部取消各房间的隔断，形成统一的楼层大空间，由传统的分书库布局变成楼层大区间阅读区，区域空间形成藏、借、阅一体布局，阅览区融入藏书区中，构成"人在书中，书在人旁"的阅读环境。各楼层取消楼层门禁、取消楼层借还处，在图书馆大门出口处设置唯一总服务站，完成全馆文献的借还服务，这种格局形式称大开放服务模式（图 2.2.1）。

图 2.2.1　图书馆大开放服务格局

📖 阅读推广

　　阅读推广是指图书馆或文化部门开展的以培养公众阅读意愿或阅读能力、促进公众阅读行为的服务。阅读推广常常通过各种课程和活动的开展，培养和促进公众阅读行为，培养读者的阅读兴趣，以达到全社会普及阅读的目的。

📖 图书馆文化教育职能

　　图书馆作为文化服务体系的重要组成部分，以保存文化记忆、实现文化传承为其独特的使命，它全面系统地收集各种文献资源，通过选择、整理、加工在保存文化遗产方面发挥独特的作用。另外，图书馆利用各种文化资源、知识资源、场地资源、读者资源开展各式的文化展览、文化讲座、文化宣传、文化传承教育等活动，促进文化的交流和传播。图书馆是不可缺少的文化教育和宣传阵地。

　　图书馆也是社会教育系统的一个子系统，教育是历史赋予图书馆的一项使命。图书馆以其丰富、多样化、多载体的文献信息为物质基础，为人们知识更新和知识积累提供最大的便利条件，成为人们日益看重的获取知识的重要场所。不同年龄、不同层次的人们都可以在图书馆找到自己所需的知识。图书馆广博的知识信息贮藏和全方位、多层次的教育范围，是任何一个教育机构所无法比拟的，图书馆从它诞生之日起就有了这种教育职能。

📖 射频识别技术

射频识别（RFID）是 Radio Frequency Identification 的缩写。其原理为阅读器与标签之间进行非接触式的数据通信，达到识别目标的目的。利用无线射频方式可对记录媒体（电子标签或射频卡）进行读写，从而达到识别目标和数据交换的目的，被认为是 21 世纪最具发展潜力的信息技术之一。一套完整的 RFID 系统，是由阅读器与电子标签及应用软件系统三个部分所组成，其工作原理是阅读器（Reader）发射一特定频率的无线电波能量，用以驱动电路将内部的数据送出，此时 Reader 便依序接收解读数据，传送给应用程序做相应的处理。

📖 CN-MARK 格式

CN-MARK 格式是中国图书馆计算机管理和阅读图书的标准书目数据格式，也称机读数据格式。其包含了图书的书名、作者、出版社、分类号、馆藏号、ISBN 号、丛书名等信息。在我国各大图书馆应用的计算机管理系统中，均使用 CN-MARK 格式加工、阅读、识别书目信息。

CN-MARK 机读格式如图 2.2.2 所示。

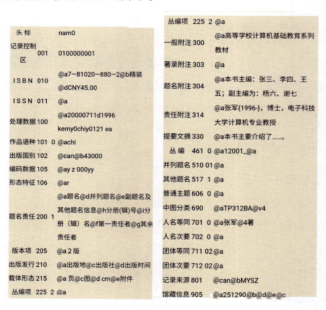

图 2.2.2　CN-MARK 机读格式

📖 图书分类

图书分类是按照图书的内容、形式（工具书、丛书等）、体裁（小说、诗歌、戏剧、散文等）和读者用途（交叉学科、理论、实践等），在一定的哲学思想指导下，运用知识分类的原理，采用逻辑方法，将所有学科的图书按学科内容、依据《中图法》给出具体类目的过程。《中国图书馆分类法》，简称《中图法》，是 1975 年国家出版的指导分类的工具书。该书介绍了通过科学方法对图书进行分类的原则、方法和类目制定的规则。

📖 图书编目

图书编目是对文献资源进行分类，编制目录，建立馆藏目录体系的过程。现代图书馆所编制的目录，即机读 MARK 目录。

📖 图书目录

图书目录一般指图书馆目录。以图书为编目对象和组织范围的目录。按一定的标目（题名、著者、分类号、主题等），依据一定次序（如汉语拼音音序）组织排列的目次。图书馆目录是为了让读者更好更快地查阅到自己所需的图书而设置的电子表，是一种查阅工具。除供读者使用外，也是图书馆馆员从事文献采购、参考咨询、保管典藏图书等必不可少的工具。

图书馆目录揭示了文献的特征，提供了识别文献的依据，指引了检索文献的途径，并标识文献在书架上的排列位置。早期的图书馆目录是纸质的卡片式目录，现代一般指图书馆机读 CN-MARK 目录。

📖 特藏文献

特藏文献指图书馆收藏的珍本、善本、名人手稿、特种文献、地方文献等被公认为极具历史文物价值、学术价值、艺术价值、科研价值与收藏价值的珍贵文献。如古籍（1912 年以前出版、具有中国古典装帧形式的书籍）、民国期间出版的文献、大型历史丛书、类书、帛书、敦煌文书、碑帖拓片、少数民族文字、地方志、族谱、家谱、舆图、《中华再造善本》等新版古籍等。国家图书馆收藏的"文津阁"版《四库全书》，是乾隆四十九年（1784 年）入藏在热河行宫（今河北省承德市）避暑山庄的一套珍贵文献，现成为国家图书馆的镇馆之宝。辽宁省图书馆的镇馆之宝是 16 部宋版书，该宋版书被称无价之宝。古代就有"一页宋版，一两黄金"的说法。

📖 训练任务

1. 谈谈你所理解的"图书馆大开放服务"。
2. 谈谈你知道的"阅读推广"活动；为什么要开展"阅读推广"活动？

2.3 公共图书馆

📖 国家图书馆

【美国国会图书馆】

图 2.3.1 美国国会图书馆

美国国会图书馆建于 1800 年，1800 年 4 月正式开放，设立在华盛顿国会山上，既是世界上最大的图书馆，也是全球最重要的图书馆之一。国会图书馆占据了国会山的三座建筑。托马斯杰斐逊大楼（1897 年）是美国国会图书馆的原建筑。亚当斯大楼建于 1938 年，詹姆斯麦迪逊纪念大楼于 1981 年竣工。它是美国历史最悠久的联邦文化机构，已经成为世界上最大的知识宝库，在美国文化中占有重要地位。据美国国会图书馆网站介绍，截至 2021 年，其收藏有超过 1.74 亿件藏品包括超过 5 100 万册编目书籍和其他 470 种语言的印刷材料；超过 7 500 万份手稿；北美最大的珍本藏书以及世界上最大的法律材料、电影、地图、乐谱和录音收藏。中国善本数字馆藏来自美国国会图书馆亚洲分部收藏的 5 300 种中国善本。在线演示包括近 2 000 种数字化稀有图书。（资料来源：美国国会图书馆网站）

【俄罗斯国家图书馆】

俄罗斯国家图书馆是欧洲第一大图书馆，藏书总量仅次于拥有 2.1 亿册／件藏书的美国国会图书馆，居世界第二位。该馆始建于 19 世纪 60 年代。1862 年鲁缅采夫博物馆由彼得堡迁往莫斯科，迁入坐落于克里姆林宫旁的帕什科夫楼。同年，作为该博物馆一部分的莫斯科第一所免费公共图书馆开放，名为莫斯科公共博物馆及鲁缅采夫博物馆图书馆，通常称鲁缅采夫图书馆。该馆当时的藏书基础是著名国务活动家鲁缅采夫

图 2.3.2 俄罗斯国家图书馆

伯爵丰富的藏书。十月革命后，1918 年 3 月，苏维埃政府迁往莫斯科，鲁缅采夫图书馆成为国家主要图书馆。俄罗斯国家图书馆共藏有 249 种语言（包括亚非国家语言 115 种）的 5 000 余万件藏书。

【中国国家图书馆】

中国国家图书馆位于北京市中关村南大街 33 号，与海淀区白石桥高粱河、紫竹院公园相邻。是国家总书库，国家书目中心，国家古籍保护中心；是世界最大、最先进的国家图书馆之一。中国国家图书馆的前身是筹建于 1909 年 9 月 9 日的京师图书馆，1931 年，文津街馆舍落成（现为国家图书馆古籍馆）；

图 2.3.3　中国国家图书馆

中华人民共和国成立后，更名为北京图书馆。1987 年新馆落成，1998 年 12 月 12 日经国务院批准，北京图书馆更名为国家图书馆，对外称中国国家图书馆。中国国家图书馆总建筑面积 28 万平方米，图书馆分为总馆南区、总馆北区和古籍馆，总馆南区主楼为双塔形高楼。馆藏文献 4 000 万册，其中古籍文献近 200 万册，数字资源总量超过 1 000 TB，是亚洲规模最大的图书馆，藏书规模居世界国家图书馆第三位。

【大英图书馆】

图 2.3.4　大英图书馆

大英图书馆（亦译作英国国家图书馆），是世界上最大的学术图书馆之一。根据 1972 年颁布的《英国图书馆法》记载，该馆于 1973 年 7 月 1 日建立。图书馆位于伦敦和西约克郡。它由前大英博物馆图书馆、国立中央图书馆、国立外借科技图书馆以及英国全国书目出版社等单位所组成。大英图书馆的全部馆藏为 1.5 亿件，包括在伦敦的本馆和在约克郡的分部在内，其中仅是伦敦总部的地下藏书就达 3 000 万册，书架总长 300 英里，而且每年以 10 英里的速度递增。

📖 地方图书馆

【上海图书馆】

上海图书馆（Shanghai Library）成立于 1952 年，上海科学技术情报研究所成立于 1958 年。1995 年上海图书馆与上海科学技术情报研究所合并，成为研究型公共图

图 2.3.5　上海图书馆

书馆和综合性情报研究中心。上海图书馆（上海科学技术情报研究所）是国家博士后科研工作站、文旅部文化和旅游研究基地、上海市中心图书馆总馆。截至 2020 年底，现藏中外文献 5 600 余万册（件），其中中文古籍线装书约 170 万余册，善本 2.5 万种 17 万册，国家一、二级藏品 2 256 种 13 526 册。现有馆舍建筑面积总计 12.7 万平方米。

【重庆图书馆】

　　重庆图书馆是中国大型综合性的公共图书馆，是重庆市主要的文献信息收集交流和服务中心，是全国古籍重点保护单位、国家一级图书馆、重庆市文明单位。

　　重庆图书馆的前身是 1947 年民国政府为纪念在世界反法西斯战争中作出重大贡献的美国总统罗斯福设立的"国立罗斯福图书馆"；1950 年 4 月更名为"国立西南人民图书馆"；1955 年 5 月原国立西南人民图书馆、原重庆市

图 2.3.6　重庆图书馆

人民图书馆、原重庆市北碚区图书馆三馆合并，组成"重庆市图书馆"；1987 年定名为"重庆图书馆"；2007 年 6 月重庆图书馆新馆正式对外开放。重庆图书馆占地面积 3 万平方米，建筑面积 5 万平方米，设有阅览座位 1 869 个，信息点 1 500 个，图书馆藏有文献 460 多万册（件），其中古籍线装书 53.2 万册，联合国资料 20 余万册（件）。

【成都图书馆】

图 2.3.7　成都图书馆

　　成都图书馆是全国公共文化设施管理先进单位，是全国古籍重点保护单位、全民阅读先进单位、全民阅读示范基地、成都市青少年校外活动示范基地。2018 年 5 月被评定为国家一级图书馆。成都图书馆创建于 1912 年，馆名先后称四川图书馆、成都市立图书馆、成都通俗教育馆分部、成都市图书馆；2003 年 9 月，更名为成都图书馆；2003 年 10 月 1 日正式对外开放。截至 2019 年 12 月，该图书馆建筑面积 2 万平方

米，有 1 320 个阅览座位，设有 13 个机构部门，藏有纸本文献 318 万册，数字资源 110 TB。

【广东省立中山图书馆】

图 2.3.8　广东省立中山图书馆

广东省立中山图书馆创建于 1912 年，是广东省级综合性公共图书馆、国家一级图书馆，也是文化信息资源共享工程广东省分中心、广东省古籍保护中心、全国图书馆联合编目中心广东省分中心所在地。前身是明代羊城胜迹"南园"，后为清代广雅书局藏书楼；1917 年 7 月定名为广东省立图书馆；1933 年 10 月广东省立图书馆并入广州市市立中山图书馆；1950 年 7 月广东省立图书馆改名为广东人民图书馆；1955 年 5 月广东人民图书馆与广州市中山图书馆正式合并为广东省中山图书馆；2002 年广东省中山图书馆更名为广东省立中山图书馆。截至 2021 年底，累计馆藏文献总量约 990 万册（件），其中纸质图书 752 万册，古籍 47 万册，广东地方文献 40 万册，其他文献折合 150 余万册。

📖 训练任务

1.分别说明国家图书馆和地方图书馆的职能、服务范围。

2.中国国家图书馆在哪个城市？前身叫什么图书馆？馆藏纸质图书多少？

3.中国国家图书馆藏有一部《四库全书》，你知道是哪个版本吗？请说说《四库全书》的七大版本。

2.4　高校图书馆 ●●●●●●●●●●●●●●●●●●●●●●●●●●●●●●●●●●●●●● ◎

📖 国外大学图书馆

【哈佛大学图书馆】

哈佛大学图书馆（图 2.4.1）是美国最古老的图书馆，也是世界上藏书最多、规模最大的大学图书馆。有 8 位美国总统、33 位诺贝尔奖金获得者曾在这里学习过。在其四百多年的发展历程中，共拥有馆藏 1 500 万卷。这些蕴藏思想智慧的综合性的馆藏资源对哈佛师生的学习研究发挥着重要作用。哈佛大学图书馆（体系）包括 90

图 2.4.1　哈佛大学图书馆

多个不同专业的学术分馆，分别设立在波士顿地区、华盛顿特区、意大利的佛罗伦萨市及世界其他一些城市，仅在哈佛大学校本部就有 49 所分馆。其中怀德纳图书馆（Widener Library）是哈佛大学校本部最大的图书馆，拥有十层藏书库的馆舍宏伟壮观。与怀德纳图书馆 相邻的是地图、档案及戏剧博物馆、珍善本图书馆 （Houghton Library）和勒蒙特本科生图书馆（Lemont Library）。怀德纳图书馆收藏的文化资源多来自欧洲和美洲一些国家，并包括世界上 100 多种语言的原著。馆藏资源覆盖学校各个学科。同时还设有中东、中亚地区 60 多个国家和地区的研究室，分别用 45 种语言著成的书刊及丰富多彩的缩微平片和视听资料，为学术研究和文化交流提供了丰富的资源。

【剑桥大学图书馆】

剑桥大学图书馆是英国综合性研究图书馆，是世界上最大的图书馆之一，于 1424 年建馆。藏书 1 500 万册，其中约 800 万册在总图书馆。中文藏书约 10 万种。中文部所藏包括商代甲骨、宋元明及清代各类版刻书籍、各种抄本、绘画、拓本以及其他文物，其中颇多珍品。早期的馆藏几乎完全靠捐赠或遗赠。1617 年开始采购，1662 年开始收藏出版

图 2.4.2　剑桥大学图书馆

商呈缴的样本。1709 年英国颁布版权法，正式规定凡本国出版的图书都要免费缴送该馆，从而使馆藏迅速增加。1715 年英王乔治一世将多年搜集的 3 万卷书全部赠送该馆。由于馆藏日益丰富，该馆在 18 至 19 世纪曾起到国家文献贮存中心的作用。鉴于学校教学和研究的需要，该馆除注重资料收集的平衡发展外，重点收藏人文科学，其次是法律、科学与技术方面的文献。现有图书 400 多万册，现刊 4 万多种，善本特藏 4 000 多卷，地图 9 万多幅以及大量缩微胶卷和平片等。

📖 国内大学图书馆

【北京大学图书馆】

北京大学图书馆成立于 1898 年，是中国最早的现代新型图书馆之一，被国务院批准为首批国家重点古籍保护单位，已发展成为资源丰富、现代化、综合性、开放式

的研究型图书馆。北京大学图书馆前身为建立于 1898 年的京师大学堂藏书楼，辛亥革命后，京师大学堂藏书楼改名为北京大学图书馆。百余年来，北京大学图书馆经历了筚路蓝缕的初创时期、传播新思想的新文化运动时期、建成独立现代馆舍的发展时期、艰苦卓绝的西南联大时期、面向现代化的开放时期。

图 2.4.3　北京大学图书馆

一百多年来，北京大学图书馆形成了宏大丰富、学科齐全、珍品荟萃的馆藏体系。截至 2017 年底，总、分馆纸质藏书近 800 万册，近年来还大量引进和自建了数据库、电子期刊、电子图书和多媒体资源等各类国内外数字资源。馆藏中以 150 万册中文古籍为世界瞩目，其中 20 万件 5—18 世纪的珍贵书籍，是中华民族的文化瑰宝。外文善本、金石拓片、晚清民国时期出版物的收藏均名列国内图书馆前茅，为研究者所珍视。此外，还有燕京大学学位论文、名人捐赠等特色收藏。

【清华大学图书馆】

图 2.4.4　清华大学图书馆

清华大学图书馆被国务院批准为首批国家重点古籍保护单位，目标是建成研究型、数字化和开放文明的现代化图书馆。

1912 年清华学堂改建为清华学校，正式建立了小规模的图书室，称清华学校图书室；1919 年 3 月图书室独立馆舍（现老馆东部）落成，更名为清华学校图书馆；1928 年，更名为国立清华大学图书馆；1949 年，更名为清华大学图书馆。截至 2020 年底，清华大学图书馆（含专业图书馆及院系资料室）的实体馆藏总量约 548.46 万册（件），形成了基本覆盖全学科、包含丰富文献类型和载体形式的综合性馆藏体系。图书馆系统由总馆及文科、美术、金融、法律、经管、建筑六个专业图书馆组成，馆舍总面积 7 万余平方米，阅览座位 4 000 余席。

【重庆大学图书馆】

重庆大学图书馆是中国西部地区最大的图书馆之一，创办于 1930 年，历史悠久，馆藏丰富，管理与服务并重。重庆大学图书馆有理工图书馆、建筑图书馆、人文社科图书馆、

图 2.4.5　重庆大学图书馆

虎溪图书馆、历史文献中心、理学分馆 6 个专业分馆和一个舍区图书馆（虎溪校区松园书屋），建筑面积达 64 410 平方米，阅览座位 5 426 个。图书馆实体馆藏为 500.15 万册，数字馆藏 1 266.61 万册，为"双一流"教学科研与拔尖创新人才培养提供了强有力的文献资源保障。重庆大学图书馆积极参与国家、省市级文献资源保障体系建设，是教育部文献保障体系 CALIS 省级服务中心、重庆市知识产权信息服务中心，重庆市科技文献资源共享平台资源分中心、重庆市大学联盟资源平台共建单位、国家科技文献中心 NSTL 用户单位。

【四川大学图书馆】

图 2.4.6　四川大学图书馆

四川大学图书馆是中国西南地区历史最为悠久、文献规模最大的图书馆，由文理图书馆、工学图书馆、医学图书馆、江安图书馆组成，专门建设有馆史展览馆。清康熙四十三年（1704 年）四川按察使刘德芳创办的锦江书院藏书之室、清光绪元年（1875 年）四川学政张之洞创办的尊经书院尊经阁和清光绪二十二年（1896 年）四川总督鹿传霖创办的四川中西学堂藏书楼为今文理图书馆之肇端。1910 年，美国、英国、加拿大的基督教会组织在成都创办华西协合大学，其图书馆为今医学图书馆之前身。1954 年，全国院系调整时四川大学工学院独立建立成都工学院并与 1952 年成立的四川化学工业学院合并组建成都工学院，其图书馆为今工学图书馆之前身。江安图书馆 2005 年建成于四川大学江安校区。四川大学图书馆馆藏文献涵盖文、理、工、医、经、管、法、史、哲、农、教、艺等学科门类，现有纸质文献总量 817 万册，电子文献数据库 312 个（中文 115 个，外文 197 个），中外文电子图书 368 万册，中外文电子期刊 12 万种，音视频 19 万小时。四川大学图书馆是国务院命名的"全国古籍重点保护单位"，拥有珍贵的古籍特藏文献 26.8 万册，其中包括唐代以来的各种稿本和抄本以及相当数量的宋、元刻本；收藏大量中华人民共和国成立之前的中外文图书和报刊，其中抗战时期的出版物尤为丰富。

📖 训练任务

1. 在我国高校图书馆中，最著名、文献藏量最多的是哪所大学图书馆？

2. 曾在北京大学图书馆学习和工作过的名人学者你都知道谁？讲一讲他们学习和工作的经历。

2.5　图书馆公共文献检索 ┈┈┈┈┈┈┈┈┈ ◎

📖 图书馆图书分类体系

【《中国图书馆分类法》】

《中国图书馆分类法》（原称《中国图书馆图书分类法》）是中华人民共和国成立后编制出版的一部具有代表性的大型综合性分类法，是当今国内图书馆使用最广泛的分类法体系，简称《中图法》。

《中图法》的编制始于 1971 年，先后出版了五版。《中图法》与国内其他分类法相比，编制产生年代较晚，但发展很快，它不仅系统地总结了我国分类法的编制经验，而且还吸取了国外分类法的编制理论和技术。它按照一定的思想观点，以学科分类为基础，结合图书资料的内容和特点，分门别类组成分类表。《中图法》采用汉语拼音字母与阿拉伯数字相结合的混合号码，用一个字母代表一个大类，以字母顺序反映大类的次序，大类下细分的学科门类用阿拉伯数字组成。为适应工业技术发展及该类文献的分类，对工业技术二级类目，采用双字母。

《中图法》已普遍应用于全国各类型的图书馆，国内主要大型书目、检索刊物、机读数据库，以及《中国国家标准书号》等都著录《中图法》分类号。

《中图法》第五版 22 大类简表：
- ◆ A　　马克思主义、列宁主义、毛泽东思想、邓小平理论
  - ◆ A1　　马克思、恩格斯著作
  - ◆ A2　　列宁著作
  - ◆ A3　　斯大林著作
  - ◆ A4　　毛泽东著作
  - ◆ A49　邓小平著作
  - ◆ A5　　马克思、恩格斯、列宁、斯大林、毛泽东、邓小平著作汇编
  - ◆ A7　　马克思、恩格斯、列宁、斯大林、毛泽东、邓小平生平和传记
  - ◆ A8　　马克思主义、列宁主义、毛泽东思想、邓小平理论的学习和研究

- ◆ B　　哲学、宗教
  - ◆ B0　　哲学理论
  - ◆ B1　　世界哲学
  - ◆ B2　　中国哲学
  - ◆ B3　　亚洲哲学

◆ B4　　　非洲哲学

◆ B5　　　欧洲哲学

◆ B6　　　大洋洲哲学

◆ B7　　　美洲哲学

◆ B80　　思维科学

◆ B81　　逻辑学（论理学）

◆ B82　　伦理学（道德哲学）

◆ B83　　美学

◆ B84　　心理学

◆ B9　　　宗教

◆ C　　　社会科学总论

◆ C0　　　社会科学理论与方法论

◆ C1　　　社会科学概况、现状、进展

◆ C2　　　社会科学机构、团体、会议

◆ C3　　　社会科学研究方法

◆ C4　　　社会科学教育与普及

◆ C5　　　社会科学丛书、文集、连续性出版物

◆ C6　　　社会科学参考工具书

◆［C7］社会科学文献检索工具书

◆ C79　　非书资料、视听资料

◆ C8　　　统计学

◆ C91　　社会学

◆ C92　　人口学

◆ C93　　管理学

◆［C94］系统科学

◆ C95　　民族学、文化人类学

◆ C96　　人才学

◆ C97　　劳动科学

◆ D　　　政治、法律

◆ D0　　　政治学、政治理论

◆ D1　　　国际共产主义运动

◆ D2　　　中国共产党

- D33／37 各国共产党
- D4　　工人、农民、青年、妇女运动与组织
- D5　　世界政治
- D6　　中国政治
- D73／77 各国政治
- D8　　外交、国际关系
- D9　　法律
- DF　　法律（第二分类体系）

- E　　军事
  - E0　　军事理论
  - E1　　世界军事
  - E2　　中国军事
  - E3／7 各国军事
  - E8　　战略学、战役学、战术学
  - E9　　军事技术
  - E99　军事地形学、军事地理学

- F　　经济
  - F0　　经济学
  - F1　　世界各国经济概况、经济史、经济地理
  - F2　　经济管理
  - F3　　农业经济
  - F4　　工业经济
  - F49　信息产业经济
  - F5　　交通运输经济
  - F59　旅游经济
  - F6　　邮电通信经济
  - F7　　贸易经济
  - F8　　财政、金融

- G　　文化、科学、教育、体育
  - GO　　文化理论
  - G1　　世界各国文化与文化事业

- ◆ G2　　信息与知识传播
- ◆ G3　　科学、科学研究
- ◆ G4　　教育
- ◆ G8　　体育

◆ H　　　语言、文字

- ◆ H0　　语言学
- ◆ H1　　汉语
- ◆ H2　　中国少数民族语言
- ◆ H3　　常用外国语（H31 英语）
- ◆ H4　　汉藏语系
- ◆ H5　　阿尔泰语系（突厥—蒙古—通古斯语系）
- ◆ H61　南亚语系（澳斯特罗—亚细亚语系）
- ◆ H62　南印语系（达罗毗荼语系、德拉维达语系）
- ◆ H63　南岛语系（马来亚—玻里尼西亚语系）
- ◆ H64　东北亚诸语言
- ◆ H65　高加索语系（伊比利亚—高加索语系）
- ◆ H66　乌拉尔语系（芬兰—乌戈尔语系）
- ◆ H67　闪—含语系（阿非罗—亚细亚语系）
- ◆ H7　　印欧语系
- ◆ H81　非洲诸语言
- ◆ H83　美洲诸语言
- ◆ H84　大洋洲诸语言
- ◆ H9　　国际辅助语

◆ I　　　文学

- ◆ I0　　文学理论
- ◆ I1　　世界文学
- ◆ I2　　中国文学
- ◆ 　　I21 作品集　　　　I22 诗歌、韵文
- ◆ 　　I23 戏剧文学　　　I24 小说
- ◆ 　　I25 报告文学　　　I26 散文
- ◆ 　　I27 民间文学　　　I28 儿童文学

◆ I3 / 7 各国文学
◆ （I313 日本文学   I512 俄国文学
◆ I516 德国文学   I561 英国文学
◆ I565 法国文学   I712 美国文学）

◆ J   艺术
　◆ J0   艺术理论
　◆ J1   世界各国艺术概况
　◆ J19   专题艺术与现代边缘艺术
　◆ J2   绘画
　◆ J29   书法、篆刻
　◆ J3   雕塑
　◆ J4   摄影艺术
　◆ J5   工艺美术
　◆〔J59〕建筑艺术
　◆ J6   音乐
　◆ J7   舞蹈
　◆ J8   戏剧、曲艺、杂技艺术
　◆ J9   电影、电视艺术

◆ K   历史、地理
　◆ K0   史学理论
　◆ K1   世界史
　◆ K2   中国史
　◆ K3   亚洲史
　◆ K4   非洲史
　◆ K5   欧洲史
　◆ K6   大洋洲史
　◆ K7   美洲史
　◆ K81   传记
　◆ K85   文物考古
　◆ K89   风俗习惯
　◆ K9   地理

◆ N　　　　自然科学总论

  ◆ N0　　　自然科学理论与方法论

  ◆ N1　　　自然科学概况、现状、进展

  ◆ N2　　　自然科学机构、团体、会议

  ◆ N3　　　自然科学研究方法

  ◆ N4　　　自然科学教育与普及

  ◆ N5　　　自然科学丛书、文集、连续性出版物

  ◆ N6　　　自然科学参考工具书

  ◆〔N7〕　自然科学文献检索工具

  ◆ N79　　非书资料、视听资料

  ◆ N8　　　自然科学调查、考察

  ◆ N91　　自然研究、自然历史

  ◆ N93　　非线性科学

  ◆ N94　　系统科学

  ◆〔N99〕情报学、情报工作

◆ O　　　　数理科学和化学

  ◆ O1　　　数学

  ◆ O3　　　力学

  ◆ O4　　　物理学

  ◆ O6　　　化学

  ◆ O7　　　晶体学

◆ P　　　　天文学、地球科学

  ◆ P1　　　天文学

  ◆ P2　　　测绘学

  ◆ P3　　　地球物理学

  ◆ P4　　　大气科学（气象学）

  ◆ P5　　　地质学

  ◆ P7　　　海洋学

  ◆ P9　　　自然地理学

◆ Q　　　生物科学
- ◆ Q1　　普通生物学
- ◆ Q2　　细胞生物学
- ◆ Q3　　遗传学
- ◆ Q4　　生理学
- ◆ Q5　　生物化学
- ◆ Q6　　生物物理学
- ◆ Q7　　分子生物学
- ◆ Q81　生物工程学（生物技术）
- ◆ ［Q89］环境生物学
- ◆ Q91　古生物学
- ◆ Q93　微生物学
- ◆ Q94　植物学
- ◆ Q95　动物学
- ◆ Q96　昆虫学
- ◆ Q98　人类学

◆ R　　　医药、卫生
- ◆ R1　　预防医学、卫生学
- ◆ R2　　中国医学
- ◆ R3　　基础医学
- ◆ R4　　临床医学
- ◆ R5　　内科学
- ◆ R6　　外科学
- ◆ R71　妇产科学
- ◆ R72　儿科学
- ◆ R73　肿瘤学
- ◆ R74　神经病学与精神病学
- ◆ R75　皮肤病学与性科学
- ◆ R76　耳鼻咽喉科学
- ◆ R77　眼科学
- ◆ R78　口腔科学
- ◆ R79　外国民族医学

- ◆ R8　　特种医学
- ◆ R9　　药学

- ◆ S　　　农业科学
  - ◆ S1　　农业基础科学
  - ◆ S2　　农业工程
  - ◆ S3　　农学（农艺学）
  - ◆ S4　　植物保护
  - ◆ S5　　农作物
  - ◆ S6　　园艺
  - ◆ S7　　林业
  - ◆ S8　　畜牧、动物医学、狩猎、蚕、蜂
  - ◆ S9　　水产、渔业
- ◆ T　　　工业技术
  - ◆ TB　　一般工业技术
  - ◆ TD　　矿业工程
  - ◆ TE　　石油、天然气工业
  - ◆ TF　　冶金工业
  - ◆ TG　　金属学、金属工艺
  - ◆ TH　　机械、仪表工业
  - ◆ TJ　　武器工业
  - ◆ TK　　能源与动力工程
  - ◆ TL　　原子能技术
  - ◆ TM　　电工技术
  - ◆ TN　　电子技术、通信技术
  - ◆ TP　　自动化技术、计算机技术
  - ◆ TQ　　化学工业
  - ◆ TS　　轻工业、手工业、生活服务业
  - ◆ TU　　建筑科学
  - ◆ TV　　水利工程

- ◆ U　　　交通运输
  - ◆ U1　　综合运输

◆ U2　　　铁路运输

◆ U4　　　公路运输

◆ U6　　　水路运输

◆ ［U8］　航空运输

◆ V　　　　航空、航天

　　◆ V1　　　航空、航天技术的研究与探索

　　◆ V2　　　航空

　　◆ V4　　　航天（宇宙航行）

　　◆ ［V7］　航空、航天医学

◆ X　　　　环境科学、安全科学

　　◆ X1　　　环境科学基础理论

　　◆ X2　　　社会与环境

　　◆ X3　　　环境保护管理

　　◆ X4　　．灾害及其防治

　　◆ X5　　　环境污染及其防治

　　◆ X7　　　行业污染、废物处理与综合利用

　　◆ X8　　　环境质量评价与环境监测

　　◆ X9　　　安全科学

◆ Z　　　　综合性图书

　　◆ Z1　　　丛书

　　◆ Z2　　　百科全书、类书

　　◆ Z3　　　辞典

　　◆ Z4　　　论文集、全集、选集、杂著

　　◆ Z5　　　年鉴、年刊

　　◆ Z6　　　期刊、连续性出版物

　　◆ Z8　　　图书报刊目录、文摘、索引

📖 图书馆公共查询系统

【OPAC——Online Public Access Catalogue】

　　图书馆公共查询系统，是现代图书馆提供的联网公共目录查询系统，每个图书馆都为读者提供检索终端机，读者通过终端机便可检索到图书馆馆藏的文献信息。

图 2.5.1　图书馆公共查询系统检索页面

在"检索框"中输入要检索的"书名"或"作者"或"关键词"等。

如输入"容斋随笔"便能检索出图书书名中含"容斋随笔"的所有图书。

在图书书名后面显示出"索书号",即可以通过"索书号"到图书馆相应书库的位置上查找到所需图书。如《容斋随笔全译本(第一卷)》的索书号为 Z429/1。

Z429 即为分类号,后面的"1"即为"排架号",指 Z429 分类号下的所有图书,此书排在第 1 位。下面显示图书的"馆藏地"为 5 楼。"状态"为"可借",如图 2.5.2 所示。

图 2.5.2　获取馆藏信息和图书信息页面

右边的"二维码"可用手机扫描，即可在手机上显示图书的题名、责任者等相关信息，如图 2.5.3 所示。

题名: 容斋随笔全译本（第一卷），责任者: 洪迈,ISBN: 978-7-5402-0329-0,出版社: 北京燕山出版社，索书号: Z429 1。

二维码(可用获取图书信息)

图 2.5.3　手机扫描二维码获取图书相关信息

图书馆的馆藏图书书脊下方贴有图书馆编制的"索书号"，通过"索书号"可以了解图书的主题内容，也可知道书的排架位置（图 2.5.4）。

索书号

图 2.5.4　"索书号"在图书书脊上的位置

图书的排架是以每一组架位为单位，排列顺序为：从左至右，从上至下。第一组架位排完后，接第二组架位，以此类推。

图书的排架顺序如图 2.5.5 所示。

第1组架位　第2组架位　第3组架位　第4组架位　第5组架位

图 2.5.5　图书排架顺序示意

在图书馆公共查询系统中可以统计"读者借阅排行榜"。可以统计一段时间内（如一年）的读者借书数量排行（图2.5.6）。

图 2.5.6　读者借书数量排行榜页面

还可以统计"书刊借阅排行榜"。可以统计一段时间内（如一年）的图书馆馆藏书刊借阅次数排行（图2.5.7）。

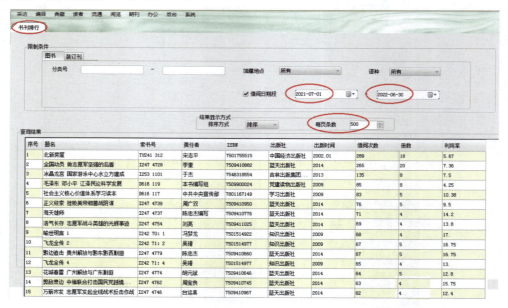

图 2.5.7　图书馆书刊借阅次数排行榜页面

"我的图书馆"

图书馆公共查询系统中一般都会有"我的图书馆"链接,点击进入"我的图书馆"（图2.5.8）,可以了解读者个人在图书馆借阅图书情况,如借了什么书、何时所借、何时

应还、借阅历史等。还可以将即将到期的图书办理"续借"手续，对需要的图书且已
被他人借出的图书办理"预约"登记，待该书还回之后，优先通知预约的读者到馆借阅。

图 2.5.8 "我的图书馆"登录页面

"我的图书馆"，一般有以下功能："当前借阅""借阅历史""罚款记录""图
书荐购""修改个人资料"等。通过"当前借阅"可以看到读者当前在图书馆所借的
图书情况，包括图书的还期或超期情况，也可以办理"续借"。但有"超期"的图书
一般是不能"续借"的。若"书证"丢失，第一时间进入"我的图书馆"可自助办理"挂
失"书证处理，如图 2.5.9—图 2.5.12 所示。

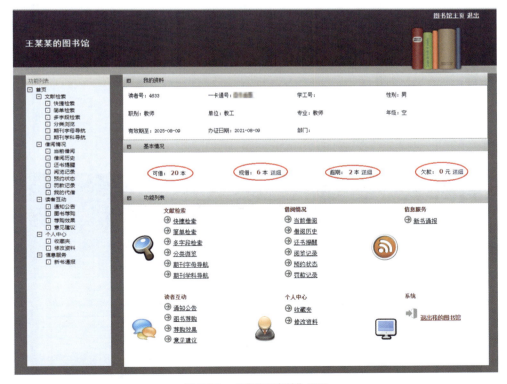

图 2.5.9 "我的图书馆"页面

图 2.5.10 "我的图书馆"续借页面

图 2.5.11 "我的图书馆"借阅历史页面

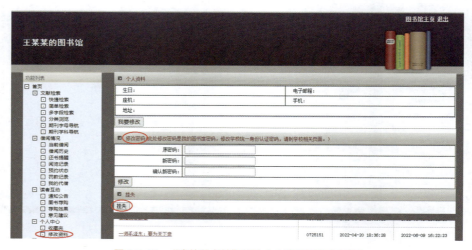

图 2.5.12 "我的图书馆"修改个人资料及挂失页面

训练任务

1. 请说出图书馆分类法 22 大类主类目（一级类目）。

2. 如何通过图书馆公共查询系统（OPAC）检索并找到《红楼梦》图书的索书号？截屏检索步骤。

3. 进入"图书馆公共查询系统（OPAC）"，再进入"我的图书馆"，查看个人所借图书情况，并"续借"即将到期的图书。

第三章

自媒体检索与制作

3.1 检索工具

📖 图书馆工具书

通过图书馆的工具型图书来检索文献和信息。图书馆的工具书分为检索性工具书和参考性工具书。检索性工具书有书目、索引、文摘、图录、名录、类书等。参考性工具书有辞书、百科全书、政书、年鉴、手册、表谱、地图册等。图书馆的工具书是传统的手工检索工具。

📖 计算机

计算机即电脑，按程序运行，自动高速处理海量数据的现代化智能电子设备，由硬件和软件组成。计算机是现代化检索工具，检索之准确、检索速度之快都是手工检索工具无法比拟的。

（1）搜索引擎

所谓搜索引擎，就是根据用户需求与一定算法，运用特定策略从互联网检索出制订信息反馈给用户的一门检索技术。搜索引擎依托于多种技术，如网络爬虫技术、检索排序技术、网页处理技术、大数据处理技术、自然语言处理技术等，为信息检索用户提供快速、高相关性的信息服务。如百度搜索、搜狗搜索、360搜索等。

（2）电子数据库

按照数据结构，组织、存储、管理的网上数据仓库，它是一个长期存储在计算机服务器中的、有序的、可共享的、统一管理的大量数据集合。电子数据库一般提供一站式检索窗口，提供搜寻、检索、数据操作和超链接功能，有数据量大、增长快、更新及时等特点。常用的电子数据库有超星电子图书、书生电子图书、中国学术期刊网（知网）、万方数据库、维普数据库、起点数据资源库、博学易知数据库等。

（3）专业网站

在因特网上，根据一定的规则，使用 HTML（标准通用标记语言），制作的用于展示特定内容相关网页的集合。网站是存储信息和文件的空间，人们通过浏览器进行访问、查找文献，通过远程文件传输上传或下载文件。如中华读书网、全历史网、音乐网、美术网等。

（4）信息共享网

文化和旅游部发起的全国性信息资源共建共享工程目的是通过网络，将信息推送到各地，实现共知、共用、共享（远程传递），也可通过公共图书馆共享平台检索。

📖 移动终端

移动终端是指在移动中使用的电子设备,广义包括手机、笔记本、平板电脑、POS机、车载电脑等。通常指智能手机、平板电脑。手机已成为我们阅读和学习不可缺少的重要工具。手机阅读通过手机 App 实现。如"学习强国""蜻蜓 FM""喜马拉雅""樊登读书""番茄畅听""阳光阅读""小红书""快手""抖音""剪映"等。

手机阅读 APP：

图 3.1.1　手机的用途[1]　　　　图 3.1.2　手机阅读 App

📖 训练任务

1.请谈谈应用计算机检索信息，你都用过哪些方法？每一种方法检索到的信息能否满足你的需求？

2.请谈谈除了打电话和发微信之外，你使用手机实现了哪些功能？你经常使用的手机视、听功能都是哪些？说说你使用的收获？

3.2　检索途径 ···○

📖 题名检索

题名指任何信息和文章的标题、题目。在一些检索工具和检索系统中，均提供按题名字顺检索的途径。如书名、篇名、刊名、专利名、标准名等。

---

[1]图片来源于"你为什么只想躺着玩手机？"。

📖 责任者检索

责任者即是对发表的文章、著作或信息负完全责任的作者。通过责任者（著者、作者、编者、译者、专利权人等）姓名或机关团体名称字顺进行检索的途径。

📖 关键词检索

通过事物的某种特征或关键术语来检索相关文献和信息的途径。如通过名词术语、地名、人名、机构名、商品名、事物属名、年代、使用功能等固定名词或描述语来检索文献和信息。关键词指能体现一篇文章或一部著作的中心概念或表达检索者欲检索事物特征的词语或词汇。此方式可以检索到某些专指的特殊文献和信息。

📖 分类检索

文献和信息为了方便检索和集中查找，往往将同类或内容相近的集中存储和存放，在文献收藏时，按文献内容进行分类，并给出"分类号"。通过学科分类体系（分类号）来检索文献的途径称为分类检索。从分类途径检索文献资料，主要是利用分类法类目号来检索，如中图法分类号、科图法分类号、欧美图书分类法分类号等。

📖 引文检索

在写文章或著书立说时，都要将所引用文章或词句加以"标注"，以尊重原创作者的权益。引文即是文章或著作被引用的总称。作者在写文章时，将被引用的文章或著作标注在文章后的"参考文献"中，人们通过"参考文献"中被引论文去检索引用论文原文的一种检索途径称引文检索，是一种回溯式检索途径。

📖 标号检索

一些文献在出版时，会人为地加一些标记符号便于以后的查找和检索。通过一些文献的特定标号，如国际标准书号（ISBN）、国际刊号（ISSN）、专利号、国标号、报告号、合同号、流水号等进行检索的途径便是标号检索。文献标号对于识别一定的文献具有简短、准确、唯一性特点。如国际标准书号：ISBN 978-7- × - × - × 、ISSN 0211- × 。

📖 训练任务

1. 谈谈你对责任者的理解？
2. 谈谈你对"引文检索"的理解，为什么要用引文检索？

3. 你认为什么是"关键词"？你认为什么样的词不可以当作"关键词"？

3.3　自媒体介绍

　　信息化、智能化社会的今天，已不只是通过"图书"阅读获取知识，"阅读"概念的内涵和外延都已发生了变化。获取知识的途径和方法由传统的纸质看读向多媒体阅读转变。像电视视读、手机听书、专家讲读、学者分享、网上重点讲解、词汇解读、专家考证、新闻广播，特别是"百度百科"，知识可谓是无所不有。现在的阅读方式几乎是纸质阅读、音频阅读、视频阅读相结合；手机阅读、网络阅读、电视阅读、图书阅读相结合。本节将介绍自媒体的检索、阅读与视频制作。

📖 蜻蜓 FM

　　蜻蜓 FM，2011 年 9 月上线，是国内首家网络音频应用，现已成长为中国领先的音频内容聚合平台之一（图 3.3.1）。蜻蜓 FM 知识、信息量大。内容包括小说、直播、头条、评书、历史、儿童、脱口秀、播客、讲书馆、广播、财经、汽车、情感、文化、科技、畅销书、教育、音乐、相声小品、生活、观音频、外语、中国之声、品牌电台等栏目。内容十分丰富，可通过搜索栏搜索相关内容的音频。

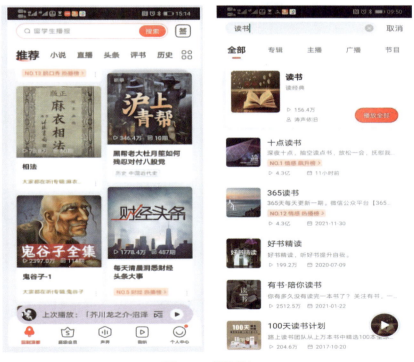

图 3.3.1　蜻蜓 FM

📖 喜马拉雅

喜马拉雅，为中国领先的音频分享平台（图 3.3.2）。用声音分享人类智慧，用声音服务美好生活，做一家人一辈子的精神食粮，是平台的使命和初心。喜马拉雅拥有丰富的音频内容生态，涵盖泛知识领域的金融、文化、历史类专辑，泛娱乐领域的小说和娱乐类专辑；适合少儿的教育内容，适合中老年的经典内容；内容上既有音频播客的形式，也有音频直播的形式。截至 2021 年 6 月，平台上已经累计了包含 98 个品类的 2.9 亿条音频内容。内容包括有声书、娱乐、儿童、相声评书、少儿教育、头条、人文、英语、国学书院、教育培训、健康养生、旅游、汽车、电影、诗歌、历史等多方面内容。具体所需内容可通过搜索栏搜索。

图 3.3.2　喜马拉雅

📖 小红书

小红书是一个生活方式平台的自媒体平台（图 3.3.3）。截至 2019 年 7 月，小红书用户数已超过 3 亿；截至 2019 年 10 月，小红书月活跃用户数已经过亿，其中 70% 新增用户是"90 后"。在小红书社区，用户通过文字、图片、视频笔记的分享，记录了这个时代年轻人的正能量和美好生活，小红书通过机器学习对海量信息和人进行精准、高效匹配。"小红书"是一个自媒体平台，内容包罗万象，有生活、工作、学习、交流、经济、时事等各个方面。

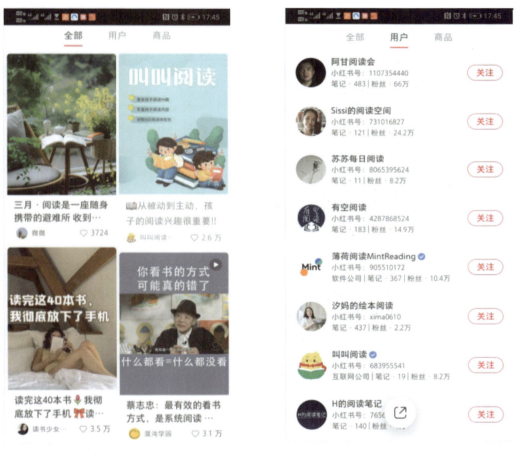

图 3.3.3　小红书

📖 快手

快手是北京快手科技有限公司旗下的产品。快手的前身是"GIF 快手"，诞生于 2011 年 3 月，最初是一款用来制作、分享 GIF 图片的手机应用（图 3.3.4）。2012 年 11 月，快手从纯粹的工具应用转型为短视频社区，用于用户记录和分享生产、生活的平台。

后来随着智能手机、平板电脑的普及和移动流量成本的下降，快手在 2015 年以后迎来市场。在快手上，用户可以用照片和短视频记录自己生活的点点滴滴，也可以通过直播与粉丝实时互动。快手的内容覆盖生活的方方面面，用户遍布全国各地。在这里，人们能找到自己喜欢的内容，找到自己感兴趣的人，看到更真实有趣的世界，也可以让世界发现真实有趣的自己。"快手"也是一个大众喜欢的自媒体平台。内容全是自媒体人自创的包括生活、工作、学习、娱乐、商品、分享、新闻等各方面内容。

图 3.3.4　快手

📖 抖音

抖音是由今日头条孵化的一款音乐创意短视频社交软件，该软件于 2016 年 9 月上线，是一个面向全年龄的短视频社区平台（图 3.3.5）。抖音是一个正能量平台，逐步由娱乐性向知识性转变。有许多名人、大伽都在抖音平台上开讲，是学习知识的好平台。抖音、快手、小红书目前为大众公认的较为活跃的自媒体平台。内容也包括生活、工作、学习、娱乐、商品、分享、新闻等各方面内容。

图 3.3.5　抖音

📖 剪映

　　抖音和剪映是同一公司推出的两款相互关联的软件（图 3.3.6）。"抖音"主要是视频阅览，"剪映"主要是视频（音频、文字）的剪裁、编辑、合成和发布，同时也具有视频浏览的功能。应用"剪映"编辑好的作品，可以上传发布到"抖音""快手""小红书""微信视频""QQ 视频""西瓜视频""全民 K 歌"等自媒体平台上，抖音和剪映是两款很好的学习知识和制作发布传播自媒体作品的平台。

图 3.3.6　剪映

📖 **训练任务**

1. 请你谈谈"蜻蜓 FM"的功能？你是否使用过"蜻蜓 FM"？如使用过，其哪些功能令你一直不舍不弃？

2. 请你谈谈"快手"的主要功能是什么？它与"抖音"的区别和联系是什么？你会制作短视频吗？

3.4　自媒体检索

自媒体一般在右上方都有一个检索条，将欲检索的内容"关键词"输入检索条框内，点击检索的"放大镜"，即刻检索出相关的内容。

"关键词"可以是表达欲搜索内容的中心词、主题词和内容的描述词等。描述内容的词越细、越精准，检索出的内容越接近所需的内容。

如在"快手"的检索条中输入"读书笔记"并检索，则检索出与"读书笔记"有关的内容视频，如图 3.4.1 所示。

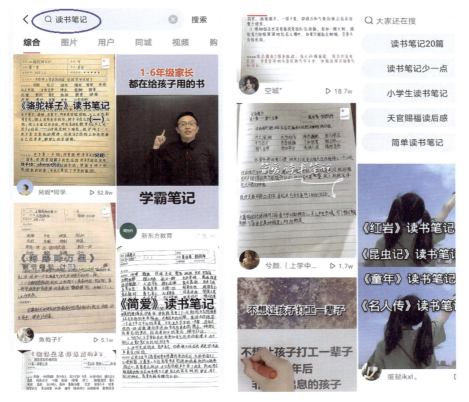

图 3.4.1　应用快手检索相关知识短视频

📖 训练任务

1. 通过"快手"和"抖音"检索"红楼梦"视频，谈谈二者检索出视频的区别？是否可以通过检索了解《红楼梦》故事情节？掌握《红楼梦》中特殊节点的人物性格？

2. 应用"小红书"App，了解"小红书"中的视频。谈谈"小红书"与"快手"和"抖音"中的视频有什么区别？

3. 请你谈谈通过自媒体视频是否可以达到帮助阅读和理解名著的目的？

3.5　自媒体制作

📖 文案制作

制作自媒体，不能上来就拍，上来就编辑，要首先想好制作一个什么样的主题内容，通过音频或视频要说明或传达一个什么知识、什么事件、什么道理等。根据预先的设想和预案来拍摄视频或录制音频和文字方案。

制作文案要注意下述内容。

①确定模式：图文式、视频式、动画式、口播式、指引式等。

②确定事件：热点事件、独特事件、引起情感共鸣事件、知识型事件、娱乐型事件、技能（技巧）型事件、新闻事件等。

③头脑中建立一个相对固定的模式："主题 + 事件（事实）+ 感悟"。

④要多用肯定词（一定、必须、非常等），少用或不用模糊词（可能、不一定、好像等）。在不肯定的叙述时，后面可用"？"；使用肯定句式，最好不用模糊词。如"他回来了。"就不要用"他可能回来了。"

⑤在视频制作过程中，若有字幕，则字幕大小要适合视觉和阅读，字幕要放到画面和合适位置，不能遮挡视频，更不能让视频或图片遮挡文字。字幕最好设置"动画"，配以语音朗读，吸引阅读、增强耐心。

⑥视频中，字幕朗读时长要与视频时长相适应，时长适度，不要过长。

以上几点，都是在制作视频之前，在文案中就要预先设想和考虑到的。从而在制作视频过程中有遵循、有依据，不至于乱拍、乱写或盲目拍、盲目写，造成浪费。

📖 视频剪辑

（1）抖音视频的下载

抖音视频下载如图 3.5.1 所示。

①选择抖音一段视频作品，点击分享标识"➡"。

②点击向下箭头"⤓"，可将视频保存在本地手机相册中。

③到手机相册中查看下载的视频作品。

①　　　　　　　②　　　　　　　③

图 3.5.1　视频下载

（2）"剪映"视频的加载

剪映视频的加载如图 3.5.2 所示。

①点击"开始创作"开始创作视频。

②添加已下载的"视频"或"图片。

③进行编辑。

　　　　①　　　　　　　　　②　　　　　　　　　③

图 3.5.2　视频加载

（3）"剪映"视频的剪辑

剪映视频的剪辑如图 3.5.3 所示。

①拖动视频条使时间线（竖直的白线）到合适位置。

②点击"分割"分割视频条；选择"前"或"后"视频条；点击"删除"删除，删除相应视频部分。若添加另外一条视频或图片，可点击视频条后面的"+"，在视频和图片库中选择欲添加的视频或图片即可完成。

　　　　　①　　　　　　　　　　　　　②

图 3.5.3　视频剪辑

📖 音频剪辑

（1）"剪映"音频的剪辑：

①点击视频条下方的"➕添加音频"添加音频；点击"🎵"音乐、"📋"提取音乐、"🎵"抖音收藏或"🎤"录音，添加相应的音乐和音频；若要继续添加音乐，可将时间线移到要添加音乐的位置，点击"音乐"或"提取音乐"或"抖音收藏"或"录音"，可再次添加一段音乐。

②移动音频条使时间线（竖直的白线）达合适位置；点击"✂️"分割音频条；选择被分割的"前"或"后"音频条；点击"删除"🗑️，删除相应音频部分。

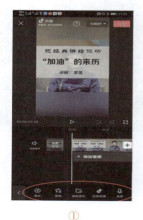

①　　　　　　　　　　　②

图 3.5.4　音频剪辑

添加"音乐"：指在网上搜索到满意的音乐，并添加。

添加"提取音乐"：指添加其他视频中的音乐，将其他视频中的音乐提取出来为我所用。

添加"抖音收藏"：指在抖音中浏览的视频，发现该视频音乐很好，想在自己编辑的视频中应用。

③点击此视频右下角的"碟片"。

④再点击下方的"收藏"。此音乐即被收藏。之后，在添加"抖音收藏"音乐时，就可将此收藏的音乐应用至你所编辑的视频中，如图 3.5.5 所示。

③　　　　　　　　　　④

图 3.5.5　收藏音乐

（2）"剪映"音乐和音量的选择

①点击视频条最前面的"🔈"关闭或启动"原声"；点击视频条下方的音乐条，寻找最下方的"音量"控制图标"🔊"，点击后左右移动音量条上的小圆圈，可调整所添加音乐的音量大小。

②音量调整结束后，点击右下方的"✅"确定。

在实际操作过程中，时常可将原声关闭，启用后加入的音乐；或启用原声（如朗读），再将后加入的音乐音量调小，起到背景音乐的效果，如图 3.5.6 所示。

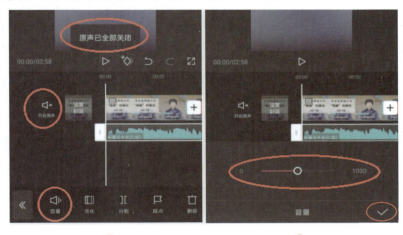

图 3.5.6　音乐和音量调节

📖 文字编辑

①点击下方图标"🇹"添加文字。

②点击"A+"新建文本，添加相关文字内容，如图 3.5.7 所示。

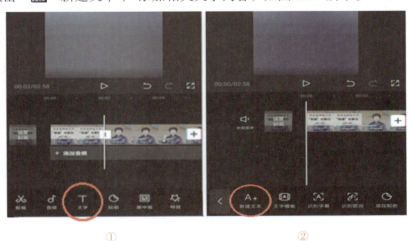

图 3.5.7　文本添加

③点击"🔲样式"，选择"样式"。

④在"样式"一页中，还可以选择"花字""气泡"或"动画"。这里面有不同的字体、不同的花式。选择"样式"后，下方会出现"透明度"调节的小圆圈，左右移动可调节透明度，透明度的深浅体现在文本与图像的融合程度中，如图3.5.8所示。

③
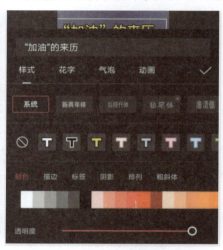
④

图 3.5.8 文本样式及透明度调节

⑤点击"🔲文本朗读"，进入文本朗读界面。

⑥"文本朗读"界面有"特色方言""萌趣动漫""女声音色"和"男声音色"，如图 3.5.9 所示。

⑤

⑥

图 3.5.9 文本朗读选择

⑦我们一般选择"女声音色"或"男声音色"中的"新闻女声"和"新闻男声"朗读。确定后点击右下角的"✅"确定。

⑧在文字条上任一位置，点击"**][**"分割，将文字条分成前、后两段，前、后两段可分别写入不同的文字内容。也可点击任一文字条，再点击"**凹**"，删除文字条，如图 3.5.10 所示。

⑦　　　　　　　　　　　⑧

图 3.5.10　文本条分割及删除

📖 动画和特效

①动画：点击视频条，再点击下方的"**▣**"动画。

②动画分为 3 种："入场动画""出场动画"和"组合动画"。"入场动画"即是画面开始"进入"的动画；"出场动画"即是画面"结束"的动画；"组合动画"既可以作为"进入"动画，也可以作为"结束"动画，它是各种形态动画的组合，如图 3.5.11 所示。

①　　　　　　　　　　　②

图 3.5.11　动画添加

③点击"入场动画"后可选各式动画样式，比如选"渐显"，则画面由"暗"变"亮"，渐渐显示。下方的"动画时长"条可以左右调整，使渐显的速度变快或变慢。

④点击"出场动画"后，可选各式动画样式，比如选"渐隐"，则画面由"亮"变"暗"，渐渐显示。下方的"动画时长"条可以左右调整，使渐隐的速度变快或变慢。

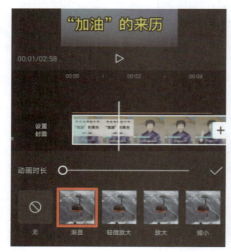 

③   ④

图 3.5.12   动画选择

⑤点击"组合动画"后，可选择各式动画样式，比如选"拉伸扭曲"，则画面由"拉长变型""扭曲"到"正常"，渐渐变化。下方的"动画时长"条可以左右调整，使拉伸扭曲的速度变快或变慢。

⑥"动画时长"向左调整，则速度变快；向右调整，则速度变慢。调整完成后，点击右侧的"✓"确定，如图 3.5.13 所示。

 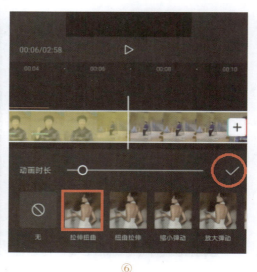

⑤   ⑥

图 3.5.13   动画选择及时长调节

⑦特效：将时间条（白色竖线）移到欲加特效的画面上，点击下方的"⟨⟩"特效，进入特效界面。

⑧特效分为"画面特效"和"人物特效"，如图 3.5.14 所示。

⑦　　　　　　　　　　　　　　　　⑧

图 3.5.14　添加特效

⑨"画面特效"下细分为热门、基础、氛围、动感、圣诞、Bling、复古、爱心、综艺、边框、分屏、暗黑、光影、纹理、漫画等。

⑩"人物特效"下细分为热门、情绪、头饰、身体、装饰、环绕、手部、形象等。此处"特效"就不一一介绍，同学们可在课后逐个试验效果。

 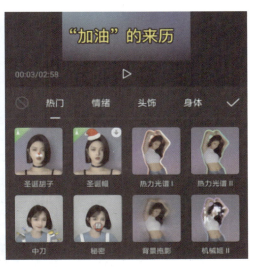

⑨　　　　　　　　　　　　　　　　⑩

图 3.5.15　特效选择

📖 画中画制作

①打开"剪映"，点击" [■] "开始创作。

②选择"素材库"。

③在搜索框中搜索"下雪"素材，选择一幅雪景视频，点击右下角"添加"，如图 3.5.16 所示。

①

②

③

图 3.5.16　添加第一幅画

④选择下方的"比例"。

⑤选择视频比例为竖向版 9 ∶ 16（横向视频比例为 16 ∶ 9），在视频画面上用双指扩大或缩小画面，使之刚好与尺寸大小相符。

⑥点击右下角的" [■] "画中画，接着点击" [■] "新增画中画，如图 3.5.17 所示。

④

⑤

⑥

图 3.5.17　添加第二幅画（画中画）

⑦选择已经下载（或自拍摄）的视频，点击右下角的"添加"。

⑧添加后，形成画中有画，两幅视频叠加的情形，选择第二幅画即"画中画"视频条，点击下方""智能抠像，将人像抠出。

⑨用双手指合并缩小"画中画"，并向右下角微移，便形成一个女孩在雪树下跳舞的画面。关闭原声，只保留画中画跳舞的音乐。一个"画中画"视频就制作好了。同学们请扫描右页边的二维码观看制作好的视频效果。

扫描二维码
观看视频

⑦　　　　　　　　　⑧　　　　　　　　　⑨

图 3.5.18　智能抠像

📖 关键帧添加

①打开"剪映"，点击""开始创作；选择"素材库"，在搜索框中搜索"山水画"素材一幅，点击右下角"添加"，如图 3.5.19 ①所示。

②点击下方"新增画中画"，添加事先下载好了的人物视频，选择"画中画"视频条，点击下方"智能抠图"，形成如图 3.5.19 ②所示的画面。

③将时间线移到"画中画"开头位置，将"画中画"人物画面调大些，放至山水画的右下底部，点击视频条上方中间的"◇"关键帧，使其变为"◆"标记关键帧，如图 3.5.19 ③所示。

①　　　　　　　②　　　　　　　③

图 3.5.19　设置第一关键帧

④将时间线从"画中画"开头位置，调至中间位置。

⑤将"画中画"人物从山水画右底部移至山水画左中部，并将人物画面调小一些；关键帧图标自动变为"◇"（设置第二关键帧）。

⑥再将"画中画"人物由左中部移至山水画右上角，再将人物调至最小，好像人物到了山顶，这时关键帧图标自动变为"◇"，且在"画中画"视频条中显示出红色方块符号"◆"，表示此处加入了"关键帧"。三处"关键帧"的作用就是将人物从山右底部，逐渐上升至左中部再上升至右上角，且人物逐渐变小，有从山下逐渐"飞上山顶"的效果。同学们请扫描右页边的二维码观看制作好的视频效果。

扫描二维码
观看视频

④　　　　　　　⑤　　　　　　　⑥

图 3.5.20　设置第二和第三关键帧

📖 蒙版的应用

①在"剪映"中，添加一个"酒杯"素材，"比例"为9∶16。

②再加入"画中画"绿幕人物素材（素材可在抖音和剪映中下载）。

③点击"画中画"视频条，寻找下方图标""色度抠图，点击""，如图3.5.21所示。

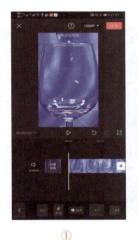  

①　　　　　　　②　　　　　　　③

图 3.5.21　色度抠图

④人物画面上出现一个"取色器"圆圈，移动"取色器"圆圈，使之全部变为绿色。

⑤将下方的"强度"值向右调至最大，此时人物画面的绿色部分已被"剪掉"，人像部分被"抠出"，点击右下角的""，完成"色度抠图"。

⑥在"画中画"人物视频条下方寻找""蒙版并点击，进入"蒙版"设置界面；蒙版形状有多种，如圆形，只保留画中画中人物的圆形部分，其余部分被遮盖掉，如图3.5.22所示。

  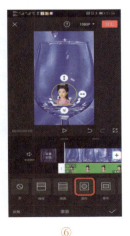

④　　　　　　　⑤　　　　　　　⑥

图 3.5.22　选择蒙版

⑦ "矩形"就是在"画中画"人物画面上只保留矩形部分，其他部分被遮盖掉。

⑧ "镜面"就是在"画中画"人物画面上只保留水平或竖直（可以旋转）的像镜面一样的长方形部分，其余部分被遮盖掉。

⑨ "爱心"就是在"画中画"人物画面上只保留"心形"的部分，其他部分被遮盖掉。使用"蒙版"就是使用不同形状的"模版"，将画面保留模版形状，其余部分被遮盖掉，如图 3.5.23 所示。

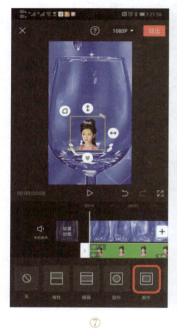 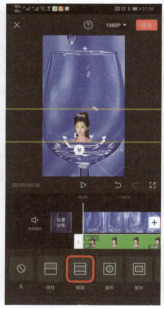 

⑦ ⑧ ⑨

图 3.5.23　不同蒙版的作用

⑩ "线性"蒙版的应用。"线性"蒙版外观是一条线，可以旋转，可以上下、左右移动。它的移动会将两张叠加的画面分开，如，向上移动，"画中画"人物出现，即上层画面人物显示。

⑪ "线性"线条向下移动则"画中画"人物消失，即"画中画"底层画面人物显示。将"时间线"移至视频条开头，将"线性"线条移至下方，使人物消失，点击右下方"☑"确定，确定后加一"关键帧"，使"◇"变为"◇"。

⑫ 将"时间线"移至视频条最后，将"线性"线条移至上方，使人物出现，同时将"线条"上方的向上双箭头"↑"向上微拉，使人物"羽化"，即更好地融入下层画面中。点击右下方"☑"确定。确定后，再加一"关键帧"，使"◇"变为"◇"，如图 3.5.24 所示。

 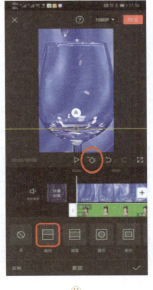 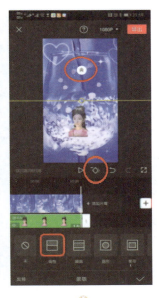

⑩　　　　　　　⑪　　　　　　　⑫

图 3.5.24　线性蒙版加关键帧

⑬在视频条中间位置将"线性"线条上移，使人物全部出现，并双指拉开放大人物图像，再添加一个"关键帧"。

⑭最终视频形成酒杯在不断流入酒的同时，酒杯中的人物从无至逐渐显示并变大，最后慢慢变小，如图 3.5.25 所示。请扫描二维码观看制作好的视频。

扫描二维码
观看视频

 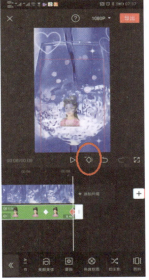

⑬　　　　　　　⑭

图 3.5.25　视频中间加关键帧及总体效果

📖 视频导出与发布

①制作好视频后，点击右上角"导出"。

②等待"导出"画面。若视频较长，则导出速度慢些,若视频较短，则导出速度较快。

③点击下方"完成"，则视频导出至手机相册中；若点击"抖音"或"西瓜视频"，可分别在"抖音"和"西瓜视频"上发布。也可点击"更多"，则选择其他视频平台发布，如图 3.5.26 所示。

①

②

③

图 3.5.26　视频导出

④以"抖音"发布为例，点击"🎵"抖音，添加"话题"和"朋友"，"话题"前用"#"开头；"朋友"前用"@"开头。如，添加话题是：#爱舞蹈爱生活，#唯美意境，还可以多添加，特别要添加"热门话题"，有助于你创作的视频被推荐、被阅览，增加阅览量、增加点赞量和增加关注量。如，添加朋友是：@小璐，@奎一等。

⑤点击下方的"🔒 公开·所有人可见"公开·所有人可见，则可直接发布至网上，被所有人可见；也可点击"公开·所有人可见"后面的向右箭头"❯",进入选择，可选"🔒 私密·仅自己可见"私密·仅自己可见，则可发布，但没有公开，仅自己可见。若以后想公开发布，则可将权限设为"公开·所有人可见"即可。设置完成之后，则可点击下方的"发布"，正式发布。

⑥发布完成之后，进入个人的抖音，点击右下角的"我"，即可看到你已公开发

布的"作品"、自己未公开发布的"私密"作品、自己"喜欢"的作品、自己"收藏"的作品，如图 3.5.27 所示。

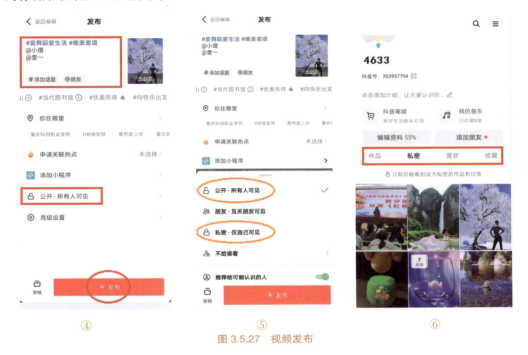

④　　　　　　　　　⑤　　　　　　　　　⑥

图 3.5.27　视频发布

📖 训练任务

1. 应用"抖音"下载一段自己喜欢的视频，然后用"剪映"裁剪、编辑视频，并更换音乐。

2. 自拍多段校园景色和图书馆视频，应用"剪映"编辑、制作一段短视频，要求有一种美感和意境，自配音乐，加字幕和配朗读，提倡应用特殊表现手法。时长不超过 2 分钟。

第四章

专业网站与检索

4.1　相关知识

布尔逻辑组配

布尔逻辑组配分为四种方式："与（AND）""或（OR）""非（NOT）""异或（XOR）"，检索词的不同逻辑组配，检索出的结果大不相同。

布尔逻辑的四种表达方式，前三种常用，第四种罕见。

① A 与 B；A AND B；A×B；A*B

② A 或 B；A OR B；A+B

③ A 非 B；A NOT B；A−B

④ A 异或 B；A ANDOR B；A XOR B；（A+B）−（A×B）

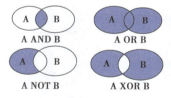

图 4.1.1　布尔逻辑组配关系

示例：

> "数据库"与"教程"
>
> 同是"数据库"和"教程"　　　　资源库检索结果：1 300条
>
> "数据库"AND"教程"

> "数据库"或"教程"
>
> "数据库"和"教程"总和　　　　资源库检索结果：91 140条
>
> "数据库"OR"教程"

可以看出，"与"和"或"检索结果差距非常大。我们在检索时，可用一个关键词检索，也可用多个关键词组配检索。组配选择得好，检索结果则精准；组配选择得不好，则检索结果不精准。在实际检索过程中，往往用两次检索，一次检索出来的结果，二次在检索结果中再检索，逐步缩小检索范围，以达到准确。

📖 截词符

"截词符"分："？"和"*"。

"？"代表任意一个字符；"*"代表任意多个字符。

如：输入检索词："comput？"，可检出 compute，computs，computa 等。

如：输入检索词："comput*"，可检出：computer，computing，computerized，computerization 等。

📖 训练任务

1. 请你谈谈"布尔逻辑组配"在什么情况下使用？起什么作用？并举例应用。

2. 请你谈谈"截词符"在什么情况下使用？起什么作用？并举例应用。

4.2 搜索引擎 ························○

📖 百度

百度（Baidu），网址：https://www.baidu.com（图 4.2.1）。百度是拥有强大互联网基础的领先 AI 公司。百度愿景是：成为最懂用户，并能帮助人们成长的全球顶级高科技公司。"百度"二字，来自八百年前南宋词人辛弃疾的一句词：众里寻他千百度。这句话描述了词人对理想的执着追求。1999 年底，身在美国硅谷的李彦宏看到了中国互联网及中文搜索引擎服务的巨大发展潜力，抱着技术改变世界的梦想，他毅然辞掉硅谷的高薪工作，携搜索引擎专利技术，于 2000 年 1 月 1 日在中关村创建了百度公司。

"百度"搜索包含"网页""资讯""视频""图片""知道""文库""贴吧""地图""采购""更多"等相关内容和信息搜索。同学们可以通过"百度"搜索学习知识、概念、人物、历史等。我们常用的是"网页"搜索。"百度百科""网上工具书"是我们常用的网上知识源。在"更多"中的"百度翻译"也是我们经常要用到的功能。课后同学们可以根据各功能菜单尝试应用。

新闻　hao123　地图　贴吧　视频　图片　网盘　更多

图 4.2.1　"百度"搜索页面

在"百度"搜索框中输放欲检索的"关键词",如"图书馆",即可检索出与图书馆相关的概念、百度百科、图片、地图、视频及相关知识、新闻等（图 4.2.2）。特别是"百度百科"和"百度文库"知识含量巨大,相当于一部大的"百科全书",是我们学习和做学术研究很好的知识源。

图 4.2.2　搜索"图书馆"相关知识条目

在"百度"功能菜单的"更多"选项中,还有更多的功能和体验,如新上线的企业信息、好看视频、市场信息等。还有更多的搜索服务功能,如百度识图、百度学术、百度翻译等。特别是"百度翻译",智能化翻译程度相当高,可以帮助我们进行"汉译英"翻译和"英译汉"翻译,也可帮助我们进行其他语种的互译,是我们开展翻译的最好工具之一（图 4.2.3）。

图 4.2.3　百度"汉译英"页面

　　百度用户除了可以在搜索引擎搜索普通关键词外，还可以使用一些特殊的高级搜索指令，高级搜索指令可以达到用户的精确搜索目的，排除用户不需要的消息。百度常用的高级搜索指令，见表 4.2.1。

表 4.2.1　百度常用高级搜索指令

指令名称	指令符号	指令形式、作用	操作举例
完全匹配	" "	形式："×××"，检索词在英文双引号里面，搜索结果为包含双引号里面的所有检索词	如，"苹果手机"，一般搜索引擎会拆分理解为苹果和手机两个概念，而"苹果手机"带双引号，就能准确搜索出关于"苹果手机"完整概念的相关内容
加号	+	形式：␣+×××，前面有空格，后面无空格，直接连接检索词，搜索的结果为只与"+"后面的检索词有关	如，唐诗三百首␣+李白，搜索唐诗三百首中只与"李白"有关的诗
减号	–	形式：␣–×××，前面有空格，后面无空格，直接连接检索词，搜索的结果为排除与"–"后面的检索词有关的内容	如，唐诗三百首␣–李白，搜索唐诗三百首中与"李白"无关的诗
指定格式	filetype	形式：×××␣filetype: 文件类型，只搜索出与文件类型相关的文件	如，大学论文␣filetype:pdf，只搜索 PDF 格式的关于"大学论文"的文件
限定网站	Site+	形式：×××␣site:+ 网址，只搜索出网址网站上的有关的内容	如，苹果手机␣site:zhihu.com，搜索出来的只有知乎网站里与"苹果手机"相关的内容

续表

指令名称	指令符号	指令形式、作用	操作举例
限定标题	Intitle:	形式：intitle:×××，搜索标题内含有"检索词"的相关信息	如，intitle:苹果手机，只有标题中包含"苹果手机"这个检索词的网页才被显示出来
限定标题	allintitles:	形式：allintitles:××1 ⊔ ××2 ⊔ ××3，搜索标题内含有以上多个检索词的相关信息	如，allintitle:苹果 ⊔ 手机 ⊔ 检索，标题中包含"苹果"、"手机"、"检索"三个检索词的网页才被显示出来
限定网址	inurl:	形式：Inurl:×××，只搜索网址中含中检索词的网页内容	如，inurl:library，搜索出来的内容就是网址 url 中包含"library"的页面。如 https://www.hujiang.com/ciku/library/ 这个网址
限定网址	allinurl:	形式：allinurl:××1 ⊔ ××2 ⊔ ××3，只搜索网址中含有以上三个检索词的网页内容	如，allinurl:图书馆 ⊔ 行政管理，搜索网址中包含"图书馆"和"行政管理"的页面。如 https:baike.baidu.com/item/ 图书馆行政管理 /53309129?fr=aladdin
书名号搜索	《 》	形式：《××××》，搜索与书名相关的内容	如，《流量的秘密》，搜索与《流量的秘密》书名相关的内容

📖 搜狗

　　搜狗，网址：https://www.sogou.com（图 4.2.4）。搜狗原是搜狐公司的旗下子公司，于 2004 年 8 月 3 日推出，目的是增强搜狐网的搜索技能。2021 年 7 月 13 日，国家市场监督管理总局无条件批准腾讯收购搜狗公司股权。搜狗公司与腾讯完成合并，搜狗成为腾讯控股间接全资子公司。

图 4.2.4　"搜狗"搜索主页面

　　与"百度"类似，"搜狗"也有很多搜索功能，如网页、微信、知乎、图片、视频、医疗、科学、汉语、英文、问问、学术等。特别是"微信""知乎""医疗""英文"功能模块，知识和信息量巨大；其中"微信"模块可以搜索微信公众号下的文章，"英文"模块可以输入汉字，直接检索到英文相关内容。搜狗的高级搜索指令同百度搜索，课后同学们可自行实践操作，如图 4.2.5、图 4.2.6 所示。

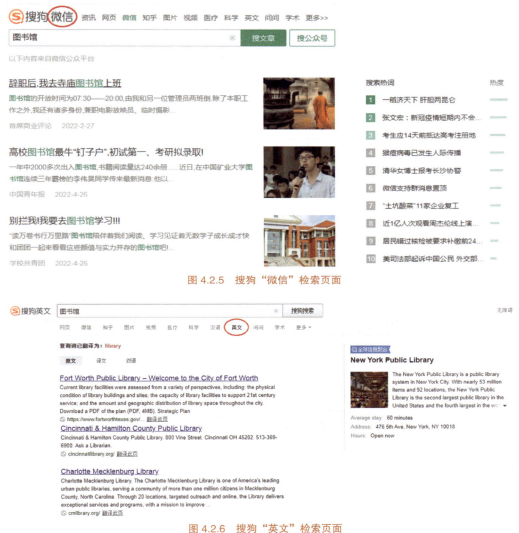

图 4.2.5 搜狗"微信"检索页面

图 4.2.6 搜狗"英文"检索页面

📖 训练任务

1. 使用"百度"和"搜狗"检索任一名词，看两者检索的内容有什么区别？

2. 在"百度"上搜索《中国图书馆分类法》类目表，并说明"文学""历史""英语""计算机"书籍分别是哪类？

3. 了解和掌握"百度百科""百度视频""百度汉语""百度文库""百度知道""百度经验"等。谈谈应用"百度"的好处。为什么现在更多的人应用"百度"，而不使用"词典""辞海"？

4.3　文学网

📖 中华读书网

中华读书网，网址：http://wsdbook.chineseall.cn（图 4.3.1）。中华读书网，又称书香中国，隶属于中文在线，是一家致力于为全世界华人用户提供优秀的电子图书读物，以帮助读者养成良好的阅读习惯为宗旨的中文读书网站。网站发布名家名作，推荐新人新作，以文以养人、文以育人为宗旨、优者更优的审核方式选发优秀稿件，努力打造最大、最专业、最有水准的纯文学网站。网站设有散文、诗歌、小小说、小说、杂文、随笔、励志故事，文苑等栏目。特别是"听书馆"可以为读者提供清晰、完整的听书体验。在右上角的搜索框中输入检索的书名，即可检索出相关的图书。对部分图书，由于版权要求，只有注册为"会员"才可以全部阅读。读者可以先注册会员并登录，即可享有全部的阅读权限。

图 4.3.1　"中华读书网"主页面

如在检索框中输入书名《历史的记忆》，则可检索出相关图书信息，可分别从"图书"阅读、"听书"播放、"活动"开展（评审、征文、绘画、摄影等）几方面开展此书的阅读、听书、参与活动，如图 4.3.2 所示。

图 4.3.2 搜索《历史的记忆》图书页面

读者可以选择"听书馆",其中有各类文、史、哲、娱等方面的图书可"听书"。课后同学们可自行上机检索体验,如图 4.3.3 所示。

图 4.3.3 "听书馆"页面

读书网

读书网，网址：https://www.dushu.com（图 4.3.4）。读书网是集书籍查询、作者介绍、刊物定价、出版社、ISBN 查询的公益读书网站，也是中国最受欢迎的读书网站之一。该网是中国国内优秀的读书平台，紧随时代步伐，面向爱好文学的朋友。该网立志引领中国读书平台新潮流，彻底颠覆目前国内书刊资源混杂的局面，精挑细选，时时更新，紧跟趋势，全心服务。该网每天有上万频次的用户浏览，稳居行业龙头的地位，已成为国内领先的优秀读书平台。

读书网主要包含以下几大模块：新闻资讯、每日一读、国学 / 古籍、出版图书、读书导航。特别是"在线读书"为读者提供了大量的阅读文献。

图 4.3.4　"读书网"主页面

点击"在线读书"，进入如图 4.3.5 所示界面。

图 4.3.5　"在线读书"页面

点击任一图书封面，即可进入图书内容简介和作者简介界面。在下方的"正文"中点击相关章节，即可阅读全文。如点击《巴金的青少年时代》封面，进入如图 4.3.6 所示界面。

图 4.3.6　图书阅读页面

选择"二 母亲——第一个先生"，即进入全文阅读状态，如图 4.3.7 所示。

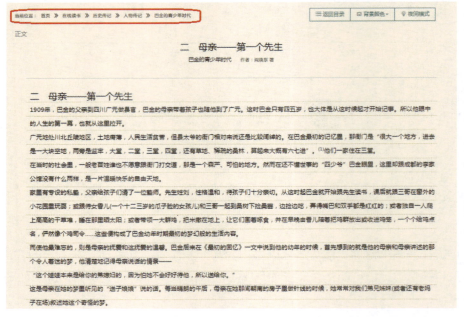

图 4.3.7　《巴金的青少年时代》的全文阅读页面

若在搜索框中输入检索词，如，输入"巴金"，即可检索到与"巴金"相关内容的图书信息，如图 4.3.8 所示。

图 4.3.8　检索特定词汇的图书条目

任选一本，点击打开，即可展示该本图书的出版信息、内容简介、作者简介、图书目录和相关电子图书信息。若个人有权限（或购买），即可下载阅读电子图书。以上内容，同学们可课后自行上机检索练习，如图 4.3.9 所示。

图 4.3.9　网上电子图书下载阅读页面

📖 中国文学网

中国文学网，网址：http://www.zgwenxue.com（图 4.3.10）。中国文学网旨在为全球中国文学爱好者打造一片共同的文学乐土。wenxue 代表文学，zg 代表中国，故zgwenxue 即为中国文学网。中国文学网于 2011 年 5 月 7 日创建，这里有百家争鸣，这里有诗词歌赋，这里是文学的家园。中国文学网主要版块有中华文库、原创文苑、联地对天、艺术／小说和休闲娱乐。

①中华文库：中华国学博大精深，这里有不断完善的文库内容。

②原创文苑：后辈的文学爱好者文笔极为优美，这里有许多原创作品。

③联地对天：楹联文学是一门古老的技艺，这里有乐于此道者的优美楹联。

④艺术／小说：书法、绘画、雕刻等艺术，值得我们传承和学习。这里收集原创写手们的小说作品与艺术作品。

⑤休闲娱乐：这里有精选的内容，可谈天说地、看美图、听音乐、观视频等。

图 4.3.10　中国文学网主页面

在网站右上角，有用户的注册和登录窗口，用户既可注册和登录，也可以向网站投稿新作品。在网站左上方，有搜索框，可输入检索词（关键词、人名、事件），点击后面的"搜索"，即可检索出相关"帖子"和"文章"。课后同学们可自行上机检索练习，如图 4.3.11 所示。

图 4.3.11　检索相关内容的"文章"和"帖子"

📖 训练任务

1.请进入"中华读书网","注册""登录"会员账号,然后进入"听书馆",搜索《智囊》图书,并收听。

2.请进入"读书网","注册""登录"账号,然后进入"在线读书",搜索《中国历代状元轶事》图书,阅读电子全文。

3.请进入"中国文学网","注册""登录"账号,或以"游客"身份登录。然后搜索"霸王卸甲",阅读小说连载《霸王卸甲》。

4.4 历史网 ◎

📖 全历史网

全历史网,网址:https://www.allhistory.com(图 4.4.1)。全历史网是一款历史学习软件。以各种姿态呈现了中国以及世界的历史。知识丰富,适合历史爱好者使用。其中中国史搜集了从公元前 170 万年至 1912 年的历史。网站的上方有一检索框,输入要检索的朝代和历史事件,点击"搜索"即可检索到相关知识和信息。也可以移动下方时间轴上的"方块",选择朝代,对应朝代的主要事件、历史人物等便显示在上方的窗口里,读者可以选择自己想要了解的知识,点击进入,便可有详细的内容介绍。内容丰富,知识点全面,是学习历史的最佳网站之一。如,选择"汉朝",即显示如图 4.4.2 所示画面,课后同学们可自行上机检索练习。

图 4.4.1 "全历史网"主页面

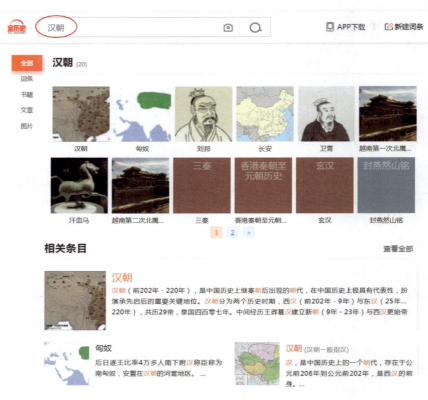

图 4.4.2　检索"汉朝"相关人物及事件

📖 历史春秋网

历史春秋网，网址：http://www.lishichunqiu.com（图 4.4.3）。历史春秋网成立于 2010 年 6 月 1 日，是一个关于中国历史、国学文化、中国古代历史、中华五千年历史文明的公益性历史网站。历史春秋网以"知古鉴今，以史为鉴"为宗旨，包含了上古历史、夏商西周、春秋战国、秦汉三国、两晋南北朝、隋唐五代十国、宋辽金元、明清近代的中国历史，为你提供中国古代历史、文化、军事、政治、经济、中医、宗教等内容。主页内容分为三大部分：历史、国学、文化。历史包括上古、夏朝、商朝、西周、东周、秦朝、汉朝、三国、两晋、隋朝、唐朝、宋朝、元朝、明朝、清朝、民国、世界、专栏等各朝代的历史介绍、相关历史事件及与世界相关事件。国学包括经部、史部、子部、集部、周易、论语、史记、明史等相关国学经典典籍。文化包括儒学、佛学、道学、古诗文、周公解梦、中医、收藏、考古、老照片、成语故事等相关知识和内容。中间设有"搜索框"，可搜索相关知识、事件或人物等。如，搜索"王阳明"，与"王阳明"相关的信息和文章便检索出来。课后同学们可自行上机检索练习，如图 4.4.4 所示。

图 4.4.3 "历史春秋网"主页面

图 4.4.4 检索特定内容页面

📖 历史资料网

历史资料网，网址：http://www.lishiziliao.com（图 4.4.5）。历史资料网是一个具有丰富中华历史知识的网站，为读者提供全面中华历史知识的阅读学习平台，是了解历史知识的最佳网站之一。主要包括历史资料、历史人物、历史故事、历史解密、战史风云、古代野史、传统文化、历史事件等几大部分，内容丰富、知识全面。在主页的右上方有一检索框,可以输入关键词,检索相关内容。如,输入"诸葛亮",即可检索出与"诸葛亮"相关的历史知识内容。课后同学们可自行上机检索练习,如图 4.4.6 所示。

图 4.4.5　"历史资料网"主页面

图 4.4.6　检索特定内容页面

训练任务

1. 请进入"全历史网",以手机号登录,在唐朝时期检索"马嵬坡之变",了解并讲解"马嵬坡之变"的起因。

2. 请进入"历史春秋网",以"游客"身份登录,查阅"文景之治"和"永乐盛世"各属哪朝哪代? 分别是怎样形成的? 讲述两代盛世形成的故事。思考两代盛世形成有什么相关联和相互借鉴之处?

3. 请进入"历史资料网",搜索并了解"关羽卖枣,张飞杀猪何以有盖世武功?",并讲述。

4.5 百科网

百度百科

百度百科,网址:https://baike.baidu.com(图 4.5.1)。百度百科是百度公司推出的一部内容开放、自由的网络百科全书。截至 2020 年 10 月,百度百科已经收录了超 2 100 万个词条,参与词条编辑的网友超过 717 万人,几乎涵盖了所有已知的知识领域。百度百科实现与"百度搜索""百度知道"的结合,从不同的层次上满足用户对信息的需求。如,在搜索框内输入"图书馆",则可检索到关于图书馆的介绍和百科。课后同学们可自行上机检索练习。

图 4.5.1 "百度百科"主页面

📖 360 常识网

360 常识网，网址：http://www.360changshi.com（图 4.5.2）。360 常识网是关于日常知识、生活百科、日常生活健康小常识、生活小窍门和相关信息的网站。360 常识查询包括"老黄历""新华字典""汉语词典""成语大全""诗词大全""家常菜谱""食物营养"等多方面知识和信息，如图 4.5.3 所示。

图 4.5.2　"360 常识网"主页面

图 4.5.3　"360 常识"查询常用主题

📖 知网百科

知网百科，网址：https://xuewen.cnki.net（图 4.5.4）。知网百科是中国领先的权威百科知识服务平台。知网百科平台具有权威、海量、系统、全面的显著特点，内容全部来源于权威专家审核的正规出版物。知网百科是为满足读者多角度、全方位的准确认知、丰富认知的迫切需求，利用先进的知识挖掘与增值服务技术，全面、系统地构建而成的超大规模知识学习网络。它包括人物、生活、文学、艺术、历史、语言、财经、文化、政治、法律、军事、哲学、宗教、医学、农业多个版块内容。

图 4.5.4　"知网百科"主页面

比如"文学"版块，内容涉及"文学理论与常识""诗词曲赋""散文·随笔·小品""小说·寓言·故事""中国文学""外国文学"等。课后同学们可以应用和检索实践，如图 4.5.5 所示。

图 4.5.5　"文学"版块相关内容

📖 作文网

作文网，网址：http://www.zuowen.com（图 4.5.6）。作文网为广大学生、家长、教师及写作爱好者提供全面的一站式作文投稿、范文欣赏、写作素材等资源，并提供涵盖全国各省市广泛的中高考作文试题、中高考满分作文资源等。它包括中小学各年级各种题材的作文及最新热点文章，为大家提供作文范文学习欣赏。网站还包括名言警句、好词好句、优美段落、成语大全等丰富的写作素材。作文网还是提供发表原创文章的平台，在投稿的过程中培养写作的兴趣。版块包括"小学作文""初中作文""高中作文""话题作文""单元作文""英语作文""作文素材""写作指导""原创专区"等。课后同学们可以尝试检索和应用素材作文，如图 4.5.7 所示。

图 4.5.6 "作文网"主页面

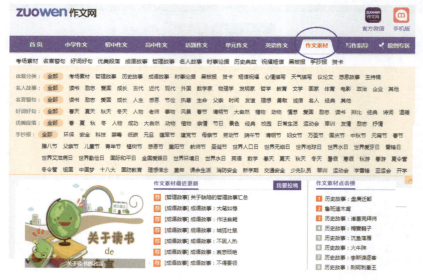

图 4.5.7 作文网"作文素材"版块

📖 百科知识网

"百科知识网"，网址：http://www.bkzsw.com（图4.5.8）。百科知识网是一个分享平台，包括生活、饮食、健康、旅游、时尚、科技、汽车、美容、感情等版块，让你轻松学习各种各样的知识。

图 4.5.8 "百科知识网"主页面

图 4.5.9 百科知识网"健康"版块展示

📖 训练任务

1. 请进入"百度百科"，搜索"全红婵"，了解和讲述全红婵是怎样刻苦训练并最终成为世界冠军的。

2. 请进入"360常识网",搜索"长寿秘籍",了解各种"长寿"方法。谈谈你认为的有助长寿的方法有哪些?生活中我们在饮食和运动方面要注意什么?

3. 请进入"知网百科","注册"会员账户,然后"登录"。了解并掌握"China"的来源和演变,并讲述。

4. 请进入"作文网",点击"话题作文",了解"雪景"话题,并写一篇500字左右的《话雪》小文章。根据经验和想象,锻炼你的思维和细节描写。

4.6 艺术、音乐网

📖 中国书画家网

中国书画家网,网址:http://www.painterchina.com(图4.6.1)。中国书画家网是一家集文化、文艺资讯、展览、展示服务、书画作品交流、研讨、交易、收藏及书画家、艺术家交流等多种服务于一体的公益性艺术类专业网站。中国书画家网经历了两年多的发展与无数次的改版,现已经推出资讯、机构/人物、学术/知识、作品图库、艺术市场、画家主页、在线画廊、画家服务、画家论坛、八大频道和六十六个栏目。内容涵盖艺术资讯、新闻、展览、拍卖、征稿、教育、评论、观点、理论、画史、鉴赏、收藏投资、展馆、院校、媒体、行业人物、当代画家展示、在线专题展览、作品代理销售等。

图 4.6.1 "中国书画家网"主页面

📖 酷狗音乐

🅚 酷狗（KuGou），是中国极具技术创新基因的数字音乐交互服务平台。酷狗给予用户人性化功能，实行多源下载，提升下载速度，可以更快更高效率地下载歌曲。国内最先提供在线试听功能，方便用户选择性地下载。酷狗是中国最多人使用的音乐播放器，拥有超过数亿的共享文件资料，拥有上千万用户。酷狗具有强大的搜索功能，支持用户从全球 KuGou 用户中快速检索所需要的资料，还可与朋友间相互传输影片、游戏、音乐、软件、图片。酷狗具备了聊天功能，可以与好友共享传输文件，让聊天、音乐、下载变得更加互动。在"酷狗"主页面上方有一搜索框，登录后，在搜索框中输入拟检索的歌曲名，如"可可托海的牧羊人"，单击后面的搜索放大镜，即可搜索出该歌曲的不同版本。电脑版和手机版"酷狗"均可下载使用。

电脑版酷狗，单击"登录"后，电脑形成一个"二维码"，用手机版"酷狗"扫描二维码，即可登录电脑版酷狗。也可

图 4.6.2　电脑版"酷狗"手机登录二维码

以用个人的"QQ"或"微信"登录，如图 4.6.2、图 4.6.3 所示。

图 4.6.3　电脑版"酷狗"登录后推荐主页面

图 4.6.4　搜索歌曲及播放、下载页面

全民 K 歌

全民 K 歌，是一款由腾讯公司出品的 K 歌软件，是基于用户需求打造的线上 K 歌工具。该软件不仅提供了海量版权曲库，还不断迭代 AI 智能评分、AI 智能修音等先进黑科技，用专业的"音乐工具"吸引了广大专业与非专业的"爱唱"人士；该软件具有智能打分、专业混音、好友擂台、修音、趣味互动以及社交分享功能。2014年 8 月 26 日，"全民 K 歌"正式开启预约下载，并于 2014 年 9 月 1 日首发。全民 K 歌为基于"音乐"的用户生态打下了坚实基础。电脑版和手机版均可下载使用。电脑版启动后，电脑形成一个"二维码"，用手机版"全民 K 歌"扫描图 4.6.5 所示二维码，即可登录电脑版"全民 K 歌"，如图 4.6.6 所示。

图 4.6.5　电脑版"全民 K 歌"手机登录二维码

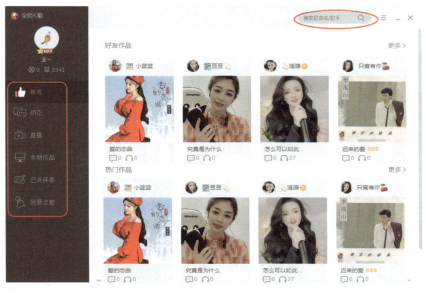

图 4.6.6 电脑版"全民 K 歌"登录后推荐主页面

在电脑版"全民 K 歌"主页左侧，分别有"推荐""动态""直播""本地作品""已点伴奏""我要点歌"等栏目。"推荐"为系统自动推荐的作品；"动态"为歌友们发布的动态作品及感想、问候；"直播"是歌友们发起的直播视频，用户均可"发起直播"；"本地作品"为本地演唱保存，但未上传的作品；"已点伴奏"是本地之前点播过的伴奏曲目的列表，方便以后点播使用；"我要点歌"即用户要演唱的"K 歌"歌曲的伴奏音乐可在此查找，进入页面后，在右上角有一搜索框，在搜索框中输入拟查找的歌曲名，点击后面的检索放大镜，即可查找到拟演唱的曲目。

如，输入"送给你"，搜索出歌名中带有"送给你"三个字的所有歌名。可以选择，并单击后面的"K 歌"，就可以下载音乐并演唱，如图 4.6.7 所示。

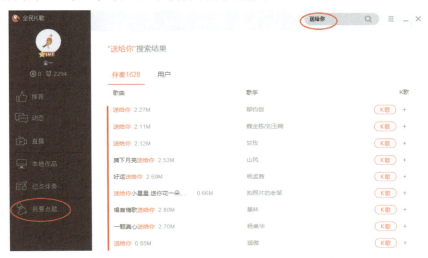

图 4.6.7 电脑版"全民 K 歌"搜索歌曲并"K 歌"

点击左侧的"直播"，再单击上方的"发起直播"，即可开通直播演唱，如图 4.6.8 所示。

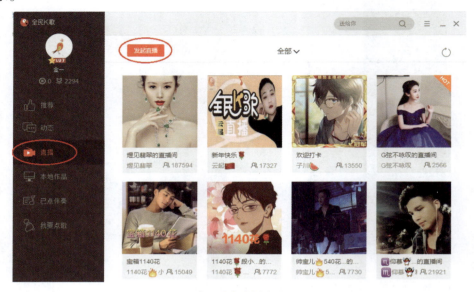

图 4.6.8　发起直播演唱页面

训练任务

1. 请进入"中国书画家网"，搜索作家"秦奋"，了解他的简历和书法作品，并学习他的书法艺术。

2. 请进入"中国书画家网"，搜索作家"赵保国"，了解他的简历和美术作品，并谈谈如何欣赏书画作品。

3. 请进入手机版"全民 K 歌"，搜索一首喜欢的歌曲，自录演唱，将演唱的成曲下载并发送至"云班课"作业中。若你不擅长演唱，请选择下载一首歌曲，朗诵歌词，伴奏音乐成背景音乐。录制完成，发送至"云班课"作业中。

第五章

专业数据库与检索

5.1 图书及知识检索 ······················○

📖 读秀学术搜索

【文献传递服务】

读秀学术搜索，网址：http://www.duxiu.com（图 5.1.1）。读秀学术搜索是北京超星公司开发的由海量全文数据及资料基本信息组成的超大型数据库。其以 430 多万种中文图书、10 亿页全文资料为基础，为用户提供深入内容的章节和全文检索，部分文献的原文试读，以及高效查找、获取各种类型学术文献资料的一站式检索，周到的参考咨询服务，是一个真正意义上的学术搜索引擎及文献资料服务平台。它包括各学科、各专业的学术性、专业性、研究性，知识、图书、论文、学位论文、学术会议论文及相关知识的检索，其中，以图书为主要资源。

| 知识 | 图书 | 期刊 | 报纸 | 学位论文 | 会议论文 | 音视频 | 文档 | 更多>> |

智慧图书馆

中文搜索

图 5.1.1　读秀搜索主页

"读秀学术搜索"的"知识"是以"知识点"为检索对象，在检索框中输入知识点"关键词"，可在 400 余万种图书、10 亿页全文资料中检索到相关的知识。检索在瞬间完成，并可查询知识点的出处和来源，以"图书馆文献传递"的方式将知识点所在文献内容传至读者提供的邮箱中。读者在后期可随意查阅已传递的文献，方便阅读和摘录。如在检索框中输入"智慧图书馆"，便可在数 10 亿页的文献中检索出与"智慧图书馆"相关知识文献。输入后，单击"中文搜索"，即可检索出不同的文献中的相关知识点。从条目展示的信息中，可以了解哪一条知识点是自己所需要的，打开试读。若需要原文，则可通过文献传递方式进行，如图 5.1.2 所示。

图 5.1.2　输入检索词检索相关知识

单击打开检索出的第三条知识点，内容如图 5.1.3 所示。

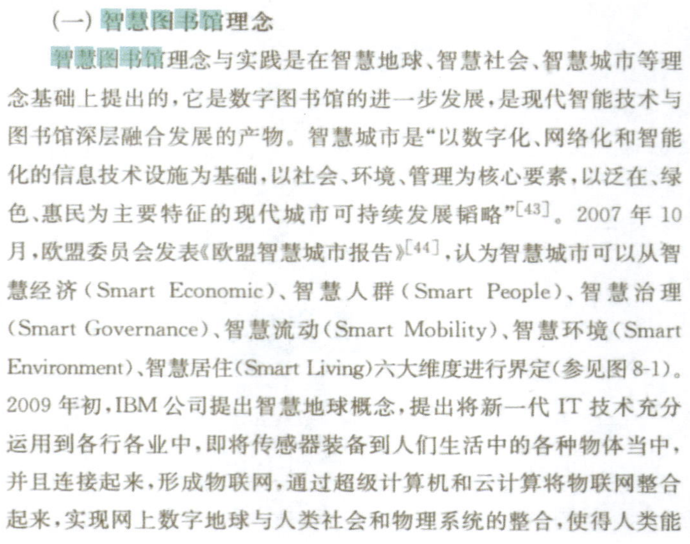

（一）智慧图书馆理念

智慧图书馆理念与实践是在智慧地球、智慧社会、智慧城市等理念基础上提出的，它是数字图书馆的进一步发展，是现代智能技术与图书馆深层融合发展的产物。智慧城市是"以数字化、网络化和智能化的信息技术设施为基础，以社会、环境、管理为核心要素，以泛在、绿色、惠民为主要特征的现代城市可持续发展韬略"[43]。2007 年 10 月，欧盟委员会发表《欧盟智慧城市报告》[44]，认为智慧城市可以从智慧经济（Smart Economic）、智慧人群（Smart People）、智慧治理（Smart Governance）、智慧流动（Smart Mobility）、智慧环境（Smart Environment）、智慧居住（Smart Living）六大维度进行界定（参见图 8-1）。2009 年初，IBM 公司提出智慧地球概念，提出将新一代 IT 技术充分运用到各行各业中，即将传感器装备到人们生活中的各种物体当中，并且连接起来，形成物联网，通过超级计算机和云计算将物联网整合起来，实现网上数字地球与人类社会和物理系统的整合，使得人类能

图 5.1.3　打开知识点的原文

如对相关知识内容满意，则可再找到"知识点"所在图书，单击右上方的"资料来源"，可知本页知识来源于哪本图书。在本例中，知识内容来源于图书《文化与空间》，作者：倪代川，当前页为：315 页（图 5.1.4）。

图 5.1.4　原文的资料来源

点击《文化与空间》图书的链接，可打开图书的版权信息。在版权信息下方有"试读"和"图书馆文献传递"的连接，单击"图书馆文献链递"，则可进入文献传递页面，如图 5.1.5 所示。

图 5.1.5　图书的版权页及"图书馆文献传递"链接

在文献传递的页面中，输入个人邮箱，填写好"验证码"，输入欲传递的页码及页数，如300-320页（应包括315页）或者310-320页（传递页数最多不得超过50页）。填写完成后，单击左下方的"确认提交"，如图5.1.6所示。

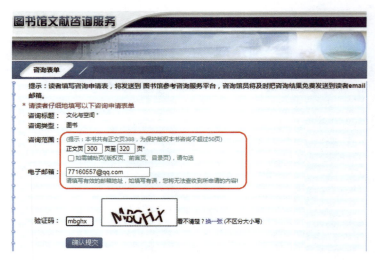

图5.1.6　填写完整的文献传递信息

"确认提交"后，系统会提示"√咨询提交成功！"，说明传递的文件提交成功，读者便可到个人邮箱中查看，如图5.1.7所示。

图5.1.7　系统显示"√咨询提交成功！"

进入个人邮箱，发现收件箱中已接收到传递的文献。打开"链接"，即可打开原文。请注意，接收到的只是一个原文的"链接"，此链接的有效期为20天，20天内必须将文献下载至本地存储，否则链接失效，如图5.1.8、图5.1.9所示。

"读秀学术搜索"中的"知识""图书""期刊""报纸""学位论文""会议论文""视频""电子书""讲座""更多"都是以传递方式获取原文内容。

"读秀学术搜索"也可以直接搜索"图书"，分别以"书名""作者""主题词""全部字段"进行搜索，找到相关图书，再传递图书相关章节，每次最多传递50页。如搜索图书《红楼梦》，在搜索框中输入"红楼梦"，单击下方的"中文文献搜索"，即可搜索出与"红楼梦"相关的图书，如图5.1.10所示。

图 5.1.8　邮箱中已接收的文献链接

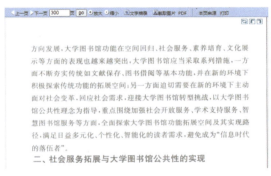

图 5.1.9　邮箱中打开传递的文献原文

图 5.1.10　选择"图书"输入图书书名

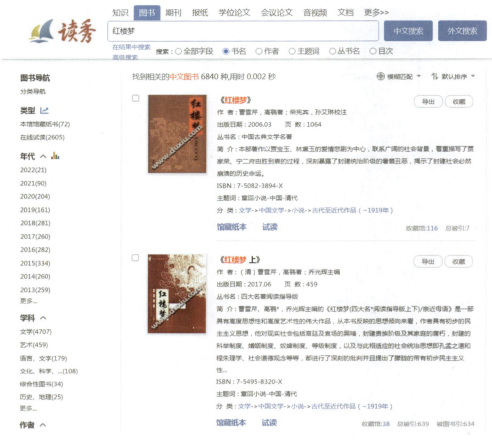

图 5.1.11　中文搜索书名中含有"红楼梦"的图书

图 5.1.12　选择任一种图书了解版权信息且选择"部分阅读"

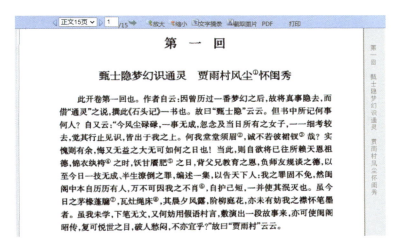

图 5.1.13　原文部分内容阅读

在阅读中，发现内容为所需，则可单击"图书馆文献传递"，分页传递部分章节内容。传递方法同上所述。若不需要传递太多页内容，只想复制其中的几个段落内容，那就需要将几个段落内容转换成"文本格式"后，再进行"复制"和"粘贴"操作。因为有些内容的下载文字不能直接"复制"，需要一定的转换。单击上方的图标"🔲"文字摘录后，选择所需文字区域，即可将所选区域文字转换成"文本"格式。转换成"文本"格式后，即可进行"复制"和"粘贴"操作了。

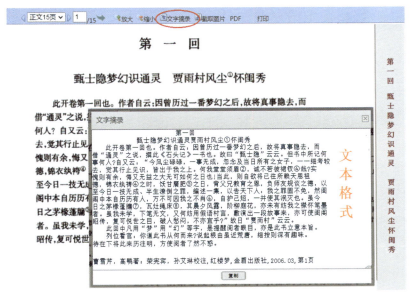

图 5.1.14　将所选区域内容转换成文本格式

通过以上方式，选择"期刊""报纸""学位论文""会议论文"等，检索相关知识内容，同样以"文献传递"的方式，将原文传递至读者个人邮箱中，课后可自行操作练习。

【个人认证服务】

读秀还提供"个人认证"服务,个人认证可在单位有效的 IP 段内进行,个人认证账号可在校外使用,方便读者在校外使用和下载文献。单击右下角"个人认证"中的"我要注册",注册个人的手机号,并设置"密码",如图 5.1.15、图 5.1.16 所示。

在注册过程中,需要完善"单位验证"信息。在输入框中输入学校单位名称,则可绑定学校单位"机构账号",如图 5.1.17 所示。

图 5.1.15 个人认证页面

图 5.1.16 新用户注册页面   图 5.1.17 完善单位验证信息

注册后再回到"个人认证"页面,单击"我要认证",按要求填写账号和密码登录。个人认证只识别手机号,如果读者的账号还没有绑定手机号,将无法认证,可以登录后在账号管理里绑定。认证通过后,账号将自动绑定单位 IP。以后在校外便可以此账号进行登录访问,如图 5.1.18 所示。

图 5.1.18　账号登录认证页面

认证完成后，即可在校外进入"系统登录"页面，选择"个人认证用户"，输入个人的登录账号和密码，即可登录读秀平台，应用所有检索和传递功能，如图 5.1.19 所示。

图 5.1.19　校外以"个人认证用户"身份登录页面

【相似度检测服务】

读秀还提供"大雅相似度检测系统"，网址：https://dsa.dayainfo.com（图 5.1.20），可以通过该系统检测论文和文章的相似度。一般学术论文的相似度不能超过 20%。单击"大雅相似度检测系统"链接，进入检测系统（图 5.1.21）。

图 5.1.20　大雅相似度检测系统链接

图 5.1.21　大雅论文检测系统主页面

　　单击"个人用户"，以事先注册好的账户和密码登录，或以"超星学习通"（需事先下载"学习通　"App）"QQ""微信"登录，更快速便捷，如图 5.1.22 所示。

图 5.1.22　用户登录页面

　　登录后，单击下方的"选择文件"，加载本地需检测的文件，如图 5.1.23 所示。单击"上传"，上传成功后，检测结果马上显示出来，如图 5.1.24 所示。

图 5.1.23　大雅检测系统上传文件检测页面

图 5.1.24　大雅检测系统检测结果显示页面

若需"查看"检测报告，则需单击检测结果后面的"查看"选项。出检测报告需支付一定的费用，一般为每两千字 2~4 元，如图 5.1.25 所示。

图 5.1.25　大雅检测系统费用支付页面

📖 汇雅电子图书

汇雅电子图书全文数据库，网址：http://www.sslibrary.com（图 5.1.26）。超星汇雅电子图书是目前全球最大的中文图书资源库，是可以直接"阅读"图书全文的数据库，即可从一本书的第 1 页阅读到该书的最后一页。如在检索框中输入"毛泽东"，则可检索出书名中含有"毛泽东"的所有电子图书。检索方式可通过"书名""作者""目录""全文检索"多途径进行。检索全文内容可以直接"复制""粘贴"引用。

图 5.1.26　汇雅电子图书检索页面

选择一种图书，单击打开。如选择《毛泽东的苏联观》打开，如图 5.1.27 所示，可单击"阅读器阅读"或"PDF 阅读"，也可用手机扫描右侧的二维码，使用手机阅读。

图 5.1.27　选择阅读方式打开阅读图书

选择"阅读器阅读"或"PDF 阅读"，如图 5.1.28 所示。

图 5.1.28　选择"阅读器阅读"或"PDF 阅读"全文

手机扫码阅读，如图 5.1.29 所示。

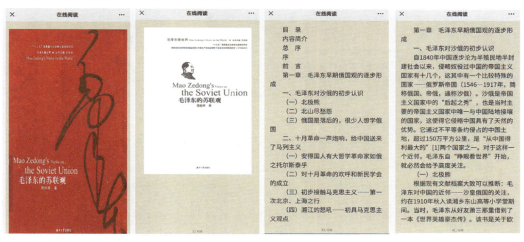

图 5.1.29　手机扫码后全文阅读

📖 中国知网图书检索

中国知网，网址：https://www.cnki.net（图 5.1.30）。在中国知网主页，单击"图书"标签，输入检索词主题或书名，单击右侧的检索放大镜，检索相关图书。如输入"图书馆"，则可检索主题或书名中含有"图书馆"三个字的图书（图 5.1.31）。

图 5.1.30　知网主页选择"图书"标签后在检索框中输入拟检索的主题或书名

图 5.1.31 检索书名中含有"图书馆"的图书

图 5.1.32 打开第一种图书的信息页面

打开任一种图书，单击"全文阅读"全文阅读，会出现登录页面，填写个人账号、密码进行登录；也可应用 IP 登录（对于 IP 段内购买的用户）。若没有账号，则可"注册"新用户，然后再登录，如图 5.1.33 所示。

图 5.1.33 用已注册的账号登录

登录账号后，即可分章节阅读全文，如图 5.1.34 所示。

图 5.1.34 全文阅读页面

在阅读全文时，上方提示"原文+笔记"，单击即可进入电子笔记模式，可一边阅读，一边在右侧的"笔记"框内记录信息，如图 5.1.35 所示。

图 5.1.35 "原文+笔记"模式

📖 训练任务

1.请进入本校图书馆网站，链接"数字资源"，进入"读秀学术搜索"数据库，通过"知识"检索"人工智能"。当你查到关于人工智能的解释和定义在图书《信息化学习能力开发导论》（徐文怀，孔凡德等著）中第 262 页时，你如何将此书的260–270 页内容传递至你的邮箱中？实际操作并记录操作步骤。

2.请进入"汇雅电子图书"数据库，通过"书名"选项，输入"大学生"，检索书名中含有"大学生"的图书，选择一种下载并打开阅读。记录操作步骤。

5.2 专业期刊论文检索

📖 知网学术资源检索

知网即国家知识基础设施（National Knowledge Infrastructure，NKI），最早由世界银行于 1998 年提出。中国知识基础设施工程（China National Knowledge Infrastructure，CNKI- 中国知网）是以实现全社会知识资源传播共享与增值利用为目标的信息化建设项目，由清华大学、清华同方发起，始建于 1999 年 6 月，以全面打通知识生产、传播、扩散与利用各环节信息通道，打造支持全国各行业知识创新、学习和应用的交流合作平台为总目标。该项目被列为清华大学重点项目。CNKI 基于公共知识整合提供的知识服务，深化到与各行业机构知识创新的过程与结果相结合，通过更为精准、系统、完备的显性管理，以及嵌入工作与学习具体过程的隐性知识管理，提供面向问题的知识服务和激发群体智慧的协同研究平台。

在中国知网一体化检索框中输入拟检索的中心词，如输入检索词"图书馆"，单击后面的"放大镜"图标"🔍"，即可检索出与中心词"图书馆"相关的文献名称。如选择"学术期刊"的"篇名"，输入检索词"图书馆"，则可检索出篇名中含"图书馆"三个字的所有学术期刊论文的篇名，如图 5.2.1 所示。

图 5.2.1　中国知网检索主页面

检索途径有多种，如"主题""篇名""作者""关键词""摘要""全文"等，如图 5.2.2 所示。

图 5.2.2　检索途径显示页面

　　当读者任意选择一篇论文，如选择第二篇《国内外图书馆开放教育资源服务现状与启示》，单击打开，便有如图 5.2.3 所示的文章信息提示。单击"PDF 下载"或"CAJ 下载"，便可将文章全文下载至本地硬盘上。再以"PDF 浏览器"或"CAJ 浏览器"打开，便可以全文阅读，如图 5.2.4 所示。

国内外图书馆开放教育资源服务现状与启示

周阳

中国药科大学图书与信息中心

摘要：目的探讨图书馆联合提供开放教育资源（OER）服务的途径,使图书馆学术服务更上一层楼。方法利用网站调研的方法,了解国内外14所高校图书馆和6所公共图书馆提供OER服务的现状。结果 20所图书馆提供OER服务主要有3种形式:自制开放存取（OA）课程、合作OA课程或讲座、教育类资源OA;为OER服务提供政策支持与运营管理的图书馆极少;对OER版权等明确规定的图书馆超过半数;捐助、基金及企业资助是主要资金来源;视频创建、远程协助、存储备份等为主要技术问题;人员配置细分较多;宣传以归纳展示和社交软件为主。结论高校图书馆与公共图书馆联合构建OER服务平台,要统筹整合OER,尊重版权与标准规范,多渠道筹集资金,外包技术平台,并完善组织机构设置,进行多途径宣传。

关键词：高校图书馆; 公共图书馆; 开放教育资源; 网站调研;

图 5.2.3　单击"PDF 下载"至本地硬盘

· 20 ·   Chinese Journal of Library and Information Science for Traditional Chinese Medicine   Aug. 2021 Vol. 45 No. 4

【引文格式】周阳. 国内外图书馆开放教育资源服务现状与启示[J]. 中国中医药图书情报杂志, 2021, 45(4): 20-27.

国内外图书馆开放教育资源服务现状与启示

周阳

中国药科大学图书与信息中心, 江苏 南京 211198

摘要:目的 探讨图书馆联合提供开放教育资源(OER)服务的途径,使图书馆学术服务更上一层楼。**方法** 利用网站调研的方法,了解国内外 14 所高校图书馆和 6 所公共图书馆提供 OER 服务的现状。**结果** 20 所图书馆提供 OER 服务主要有 3 种形式:自制开放存取(OA)课程、合作 OA 课程或讲座、教育类资源 OA;为 OER 服务提供政策支持与运营管理的图书馆较少;对 OER 版权等明确规定的图书馆超过半数;捐助、基金及企业资助是主要资金来源;视频创建、远程协助、存储备份为主要技术问题;人员配置细分较多;宣传以归纳展示和社交软件为主。**结论** 高校图书馆与公共图书馆联合构建 OER 服务平台,要统筹整合 OER,尊重版权与标准规范,多渠道筹集资金,外包技术平台,并完善组织机构设置,进行多途径宣传。

关键词:高校图书馆;公共图书馆;开放教育资源;网站调研

中图分类号: G258.6; G252   **文献标识码:** A   **文章编号:** 2095-5707(2021)04-0020-08
DOI: 10.3969/j.issn.2095-5707.2021.04.004   开放科学(资源服务)标识码(OSID):

Current Situation and Enlightenment of Open Educational Resource Services in Libraries at Home and Abroad
ZHOU Yang
(Library and Information Center of China Pharmaceutical University, Nanjing 211198, China)
Abstract: Objective To explore ways for libraries to jointly provide open educational resource (OER) services; To help academic services in libraries reach a higher level. **Methods** Website survey was used to

图 5.2.4   下载后的文章全文打开

"PDF 浏览器"可用 Word 代替,"CAJ 浏览器"需提前下载安装至电脑上,方可打开 CAJ 格式的文章。当以 CAJ 格式打开文件时,系统将提示下载"CAJ 浏览器",如图 5.2.5 所示。

图 5.2.5   "CAJ 浏览器"下载页面

📖 万方学术资源检索

万方数据,网址:https://www.wanfangdata.com.cn(图 5.2.6)。万方公司成立于 1993 年。2000 年,在原万方数据(集团)公司的基础上,中国科学技术信息研究所联合中国文化产业投资基金、中国科技出版传媒有限公司、北京知金科技投资有限公司、四川省科技信息研究所和科技文献出版社等五家单位共同成立"北京万方数据股份有限公司"。

万方数据是国内较早以信息服务为核心的股份制高新技术企业,经过 20 多年快速稳定的发展,万方数据目前拥有在职员工近千人,已经发展成为一家以提供信息资源产品为基础,同时集信息内容管理解决方案与知识服务为一体的综合信息内容服务的提供商，形成了以"资源＋软件＋硬件＋服务"为核心的业务模式。

进入万方数据的万方智搜主页面，在"数字图书馆"下方的"资源导航"中选择"学术期刊"，如图5.2.6所示。

图 5.2.6 万方数据的万方智搜主页面

在检索框中选择"题名"（也可选择"作者"或"关键词"），在题名后输入"图书馆"，单击右侧的"搜论文"放大镜。即可检索出题名内含有"图书馆"的期刊论文，如图5.2.7所示。

图 5.2.7 检索题名中含"图书馆"的期刊论文

选择第一篇论文《"十四五"时期公共图书馆高质量发展思考》，单击并打开。在打开的信息页面中，选择"在线阅读"或"下载"。"在线阅读"即用浏览器打开

论文全文直接阅读；"下载"即下载至本地硬盘，之后用阅读器打开，如图 5.2.8 所示。

图 5.2.8　论文"在线阅读"或"下载"的链接页面

在此选择"下载"，确定下载的本地硬盘目录后，下载论文全文。下载后在相应的目录中打开刚下载的论文，如图 5.2.9 所示。若下载的为 PDF 格式文档，"复制"可直接用鼠标拖动所需文字内容，然后在编辑的文档中"粘贴"即可。

图 5.2.9　下载后的论文全文打开

维普学术资源检索

【维普中文期刊检索】

重庆维普资讯有限公司（简称：维普资讯）前身为中国科学技术情报研究所重庆

分所数据库研究中心，是全球第一家从事中文期刊数据库研究的机构，系中国学术数据库产业的开拓者和奠基人。公司主要提供学术资源的数字化加工、数字出版与传播、数据服务整体解决方案等多元化业务。经过几十年的发展，维普资讯已拥有国内外近万家机构客户，覆盖近千万的个人用户，产品及服务涉及教育、文化、科技等众多领域，其核心产品"中文科技期刊数据库"被纳入国家长期保存数字战略计划，成为中国学术文献资源保障体系的重要组成部分，维普网已成为国内主流的学术传播平台。

维普中文期刊服务平台，网址：http://qikan.cqvip.com（图 5.2.10）。进入平台，在一体化检索平台的检索框中输入拟检索的中心词，可以是"任意字段"，也可选择"题名""关键词""摘要""作者""机构""刊名"等。输入检索词，如"图书馆"，单击后面的"检索"，即可检索出与"图书馆"相关的期刊论文，如图 5.2.11 所示。

图 5.2.10　维普（VIP）中文期刊服务平台主页面

图 5.2.11　在检索框中输入检索词所检索出的相关论文

任选一篇论文，如选择第一篇《下一代图书馆智慧服务平台研讨会暨长三角智慧阅读圆桌会议在苏州召开》，单击文章下方的"下载 PDF"，系统让读者选择拟下载的磁盘目录，确定目录后，单击"下载"，即可将文章下载至本地硬盘指定目录中。

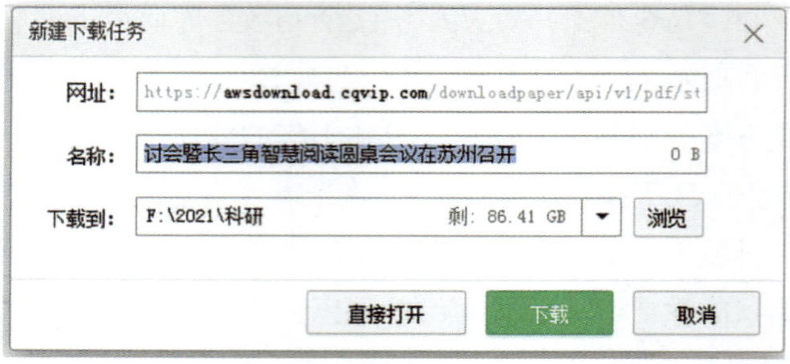

图 5.2.12　下载时提示确定下载的路径（目录）

在下载的目录中找到刚下载的文章，即可打开阅读全文，如图 5.2.13 所示。

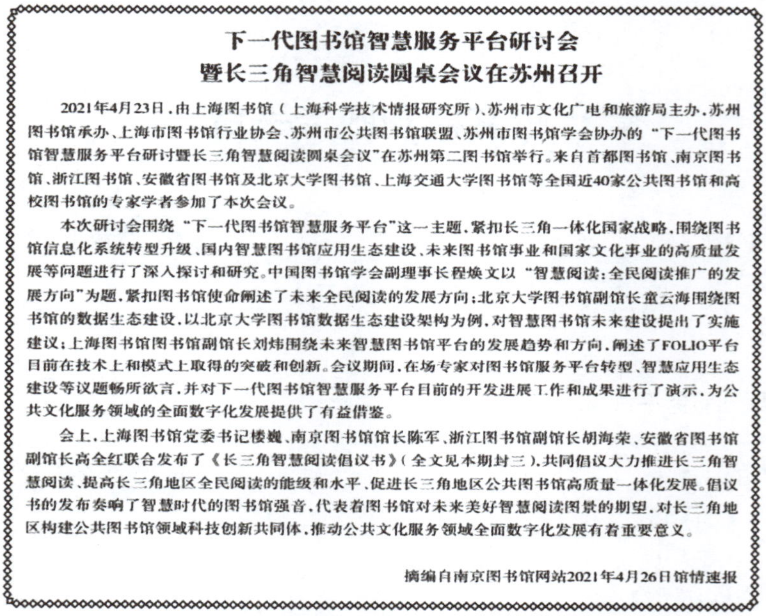

下一代图书馆智慧服务平台研讨会
暨长三角智慧阅读圆桌会议在苏州召开

2021年4月23日，由上海图书馆（上海科学技术情报研究所）、苏州市文化广电和旅游局主办，苏州图书馆承办、上海市图书馆行业协会、苏州市公共图书馆联盟、苏州市图书馆学会协办的"下一代图书馆智慧服务平台研讨暨长三角智慧阅读圆桌会议"在苏州第二图书馆举行。来自首都图书馆、南京图书馆、浙江图书馆、安徽省图书馆及北京大学图书馆、上海交通大学图书馆等全国近40家公共图书馆和高校图书馆的专家学者参加了本次会议。

本次研讨会围绕"下一代图书馆智慧服务平台"这一主题，紧扣长三角一体化国家战略，围绕图书馆信息化系统转型升级、国内智慧图书馆应用生态建设、未来图书馆事业和国家文化事业的高质量发展等问题进行了深入探讨和研究。中国图书馆学会副理事长程焕文以"智慧阅读：全民阅读推广的发展方向"为题，紧扣图书馆使命阐述了未来全民阅读的发展方向；北京大学图书馆副馆长童云海围绕图书馆的数据生态建设，以北京大学图书馆数据生态建设架构为例，对智慧图书馆未来建设提出了实施建议；上海图书馆图书馆副馆长刘炜围绕未来智慧图书馆平台的发展趋势和方向，阐述了FOLIO平台目前在技术上和模式上取得的突破和创新。会议期间，在场专家对图书馆服务平台转型、智慧应用生态建设等议题畅所欲言，并对下一代图书馆智慧服务平台目前的开发进展工作和成果进行了演示，为公共文化服务领域的全面数字化发展提供了有益借鉴。

会上，上海图书馆党委书记楼巍、南京图书馆馆长陈军、浙江图书馆副馆长胡海荣、安徽省图书馆副馆长高全红联合发布了《长三角智慧阅读倡议书》（全文见本期封三），共同倡议大力推进长三角智慧阅读、提高长三角地区全民阅读的能级和水平、促进长三角地区公共图书馆高质量一体化发展。倡议书的发布奏响了智慧时代的图书馆强音，代表着图书馆对未来美好智慧阅读图景的期望，对长三角地区构建公共图书馆领域科技创新共同体，推动公共文化服务领域全面数字化发展有着重要意义。

摘编自南京图书馆网站2021年4月26日馆情速报

图 5.2.13　下载后打开的文章全文

【维普经纶知识资源系统】

经纶知识资源系统整合全球中外学术文献，来源涵盖图书、期刊、报纸、学位论文、专利、标准、法规、多媒体视频、科技报告等数十种文献类型。文献以发现、传递为主。其主要文献资源为期刊论文，其他资源通过全国智慧图书馆联盟服务平台提供文献保障服务，24 小时内响应申请。读者只需使用统一检索框，即可快速检索、发现图书馆的各种纸本、电子文献数据、全球专业学术文献及免费优质学术资源。

维普经纶平台，网址：http://k.vipslib.com（图 5.2.14）。进入平台，在上方的检索类型中选择"期刊"，在主页一体化检索框内输入拟检索的中心词，如输入检索中心词"图书馆"，单击后面的检索放大镜"🔍"，即可检索出与检索中心词"图书馆"相关的期刊论文文献，如图 5.2.15 所示。

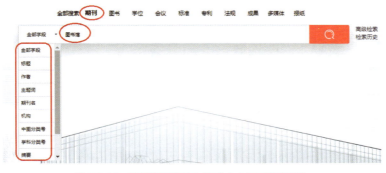

图 5.2.14　选择期刊并输入检索中心词"图书馆"

图 5.2.15　输入检索中心词"图书馆"检索的期刊论文结果

　　单击论文信息条目下方的"文献传递"，即进入图 5.2.16 所示的"文献传递服务申请页面"。输入"接收邮箱"和"验证码"，单击下方的"提交"。当屏幕上显示"提示传递成功"时，所需论文传递申请已提交成功。

图 5.2.16　文献传递服务申请页面

打开个人邮箱，即可发现"收件箱"中已有传递过来的论文，如图 5.2.17 所示。

图 5.2.17　邮箱中接收的传递文献

单击"论文"（一般为 PDF 文件格式），提示存入的本地硬盘目录，当确定好拟保存的目录后，单击"下载"，即可将论文存入本地硬盘，如图 5.2.18 所示。

图 5.2.18　确定拟保存的本地硬盘目录

进入刚保存的本地硬盘目录，找到下载的文件，即可打开原文，如图 5.2.19 所示。

图书馆共读服务模型与发展

刘四维，茆意宏

摘　要　在梳理已有研究成果基础上，文章构建了图书馆共读服务模型，由共读目标、服务主体、共读主体、共读内容、共读过程、共读环境与资源等6个要素构成。借助案例分析法，对我国图书馆共读服务典型实践活动进行分类研究，包括同层次群体共读和多层次群体共读、全程共读和非全程共读、读者参与指导式共读和专家定期指导共读、单一书本共读和"书本+"共读、网络共读、现场共读以及"O2O"共读，归纳出各类型共读服务的特点，总结我国图书馆共读服务的经验与问题，从6个要素视角提出图书馆共读服务的优化路径。
关键词　图书馆　共读　共读服务　阅读共同体
引用本文格式　刘四维，茆意宏.图书馆共读服务模型与发展[J].图书馆论坛，2021，41（7）：125-132.

Study on Library Co-reading Services：Model and Development
LIU Siwei，MAO Yihong

Abstract　This paper makes a survey of current researches on library co-reading services, and then proposes a library co-reading service model, which consists of six elements, i.e., co-reading target, service subject, co-reading subject, co-reading content, co-reading process, co-reading environment and resources. By means of case analysis, it divides library co-reading services into various types, including single-level co-reading VS multi-level co-reading, uninterrupted co-reading VS interrupted co-reading, reader-centered co-reading VS regularly-guided co-reading, single-book co-reading VS multiple-book co-reading, online co-reading VS offline co-reading as well as online-to-offline co-reading. It then summarizes the characteristics of different co-reading services, pointing out their advantages and disadvantages, and finally puts forward possible measures for the improvement of library co-reading services, focusing on the above-mentioned six elements.
Keywords　library；co-reading；co-reading service；reading community

图 5.2.19　下载的论文原文

📖 训练任务

1. 请以个人账号或机构账号登录"中国知网"数据库，检索题名为《父母手机冷落行为对大学生智能手机成瘾的影响》的专业期刊论文，下载并阅读。记录操作步骤。

2. 请以个人账号或机构账号登录"万方"数据库，检索关键词为"大学生"的专业期刊论文，下载并阅读。记录操作步骤。

3. 请以个人账号或机构账号登录"维普"数据库，检索作者为"张国忠"的作品，寻找张国忠的专业期刊论文，下载并阅读。记录操作步骤。

5.3　学位论文检索 ···◎

📖 知网数据库

学位论文通常指"硕士论文"和"博士论文"。在"CNKI 中国知网"主页面上选择"学位论文"，在检索框中输入检索词，如输入"图书馆"，前面选择"主题"或"题名"，单击后面的"放大镜"搜索，即可检索出学位论文主题或题名中含有"图书馆"三个字的所有学位论文。

图 5.3.1　CNKI 中国知网主页面检索框

图 5.3.2 所示为检索主题为"图书馆"的学位论文，任选一篇，如选择第一篇《过程感知视域下学术新媒体用户信息偶遇行为研究》，作者陈为东。

单击打开第一篇学位论文，显示如图 5.3.3 所示信息页。下方有链接："手机阅读""整体下载""分页下载""分章下载""在线阅读"等。"在线阅读"，单击即刻通过浏览器阅读全文；"分章下载"即分章节下载，系统会提示你下载哪一章节；"分页下载"即分"页"下载，系统会提示你下载哪一页或哪几页；"整体下载"即系统不提示，下载全部论文内容；"手机阅读"即用手机扫码，用手机阅读论文全文。

图 5.3.2 检索主题与图书馆相关的学位论文

图 5.3.3 任选一篇论文打开的信息页面

若选择"整体下载",单击" 整本下载 "整本下载。电脑提示读者下载的目录,确定好下载的目录后,单击"下载",学位论文全文即可下载至本地的硬盘目录中。

图 5.3.4 下载目录提示页面

在下载的目录中查看刚下载的论文，选择双击便可打开全文。学位论文文字量都比较多，相当于一本图书，一般根据左侧的目录选择性阅读。

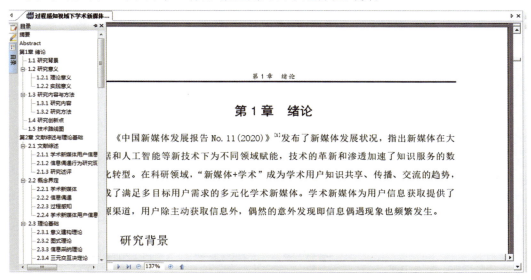

图 5.3.5　下载的论文全文打开页面

若选择"手机阅读"，单击后出现如图 5.3.6 所示页面，用手机微信扫描第一个二维码，即提示读者下载 CNKI 专用 App"全球学术快报"，按提示下载、安装。安装完成"全球学术快报"后，单击"全球学术快报"App 右上角"　"扫描图标，扫描第二个二维码，即可阅读论文全文。

图 5.3.6　手机阅读提示页面

（a）扫码提示安装"全球学术快报"　　（b）安装后打开的"全球学术快报"　　（c）用"全球学术快报"扫码阅读全文

图 5.3.7　手机阅读操作步骤

万方数据库

在万方数据主页选择"学位论文"并单击打开，如图 5.3.8 所示。

图 5.3.8　万方数据主页选择"学位论文"

在学位论文的"万方智搜"检索框内输入检索中心词，如输入"图书馆"，即检索与"图书馆"相关的学位论文。输入完成后，单击后面的"检索"。

图 5.3.9　在学位论文搜索页检索"图书馆"相关论文

图 5.3.10　检索出的与图书馆相关的学位论文

　　选择第一篇学位论文《高校图书馆馆员的职业认知影响因素研究》，单击下方的"下载"，保存至本地硬盘中，再在本地硬盘中打开刚下载的论文。学位论文打开后，左侧有目录，可单击目录不同章节，直接跳转到相应的章节内容阅读。学位论文文字量较大，内容丰富，可选择式阅读。

学　校　代　码 ___10---___
学号或申请号 201822044010---
密　　　级 _____

×　×　大　学

专业硕士学位论文

高校图书馆馆员的职业认知影响因素研究

作　者　姓　名：王××
导　师　姓　名：杨××　副研究馆员
专　业　学　位　名　称：图书情报硕士
培　养　院　系：信息管理学院
完　成　时　间：2020 年 5 月

图 5.3.11　学位论文全文内容打开页面

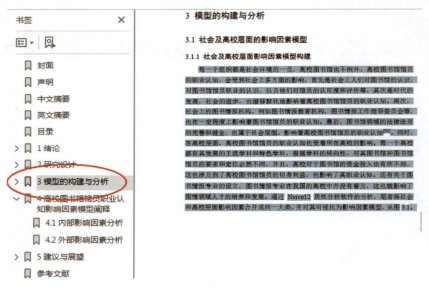

图 5.3.12　任选一章节全文阅读页面

📖 训练任务

1. 请以个人账号或机构账号登录"中国知网"数据库，检索题名中含有"大学生"的硕士学位论文，选择一篇下载并阅读。记录操作步骤。

2. 请以个人账号或机构账号登录"万方"数据库，检索关键词为"大学生"的硕士学位论文，选择一篇下载并阅读。记录操作步骤。

5.4 英文文献检索 ·····································◎

　　英文文献检索主要是检索以英文语言写成的论文或著作。首选应将拟检索的题名、关键词或其他信息译成英文，再以英文的词或语句输入检索框内进行检索。检索出的结果为英文文献。英语基础好的同学可直接阅读；英文基础差的同学，可以先下载后借助于翻译工具（如百度翻译）阅读。英文文献数据库有：EBSCO、ELSEVIER、中国知网等。现以 EBSCO、中国知网英文学术期刊论文检索为例说明。

📖 EBSCO 英文文献检索

　　EBSCO 是一家从事多元化产业经营的跨国公司，是世界上最大的提供期刊、文献订购及出版服务的专业公司之一。主要产业有文献信息产品和服务等。由 Elton B. Stephens 于 1944 年建立（公司名称即为 E.B.Stephens Company 的缩写）。EBSCO 总部位于美国亚拉巴马州伯明翰市。公司在 23 个国家设有办公室，服务于全球 200 个国家和地区的客户。主要服务对象是研究型大学、科学院所、政府部门、大型医疗机构以及公司等。

　　EBSCO，网址：http://search.ebscohost.com，是一个具有近 80 年历史的大型文献服务专业公司，从 1986 年开始出版电子出版物，共收集了 1 万余种索引、文摘型期刊，提供期刊、文献订购及出版等服务，在世界 19 个国家设有分部。开发了近 100 多个在线文献数据库，涉及自然科学、社会科学、人文和艺术等多种学术领域。

　　EBSCOhost 是美国 EBSCO 公司为数据库检索设计的系统，有近 60 个数据库，其中全文数据库 10 余个。EBSCOhost 主要数据库有：

Academic Search Premier	（学术期刊全文数据库）
Business Source Premier	（商业资源全文数据库）
Regional Business News	（地区商业新闻数据库）
Newspaper Sourse	（报纸资料数据库）
ERIC	（教育资源信息数据库）
MEDLINE	（医学信息数据库）
Library, Information Science & Technology Abstracts	
	（图书馆，信息科学与技术摘要数据库）
GreenFILE	（环境数据库）
Teacher Reference Center	（教师参考数据库）

其中两个主要全文数据库是：Academic Search Premier 和 Business Source Premier

Academic Search Premier：学术期刊集成全文数据库

总收录期刊 7 699 种，其中提供全文的期刊有 3 971 种，内容主要涉及工商、经济、信息技术、人文科学、社会科学、通信传播、教育、艺术、文学、医药、通用科学等多个领域。

Business Source Premier：商业资源电子文献全文数据库

总收录期刊 4 432 种，其中提供全文的期刊有 3 606 种。涉及的主题范围有国际商务、经济学、经济管理、金融、会计、劳动人事、银行等。

进入 EBSCOhost 主页前需要登录。填好账号（User ID）和密码 (Password) 后单击下方的登录（Sign in）；或以机构账号登录（Institutional Login），如图 5.4.1 所示。

User ID

Password

Forgot your MyEBSCO password?

Sign In

Institutional Login

图 5.4.1　EBSCOhost 登录页面

登录完成之后，进行"选择资源"平台页面。有两大平台选择：① EBSCO 综合学科检索平台；②业务搜索界面，如图 5.4.2 所示。

图 5.4.2　选择资源页面

【EBSCO 综合学科检索平台】

单击进入"EBSCO 综合学科检索平台"，该检索平台默认数据库是"Academic Search Premier"，以学术期刊资源为主。进入主检索页面，首先进行"选择数据库"操作。单击上方的"选择数据库"，进行勾选数据库页面，如图 5.4.3 所示。

图 5.4.3 EBSCO 综合学科检索平台主检索框

选择勾选部分数据库或全部数据库，然后单击左上方的"确定"返回到主检索页面，如图 5.4.4 所示。

图 5.4.4 勾选数据库页面

在进行检索之前，滚动下方查看检索条件和各数据库的检索限制条件并设置，如图 5.4.5—图 5.4.16 所示。

图 5.4.5 "检索模式和扩展条件"设置

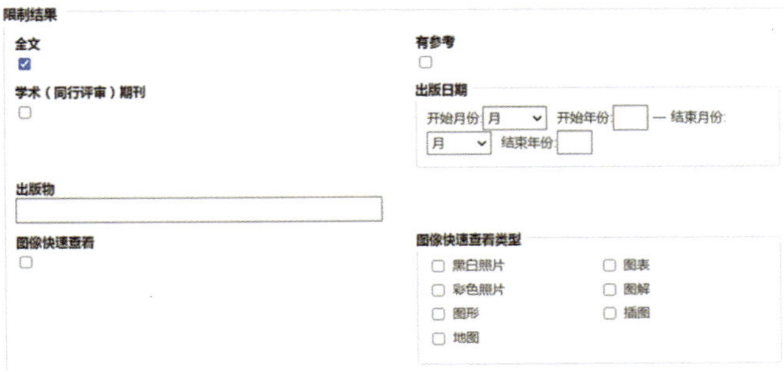

图 5.4.6 "限制结果"设置

图 5.4.7　"特殊限制条件用于 Academic Search Premier" 设置

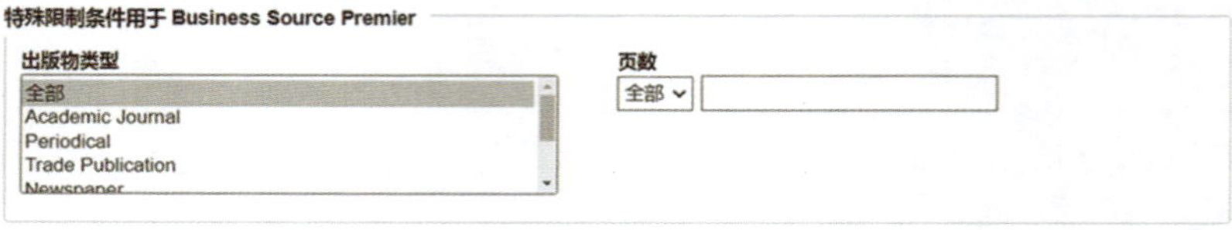

图 5.4.8　"特殊限制条件用于 Business Source Premier" 设置

图 5.4.9　"特殊限制条件用于 ERIC" 设置

图 5.4.10　"特殊限制条件用于 MEDLINE" 设置

图 5.4.11　"特殊限制条件用于 Newspaper Source" 设置

图 5.4.12　"特殊限制条件用于 Library, Information Science & Technology Abstracts" 设置

特殊限制条件用于 GreenFILE

出版物类型
全部
Academic Journal
Book/Monograph
Essay
Industry Profile

页数
全部 ▽

图 5.4.13　"特殊限制条件用于 GreenFILE"设置

特殊限制条件用于 Teacher Reference Center

页数
全部 ▽

图 5.4.14　"特殊限制条件用于 Teacher Reference Center"设置

特殊限制条件用于 eBook Collection (EBSCOhost)

可下载
☐

标题

作者

ISBN

图 5.4.15　"特殊限制条件用于 eBook Collection（EBSCOhost）"设置

特殊限制条件用于 EBSCO eClassics Collection (EBSCOhost)

可下载
☐

标题

作者

ISBN

图 5.4.16　"特殊限制条件用于 EBSCO eClassics Collection（EBSCOhost）"设置

　　条件设置完成后，在检索框中输入英文检索词，如"library services"，单击后面的"检索"，检索出与"library services"相关的论文。在论文信息的下面，有"🅿️PDF全文"PDF 格式全文，单击便可打开全文并下载，如图 5.4.17 所示。

图 5.4.17　检索与检索词相关的论文页面

单击"🅰PDF全文",打开全文,再单击右上角的"⬇"向下箭头下载全文,如图 5.4.18 所示。

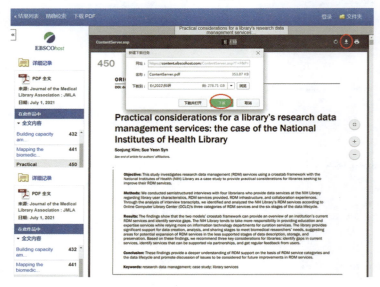

图 5.4.18　论文阅览及下载页面

也可将论文中需要的部分内容直接用鼠标拖拽,变成阴影部分,然后单击鼠标右键进行"复制",再"粘贴"到所需要的文档中,如图 5.4.19 所示。

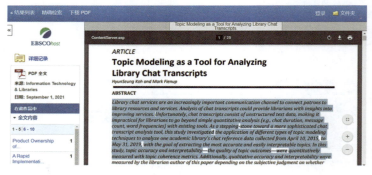

图 5.4.19　直接复制粘贴页面

【业务搜索界面】

"业务搜索界面"默认数据库是"Business Source Premier",以商业资源为主,如图 5.4.20 所示。

图 5.4.20　业务搜索界面主检索框

首先"选择数据库"，单击上方的"选择数据库"，勾选"全选"或勾选其他数据库，然后单击左上角"确定"，返回主检索页面，如图 5.4.21 所示。

图 5.4.21　勾选数据库页面

在进行检索之前，滚动向下查看检索条件和各数据库的检索限制条件并设置，如图 5.4.22、图 5.4.23 所示。

图 5.4.22　"检索模式和扩展器"设置

图 5.4.23　"限制你的结果"设置

条件设置完成后，在检索框中输入英文检索词，如"library services"，单击后面的"Search"（检索），则可检索出与"library services"相关的论文。在论文信息的下面，有"　HTML Full Text"HTML 格式全文和"　PDF Full Text"PDF 格式全文，分别单击便可打开全文并下载，如图 5.4.24 所示。

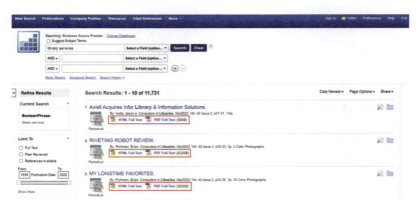

图 5.4.24　检索与输入词相关的论文页面

　　打开"HTML 格式全文"，可以直接在浏览器下阅读全文，如图 5.4.25 所示。可以直接将需要的文字段落用鼠标拖拽成阴影后，进行"复制"内容，再"粘贴"到所需文档当中。分别单击右侧的选项"Print"打印，"E-mail"邮件，"Save"保存等，则可实现论文打印、论文发送到电子邮箱中、论文保存到电脑中等功能。

图 5.4.25　HTML 格式文件阅读

　　单击"PDF 格式全文"，即可直接打开全文。单击右上角的"📥"向下箭头，将论文下载保存到本地硬盘中，如图 5.4.26 所示。

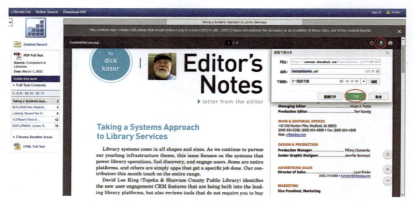

图 5.4.26　PDF 格式文件阅读及下载

检索相关词汇英汉对照见表 5.4.1。

表 5.4.1　相关词汇英汉对照

英文	汉语	英文	汉语
Basic Search	基本检索	Advanced Search	高级检索
Keyword	关键词	Subjects Terms	主题词
Publications	出版物	Indexes	索引词表
Images	图像	Cited References	引文
TX-All Text	所有字段	AU-Author	作者
TI-Title	题名	SU-Subject	主题词
AB-Abstract	文摘	KW-Keyword	关键词
IS-ISSN	ISSN 号	SO-Journal Name	期刊名
AN-Access Number	记录号	Full Text	全文
Reference Available	有参考文献	Scholarly Journals	学术期刊
Publication Date	出版日期	Publication Type	出版类型
Number of Pages	页码	Articles with Images	文章中有图

注意：要查看 PDF 格式全文需安装 Adobe Acrobat Reader 浏览器或以 Microsoft Office Word 打开。

📖 CNKI 中国知网英文文献检索

进入 CNKI 中国知网网站，在主页检索框中输入英文，如输入"Library"。在左边的总库中选择"外文"，单击后面的检索放大镜"🔍"，即可检索出相关的英文文献，如图 5.4.27 所示。

图 5.4.27　中国知网的英文文献检索页面

任选一篇文章,单击打开,进入该文章的信息页,单击"全部来源",如图 5.4.28 所示。

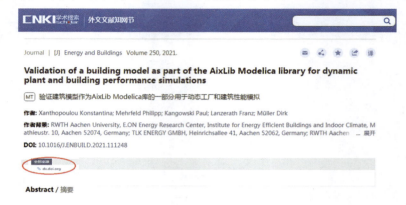

图 5.4.28　打开任一文章的信息页面

单击"全部来源",进入下面的页面。若有"个人账号"或"机构账号"则可直接下载打开原文。或没有个人账号或机构账号,可根据前几节的课程"注册"个人账号,成为会员后方可打开原文,如图 5.4.29 所示。

图 5.4.29　下载原文页面

电子资源数据库一般都有"原文链接"和"PDF 原文"下载。检索后,先阅读"标题"和"内容介绍",当内容符合要求,才需要下载原文阅读,并需要复制相关内容参考,且找到相关出处进行参考文献标注等。

📖 训练任务

1. 请以个人账号或机构账号登录"EBSCO"数据库,检索题名中含有"Library"的专业期刊论文,选择一篇下载阅读并翻译,记录操作步骤。

2. 请以个人账号或机构账号登录"知网"数据库,选择"外文"库,检索关键词为"University"的专业期刊论文,选择一篇下载阅读并翻译,记录操作步骤。

5.5 专业资源检索 ·····································◎

📖 CIDP 制造业数据资源平台

CIDP 制造业数字资源平台，网址：http://www.digitalmechanical.com.cn（图 5.5.1）。CIDP 制造业数字资源平台以我国机械工程、航空航天、电气工程、汽车与机床等制造业在长期设计制造过程中形成的海量信息资源为对象，利用数据检索与关联技术对资源进行整合，为制造类企业和用户提供优质丰富的专业数字资源，是理工科及制造类专业很好的文献检索工具。该数据库可以广泛应用于专业知识查询、论文写作、课程设计、毕业设计以及工程指导相关领域的学习研究。目前包含以下六大专业模块：知识单元、三维模型、工程教学资源、多媒体资源、设计计算程序、电子图书。

进入 CIDP 制造业数字资源平台后，单击"注册"，注册个人账号，注册后以个人账号登录。登录后便可检索、查看关于制造业方面的数据、信息及视频。

图 5.5.1 CIDP 制造业数字资源平台主页面

图 5.5.2　知识单元相关内容

图 5.5.3　检索与"汽车"相关的内容

图 5.5.4　选择任一内容"在线阅读"或"下载"

在没有成为"机构用户"时，"在线阅读"和"下载"需要"注册"成为会员，方可阅读和下载。

📖 51CTO 学堂

51CTO 学堂，网址：https://edu.51cto.com（图 5.5.5）。51CTO 学堂聘请网络安全、服务器、Android、iOS、开发技术、云计算、大数据、HTML5、SQLServer、Oracle、数据库等各 IT 领域具有丰富实战经验的行业专家，设计包括思科认证、软考、Linux 认证、微软认证、H3C 认证等各类精品 IT 课程体系，打造顶尖 IT 培训讲师、网络技术精品培训课程、培训自测题三位一体的网络教育特色，是国内最完善、最专业的 IT 在线教育平台。学员可免费在线观看，下载培训课件，并与培训讲师互动交流，参加课程评测。

以手机扫描二维码登录，可成为免费试用 7 天的会员。

图 5.5.5　51CTO 学堂主页面

选择"视频课程"→"人工智能"→"深入学习"→"人工智能——数学基础视频课程",则可观看相关"视频"。若不是"机构用户",则可"注册"个人用户或单项购买观看(图5.5.6)。若是"机构用户",则可在"单位"注册个人账号,该账号则可在单位外登录访问。

图 5.5.6　视频观看页面

📖 国研网

国研网,网址:http://www.drcnet.com.cn/www/int(图 5.5.7)。国研网由国务院发展研究中心主管、国务院发展研究中心信息中心主办、北京国研网信息有限公司承办,是中国著名的专业性经济信息服务平台。国研网建成了内容丰富、检索便捷、功能齐全的大型经济信息数据库集群,即《国研报告》《宏观经济》《金融中国》《行业经济》《世界经济与金融评论》《国研财经》《区域经济》《企业胜经》《高校管理决策参考》《基础教育》《对外贸易》等。

图 5.5.7　国研网主页面

在主页面的检索框中输入检索中心词，即可检索到相关的文献和信息，如输入"国家经济"，则可检索到与"国家经济"相关的文献和信息，如图 5.5.8 所示。

图 5.5.8　国研网综合检索窗口

检索到的相关文献和信息如图 5.5.9 所示。

图 5.5.9　检索的相关文献和信息

任选一条文献标题打开，即可进入文献"内容摘要""关键词"等文前信息展示页面。若要打开原文，可单击右下角的"阅读全文"，如图 5.5.10 所示。

图 5.5.10　任选一篇文献打开页面

EPS 数据库

EPS（Economy Prediction System），网址：https://www.epsnet.com.cn/。EPS 是全球统计数据/分析平台（简称 EPS 数据）数据库是北京福卡斯特信息技术有限公司推出的数据服务平台，是集丰富的数值型数据资源和强大的分析预测系统为一体的覆盖多学科、面向多领域的综合性信息服务平台与数据分析平台。平台拥有 9 个研究系列，包含 93 个数据库，15 亿余条时间序列，数据总量超 80 亿条；并集成了数据处理、建模分析、可视化展现等强大系统功能，可为高等院校、科研院所、金融机构、政府部门、企事业单位的教学、科研、投资与决策提供强有力的数据支持。

EPS 数据平台包含多种数据库，如图 5.5.11 所示。

图 5.5.11　EPS 数据平台包含的数据库

EPS 数据平台主页面如图 5.5.12 所示。

图 5.5.12　EPS 数据平台主页面

EPS 数据平台功能区如图 5.5.13 所示。

图 5.5.13　EPS 数据平台功能区

　　进入 EPS 数据主页，中间有"热门导航"，单击"EPS 数据平台"，则进入"EPS数据登录"页面。若有"机构账号"，则可以"机构账号"登录。若没有"机构账号"，则可先注册"个人账号"，再以"个人账号"登录。输入个人账号，如手机号，然后"验证"。通过"验证码"验证后，单击"登录"。登录成功后，便可查询数据并统计、分析，如图 5.5.14 所示。

图 5.5.14　EPS 数据平台登录页面

　　登录后，显示图 5.5.15 所示页面，说明登录成功。在检索框中输入拟检索中心词，如输入"高等学校"，单击后面的"检索"，则可进入相关数据库信息页面。

图 5.5.15　登录成功页面

单击左上角全部数据库分类"全部数据库分类 ▼"，在列举的数据库中选择拟检索数据库。如选择"中国教育数据库"，则显示检索步骤和数据库信息，如图5.5.16、图5.5.17所示。

图 5.5.16　选择相关数据库

图 5.5.17　显示检索步骤及数据库信息

数据库中的信息很多，如何确定某一数据信息呢？可通过"行维度"指标和"列维度"指标来定位。选择"行维度"指标，若有默认指标则单击"重置"，再选择你想选择的指标。如选择"行维度"指标为"普通高等学校数（所）"和"普通本、专科在校生数（人）"。在选择的指标前打"√"，然后单击右下角的"确定"，如图5.5.18所示。

　　再选择"列维度"指标，如选择列维度为"时间"，选择近5年内的有效时间为"列维度"（有些年份数据处于锁定状态不能统计）。在年份时间前打"√"，然后单击右下角的"确定"。行维度和列维度都选择完成后，单击左下方的"查询"，如图5.5.19所示。

图 5.5.18　选择"行维度"指标

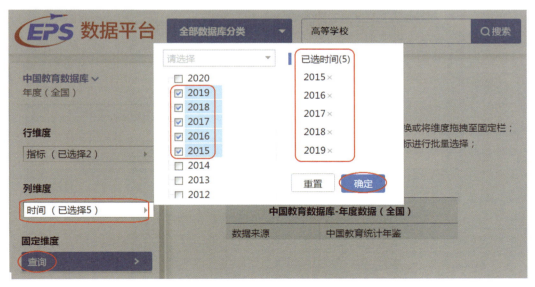

图 5.5.19　选择"列维度"指标

　　查询的结果将以数字列表和基本图表的形式展示。如在基本图表的类型中分别

单击"柱状图""条形图""饼图"，则分别显示不同图表，如图 5.5.20——图 5.5.22
所示。

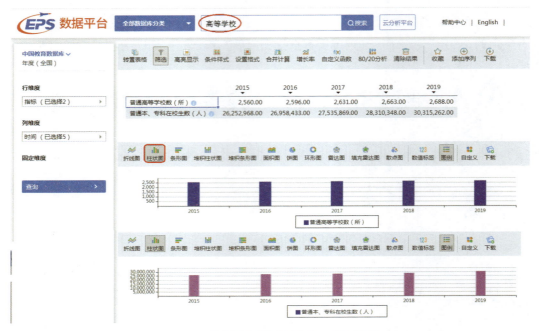

图 5.5.20 数字列表和基本图表展示（柱状图）

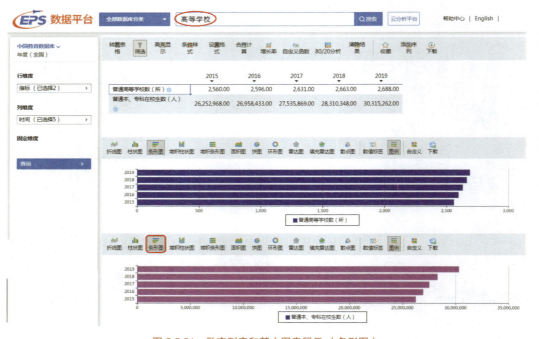

图 5.5.21 数字列表和基本图表展示（条形图）

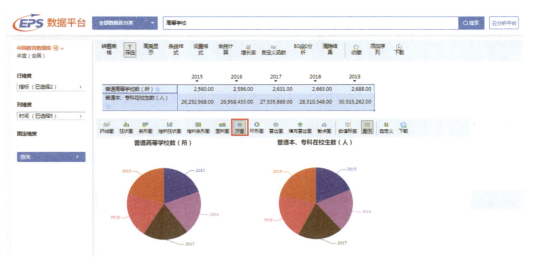

图 5.5.22　数字列表和基本图表展示（饼图）

统计显示出的基本图表可保存或复制。用鼠标右键点击图片，则显示"另存为"和"复制"，可保存或复制图片以备使用，如图 5.5.23 所示。

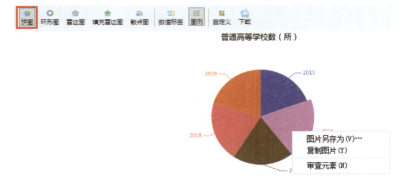

图 5.5.23　保存和复制图表图片

在 EPS 统计分析页面上方，有一排拓展功能菜单显示，如"转置表格""筛选""条件样式""合并计算""增长率"等。如读者单击"增长率"，在出现的小窗口中，在"选择变量"选项勾选"全选"；选择"方法"勾选"同比增长率"，然后单击下方的"应用"，如图 5.5.24 所示。

图 5.5.24　拓展功能"增长率"的统计分析

"增长率"应用后，则统计分析数据和基本图表将显示出来。若显示某一项数据的图表，如显示"普通高等学校数"，则用鼠标单击本行即可，如图 5.5.25 所示。

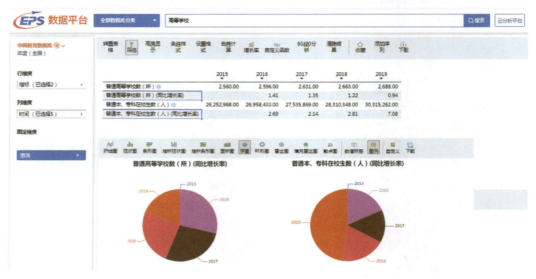

图 5.5.25　"同比增长率"的数字列表和基本图表展示

📖 训练任务

1. 请进入"CIDP制造业数据资源平台"，注册并登录个人账号，在搜索框内输入"定位零件"并搜索，找到"参照零件的定位与布局"（更新日期：2020-01-12），单击打开，并"在线阅读"。记录操作步骤。

2. 请进入"51CTO 学堂"，以手机扫描二维码登录，单击"视频课"，在搜索框中输入"Python"，寻找《Python 热门技术实战》课程。单击试听、试学。记录操作步骤。

3. 请进入"EPS 数据库"，"注册"账号并"登录"，通过"中国教育数据库"，选择"行维度"指标为"普通本、专科在校生数（人）"，选择"列维度"指标为"时间"，选择近 5 年内的有效时间段（有些年份数据处于锁定状态的除去），然后将查询的结果以数字列表和基本图表的形式展示。基本图表分别以"柱状图""条形图""饼图"显示。记录操作步骤。

第六章

构思与写作

6.1 综合文书写作训练 ⬤

📖 报告

【功能】

"报告"即"上报""告知"的意思。报告包括汇报工作、反映情况、提出意见或建议、答复上级机关询问等。政府的报告只有三项用途，即汇报工作、反映情况、答复上级机关询问，而没有"提出意见或建议"这个功能。

报告使用范围很广。按照上级部署或工作计划，每完成一项任务，一般都要向上级写报告，反映工作中的基本情况、工作中取得的经验教训、存在的问题以及今后工作设想等，以取得上级领导部门的指导。

【特点】

（一）行文的单向性

报告是下级机关、单位对上级机关、单位汇报工作，反映情况，提出意见或建议，答复上级机关询问的单向行文。

（二）内容的广泛性

报告的内容广泛，一般不受限制。可以是一文一事，也可以一文数事。

（三）写法的灵活性

报告种类较多，一般篇幅较长，结构安排不拘一格，怎样行文视具体内容和行文目的而定。报告行文以陈述为主，所反映的内容、涉及的工作，可以是正在进行中或已经完结的事项，根据实际情况，灵活掌握。

【种类】

（一）工作性报告

用于向上级汇报工作进程，反映工作问题，总结工作经验和教训等，主要分综合工作报告和专题工作报告两种。

（二）情况性报告

用于向上级反映情况，特别是重大情况、特殊情况、新情况等。起下情上达的作用。

（三）答复性报告

用于答复上级机关的询问等。这类报告具有很强的针对性，上级问什么就答复什么，不能答非所问。

【写法】

报告一般由标题、主送机关、正文、落款组成。

（一）标题

报告一般采用完全式标题。如《××省人民政府关于××市第四棉纺厂特大火灾事故检查处理情况的报告》；有时可以省略发文机关，如《关于抢险抗灾工作及灾后重建安排的报告》。

（二）主送机关

主送机关应为负责受理报告的上级机关。如受双重领导，还需呈送其他机关，应采用抄送的形式。

（三）正文

（1）缘由

以简要概括的语言，说明报告的原因、依据和目的。要开门见山，直陈其事。而后用"现将有关情况报告如下"之类承启语，转入报告主体。

（2）事实和问题

本部分为报告的核心、主体。根据报告的不同类型，内容侧重有所不同。工作报告要重点写明工作进展情况，采取的措施及取得的成效，存在的问题不足，对今后工作的建议；情况报告写明事情发生的基本情况，对事情做出准确分析、评价，说明处理结果或提出处理意见等。

（3）建议和反思

报告的结尾部分常见有两种形式：一种是根据报告的事实或问题，提出几点建议或反思，供领导参考；另一种是用固定的结尾用语。如"特此报告""专此报告""请审阅""请查阅"等作结束语。

（四）落款

写上发文单位名称、成文日期并加盖公章。

【写作要求】

（一）主题明确，思路清晰

写报告应明了"为什么要写报告""报告什么内容"，在充分了解情况和占有材料以后，根据需要，以观点与材料相统一的原则，精心构思，编排布局，真实反映。

（二）重点突出，文字简练

报告全篇要突出重点，每一部分都要围绕全篇中心去组织、去说明。全篇的重点就是要向上级报告重点工作或重点事项，而各部分的重点则是围绕说明重点工作或重点事项从而需要引起上级行政机关、单位注意的关键之处。在文字表述上要力求简练，不讲空话、套话。

（三）语言得体，材料真实

报告所反映的工作情况或事件要实事求是，真实有效，克服报喜不报忧、宣扬成绩、粉饰太平的不良现象；要在深入调查研究的基础上，提出符合实际的鲜明观点，并提供有说服力的证据材料。

【例文】

工作性报告

关于抢险抗灾工作及灾后重建安排的报告

市委、市政府：

今年1月，我市发生了有史以来罕见的暴风雪灾害，受灾面积及危害程序达到了近50年一遇的程度。现将雨雪冰冻灾情、抢险抗灾工作进展情况以及下一阶段工作安排报告如下。

一、我市经历了一场历史罕见的低温雨雪冰冻灾害

（一）电力设施严重损毁。（略）

（二）交通运输一度严重受阻。（略）

（三）电煤供应告急。（略）

（四）农业生产遭受重大损失。（略）

（五）灾区工业企业大面积停产。（略）

（六）灾区群众生活受到严重影响。（略）

［事实和现状］

二、抗灾救灾斗争取得重大的阶段性胜利

（一）在"保交通"方面，抢通道路攻坚战取得决定性胜利，全市交通运输恢复正常。（略）

（二）在"保供电"方面，抢修电网和抢运电煤攻坚战取得重大进展。（略）

（三）在"保民生"方面，受灾群众生活得到及时安置，灾区市场基本稳定。（略）

（四）在"三保"工作中，人民解放军、武警部队和广大公安民警做出了重

大贡献。（略）

　　［联系实际的想法和做法］

　　三、全力做好下一阶段的恢复重建工作

　　（一）抓紧修复基础设施。（略）

　　（二）尽快恢复农业生产。（略）

　　（三）加强煤电油运保障。（略）

　　（四）妥善安排受灾群众生活。（略）

　　在此基础上，各区、县，各部门要认真反思这次持续低温雨雪冰冻灾害暴露出来的矛盾和问题，总结抢险抗灾的经验教训，不断提高突发事件的应急处置能力。

　　［警悟和措施］

××市煤电运输和抢险抗灾应急指挥中心（印章）

××××年×月×日

情况性报告

关于××棉纺厂重大火灾事故检查处理情况的报告

省委、省政府：

　　××××年×月×日，我市××棉纺厂加工车间发生一起重大火灾事故，造成了重大人员伤亡和经济损失。

　　火灾发生后，虽调集了本市和邻市部分地区的消防人员和车辆参加灭火，保住了主要的生产厂房、设备，抢救出部分物资、设备，但由于风大、垛密、火力过大、缺乏消防水源，致使火灾蔓延，给国家和人民造成了巨大损失。

　　事件发生后，市委市政府立即采取紧急措施，派有关部门负责人赶赴现场，协同处理这一事故，做好善后工作。经过上下通力合作，该厂于×月×日正式恢复生产。

　　［事实和现状：时间、地点、事件、损失等情况；事故发生后、如何处置、现情况如何等］

　　市委、市政府随即派调查组进行事故调查，认定这次事故为一起重大责任事故。其直接原因是该厂职工邓××违反劳动纪律，擅自操作倒顺开关，放出电火花引燃落地棉。但这次火灾的发生，厂领导负有重大责任。一是长期以来，厂领导无人过问安全工作，从去年一年时间来看，该厂有记录的火情就有十三次，并因仓储安全搞得不好，消防组织不健全，消防设施失灵等，多次受到通报批评。厂长王××缺乏事业心和责任感，对火险隐患听之任之，对上级部门的批评置若罔闻，直至得知火灾发生的消息，也没有及时赶到现场组织抢救。因此，王××对这次火灾事故应负主要责任。分管安全生产工作的副厂长姜××，工作不负责任，该厂发生的多次火情，从未研究、采取措施,对造成这次事故负有重大责任。二是该厂在管理上、物料堆放上、消防设施配备上都没有按照消防规定要求实施。三是该厂组织机构不健全,责任分工不清楚,班子涣散,管理混乱。四是上级主管部门安全重视不够,在经济体制改革的新形势下,对安全生产工作中出现的新情况、新问题认识不足,抓得不力。

[联系实际:近几年的实际情况、管理情况;现情况:事故调查、原因、责任认定等]

为了认真吸取这次特大事故带来的沉痛教训,我们采取了以下措施:

(一)认真学习,提高认识。我们认真组织学习了国务院关于搞好安全生产的有关规定,提高对新形势下搞好安全生产工作的认识。市政府近期也下发了《关于加强安全生产工作的紧急通知》,要求各部门、企事业单位认真学习有关安全工作的规定,牢固树立"安全第一、预防为主"的思想,迅速制订安全措施,建立健全安全生产、安全管理、安全检查等各项制度。此事故已通报全市。

(二)在全市范围开展安全生产大检查。通过检查及时消除安全隐患。从本月开始,由市政府领导负责,组成四个检查组,分别到有关地区、重点企业,包括矿山、交通、棉储、化工、食品卫生等行业进行全面安全排查。

(三)核实案情、追究责任。对××棉纺厂此次重大事故,市政府责成有关部门核实案情,申请立案调查,抓紧做好善后工作,整顿领导班子,对肇事者和责任者追究刑事责任。

我们一定要在现有人力、物力、技术条件下,尽最大努力做好安全工作,防止此类事故再次发生。

[警悟和措施:提出的警示、反思和认识及进一步治理措施、办法、决心等]

以上报告,如有不当,请指正。

××市人民政府(印章)

××××年×月×日

答复性报告

关于大学生技能竞赛复赛结果有关情况的报告

市主管部门:

[事实和现状:时间、地点、赛事、赛事组织情况;评奖程序、评奖结果等]

略。

[联系实际:联系实际情况、近几年类似的比赛情况,说明此次比赛结果调整的依据和原因,最后名次的确定等]

略。

［思考和措施：提出全面思考及最终结果的确定，采取的办法、措施，实际效果及反映，今后吸取的经验和教训等］

略。

大学生竞赛组委会

××××年×月×日

无论是"工作性报告""情况性报告"，还是"答复性报告"，其写作方法都基本相同，正文通常包括三部分：事实和现状，联系实际执行情况，思考、反思和措施。

📖 汇报

【功能】

"汇报"即"汇总""通报"的意思。汇报既包括下级机关向上级机关、部门向领导机关、分支机构向总部、个人向单位汇报工作时所撰写的报告（写作方法同"报告"），还包括同级间、领导向群众、群众之间的交流汇报、工作汇报、思想汇报、经验汇报、学术汇报等。汇报属于日常事务文书，写作格式、语言要求也比较宽松，属灵活性文书，在公务活动中使用频率很高。

【特点】

针对性

向谁汇报，汇报什么，避免不相干或风马牛不相及的汇报。

真实性

汇报的根本价值在于它的真实性。汇报必须尊重客观事实，以大量的具体、可靠、可检验的实际材料为基础，反映真实的现实情况。

新颖性

汇报是报告新近发生的事情，要体现工作的创新性和实践性；汇报的事实要新，观点、思路要新。

条理性

汇报要有条理性，内容合乎逻辑，概念准确，判断准确与科学。

朴实性

一是指内容的真实与朴实，有话则长，无话则短；二是指语言的朴实性，避免华而不实语言，好看好听而不切合实际的语言不要用。

灵活性

一是指内容的灵活性，可多写也可少写。二是指形式的灵活性，可详可略，甚至可以有附件、参考资料等，篇幅、格式都没有固定要求。三是指写作样式的灵活性，可以用正式公文写作上报，也可以用简报形式写作发给相关部门。

时效性

汇报对时限的要求特别严格。在一定意义上说，时间就是汇报的质量。再好的汇报，如错过了汇报时间就成了"马后炮"。

【结构】

汇报一般由标题、署名、成文时间、摘要、称谓、正文等部分组成。

【写法】

（一）标题写法

一是公文标题。即由"汇报事由＋文种"构成 。如《关于税收工作情况的汇报》，《关于〈防疫安全措施〉实施情况的汇报》等。二是非公文式标题。可由正标题和副标题两部分组成。正标题一般是同汇报内容有关的一句话，如《落实全会精神，加强制度建设》《加强自我修养，提高政治觉悟》等。副标题一般是标明汇报的内容、范围、文种等。如"关于部门制度建设情况的汇报""关于下基层工作情况的汇报""关于部门科研创新工作情况的汇报》等。三是简约式标题。如《"双评"工作情况汇报》《"双高"建设情况汇报》《"三严三实"作风建设工作汇报》等。

（二）署名和成文时间

署名多在标题下方，另起一行居中排列，署名单位或个人的规范名称。成文时间一般以作者定稿的时间为准，标示于署名下方居中的位置。

（三）摘要

摘要也称内容提要。篇幅长的汇报，尤其是5 000字以上的汇报，应当写出500字左右的摘要，以方便汇报对象的阅读和处理。摘要是对汇报内容简明扼要的陈述。一般位于正文之前、署名和成文时间之后。

（四）称谓

称谓指汇报的主送单位或个人。如果主送是单位，则书面报送一般只写单位。如果到单位面对面口头汇报，则应考虑实际听取汇报的人员情况，即哪些人听取汇报就写哪些人。

（五）正文

正文一般有缘由事实，实际问题及处理结果，思路、思考和打算等几部分。

汇报指综合材料向上级报告，也指综合材料向群众汇报。向上级机关报告工作、反映情况、提出意见或者建议，答复上级机关的询问时使用的即公文报告。汇集材料向群众报告、向群众所做的口头或书面陈述即汇报交流。报告的内容可以是专题性的，也可以是综合性的；而汇报的内容必须是综合性的，以综述经验、动态、情况为主。报告一般用第一人称，即"我向你"报告；而汇报可以用第一人称，也可以用第三人称。

【例文】

关于农科院改革发展有关情况的汇报

×××农业科学院

（××××年×月×日）

一、公司基本情况

×××农业科学院始建于××××年，经过××年的建设和发展，已经成为全省规模最大、在全国有重要影响的省级农科院，具有国家农业工程设计咨询甲级资质。全院直属××个研究所（分院），建有国家级优质改良中心××个，拥有××个博士后工作站，××个农业部农业高新技术产品交易市场，××个省部级重点实验室；有职工××××人，其中，高级职称科研人员××人，具有博士学位××人，硕士学位××人，省级学科带头人××人，享受国务院和省政府特殊津贴××人。

二、近几年工作情况

××省农科院新党组于××××年×月成立以来，组织带领全院广大科研人员，改革创新、求实发展、锐意进取、扎实推进，各项工作实现了跨越式发展。英国皇家农业大学等国外科研单位和大学、各省农科院纷纷来院里参观考察，全国省级农科院院长工作会议和思想政治工作会议先后在我院召开。三十多家知名媒体相继多次报道了我们取得的工作成效。

（一）找准位置，明确目标

我们把发展目标定位在建设国际上有影响、国内领先、在全省农业科技进步中发挥龙头作用的一流农科院上，把全院工作重心放在建设农业科技强省、为"三农"服务上。这个定位，得到了省领导的高度重视。省委于××××年×月×日在我院召开现场办公会议，明确提出了"开放办院，开放办园"的方针，解决了我院建设和发展中的一系列重大问题。

（二）开放办院，开放办园

一是向国际开放。与美国、英国、法国、俄罗斯、日本、韩国等××个国家的大学和科研院所建立了广泛且长远的技术合作关系。二是向国内开放。先后多次赴发达省份农科院学习考察，进一步丰富办院思想，明晰办院思路，与山东、浙江、江苏、上海等多个省市的农科院建立了友好合作关系。三是向农民开放。通过加强国家级农业科技园区建设、举办××农业科技博览会、在十弱县建立农业科技园区和农业科技专家大院等举措，把农业科技全面向农民开放，加速了农业科技成果的转化，深受广大农民的欢迎。

（三）科技创新，提升层次

我们把科技创新作为立院之本。紧紧抓住全省农业发展的基础性、前瞻性、关键性课题，在全国率先启动了农业科技创新工程，投入××亿元，重点构建农业创新体系，新增各类仪器设备××台件，总体上达到了国内先进、部分达到国际先进水平，自主创新能力明显增强。

（四）帮扶十弱县，挺进主战场

省委于××××年×月在我院召开现场办公会议，作出省农科院科技帮扶十弱县的重大部署。我们举全院之力，不断创新科技帮扶形式，动真情，出实招，办实事，对弱县的科技帮扶工作取得了"农业标准化水平""农民科技素质""粮食产量""农民收入"四个提高的显著成效。农业部对我院科技帮扶十弱县工作给予了充分肯定，将我们的做法形象地概括为"院＋县致富奔小康模式"。新华社还连续专题报道了我院科技帮扶十弱县和向十弱县选派科技干部工作的情况。我院在全国科技管理年会上介绍了改革发展和帮扶十弱县的经验，并被评为我省全国文化科技卫生"三下乡"先进集体。

（五）创新推进机制，注入发展活力

创新人才培养机制建立院青年课题基金，大力培养学科后备带头人，与农大、林大、师范大学等院校联办博士和硕士点，全额资助科研人员进修学习，先后有××人成长为省级学科带头人，××人获得了博士学位。创新人才选拔机制。有××名科研人员通过竞争上岗走上了处级领导岗位。创新人才流动机制。本着"不求为我所有，但求为我所用"的市场化用人理念，设立了××个博士后工作分站，从全国吸引××名博士后加盟博士后工作站。……我院的人才工作得到了上级部门的认可和肯定。

（六）积极推进科技成果产业化

略。

［事实和现状］

三、今后工作思路

我们将以强化人才队伍建设为根本，以提升自主创新能力为核心，以构建成果转化平台为载体，以服务社会主义新农村建设、增加农民收入为宗旨，以加强基础设施建设和党的建设为保障，改革创新、求实发展、锐意进取、扎实工作，力争把我院建设成为在国际上有影响、在国内领先、在全省发挥农业科技龙头带动作用的创新型一流农科院。

（一）完善科技创新体系，提高自主创新能力

一是高度重视原始创新，培育一批对全省农民增收具有关键作用的突破性品种。二是大力推进集成创新，努力在先进种养技术集成配套方面取得新的突破。三是努力加强引进消化吸收再创新，重点在对俄罗斯农业科技合作上实现突破。

（二）建设创新型队伍，靠人才强院

以培养使用现有人才为主，千方百计从国内乃至国际引进在学术思想上有建树、在研究领域内有重大创新、在全国同行中获得认可的拔尖人才。……

（三）进一步推进科技成果产业化，努力打造产业龙头

采取商业化育种、科研开发一体化、联合开发和成果转让等多种有效形式，推进科技产业提档升级，增强创收能力。……

（四）全力服务"三农"，为社会主义新农村建设提供科技支撑

一是全力做好帮扶十弱县工作。……二是高标准启动新增加××个县的科技帮扶工作。……三是大力创新科技入户形式。编辑出版《农业科技图谱丛书》，用"一本书、一幅图、一张表、一份报"的通俗易懂的科普方式传授技术，培训农民，提高科学种田的水平。

［联系国内国际实际，思考和举措］

总结

【功能】

"总结"即"总括"和"结论"之意，即总结概括所做的工作，分析获得结论（包括：经验，认识，利弊分析），以促进今后工作。

【写作方式】

（一）以时间为顺序写；（二）以归类事件来写；（三）结合时间与事件来写。

【写作内容】

（一）工作总括；（二）得出结论。要想总结写得好，一要工作做得好，二要深刻认识好。

【结构】

［事实和现状］

（一）概括情况。

［联系实际进行分析］

（二）分析原因，总结经验：成功和失败的原因，成功经验和失败教训等。

［思考和举措］

思考：成绩—弘扬和倡议；不足—警示和教育。

举措：未来打算，建议和措施等。

总结体现在"总"和"结"上，从总体把握，归纳凝练，提高认识，把握未来。总结的关键在于"凝练"—"思考"—"提高"。

如《地区发展建设总结》凝练的内容如下：

富民为先，加快发展

亲民为本，淳化政风

安民为重，公平公正

智民为要，尚文重教

益民为归，共生共融

《安全工作总结》凝练的内容如下：

领导重视，措施有力

制度保证，措施到位

齐抓共管，群防群治

加强教育，促进自护

加强检查，及时整改

【写作重点】

（一）工作情况：面、量、质。

（二）联系实际，分析和思考：对与错，避与进。要有感触、感想、思考、认识。

（三）反思与改进措施（高度、方向、前瞻性、进步意义）。

【写作亮点】

总结要有高度：由实践形成认知，形成指导性方法、理论，形成经验供学习和借鉴，别人都向你学习（好的成果）。总结来源于实际，有物、有事、有量，以事实为依据，用事实说话，好事凝练规律，坏事凝练教训。

【注意事项】

抓重点，写特色，论实据，讲语言。

【例文】

大学生顶岗实习工作总结

初次迈出校园，来到公司顶岗实习已有三个多月，通过这段时间的学习，感慨颇多，觉得自己在很多方面还需要提高，以前在学校的时候认为自己什么事情、问题都能解决，但是在实际工作中却不是这样。不是我不想拿出劲来，有时候真的是有心无力。通过学习和领导谈话，使我认识到自己的不足，认识到自己的工作能力、交际能力和潜在能力必须提高。比如，在工作中，领导交代的工作很详细，自己当时好像什么都听明白了，但最终完成的工作总是不到位；向领导汇报工作，好像说得很细致、说得很多，但最终领导好像没听明白，还要反复问很多疑问；在关键事情和问题上，总觉得自己语言苍白，好像总是没有准确的词语可以表达清楚。在学校学的文词都到哪去了？不知道，真正体悟到了"书到用时方恨少"。

一、工作能力

在工作中，总有工作完成不及时、不到位，自我感觉良好，但就是达不到领导所期望的效果。为什么会这样呢？主要是工作能力问题。

首先，工作能力体现在理解力。凡事都有其原理、道理，从原理上理解是做好一切工作的基础。在工作中，要先明白今年或本月公司的工作项目和重点任务，单位和领导所期望的目标，自己负责的重点任务目标、完成时间，理解任务的重点、难点、需要自己开拓和解决的主要方面。根据这些制订计划，知道先完成什么，后完成什么，完成机理是什么。随之安排好时间，学习研究，认真完成，达到要求。

其次，工作能力体现在衔接性。每次工作完成后，要记录自己完成工作的程度和进度，当领导把工作返回，需进一步加强或有新接续的工作时，就能轻松自如地接续上、衔接好，达到提高速度的效果。衔接也能承上启下，助力更好地完成工作。衔接性还体现在不同工作的衔接和关联，部门各项工作的内涵、实质及在整体任务目标中的位置、比重等。掌握了解了这些，才能更好地把自己工作做到位，发现问题时也好从上头或下头来弥补、协调。

其三，工作能力体现在钻研上。当自己在工作有疑难问题不能自己解决时，不要马上找别人、问别人，要自己先研究、查资料、看书学习，琢磨透之后还是完成不了再问别人，这样即使别人帮你解决了问题，你也会记忆深刻、学到东西，以后不会忘记。

二、交际能力

交际能力是我的短板，在大学做兼职销售时，我就不擅长与顾客交流，现在又要与上级领导和同事交流，还要与横向单位同志交流甚至要与陌生人主动交流，我更不擅长。工作中我发现这是自己的短板，我要努力克服，主动去交流。通过实习交流，我总结以下几点：

首先，交流要"慢说话""稳思考"。在与别人交谈时要慢慢说话，一边说一边思考，这样就会话中有物、话中有实、话中少失误。否则"连珠炮"式说话，说错了自己也很难知道。别人听了也听不清楚，还以为你轻浮，不求甚解。慢说话，还可以充分发挥自己的想象和组织自己的逻辑语言。

其次，交流要"注意听""有礼貌"。说话是一门艺术，交谈更是一门艺术。交谈是在双方互动的基础上进行，不能只管自己说，而不管他人说什么。我刚开始的时候与领导谈话，我只顾自己说，就想以最快的速度把自己的想法一股脑说完，生怕自己忘掉了什么。结果我发现，我都说完了，领导接着问的内容都与我刚说的内容无关，说明领导所关心的、想了解的我并不知道，也显示了我缺少礼貌。

其三，交流要学会"委婉"和"幽默"。在表达自己与别人意见相反的观点时，要尽可能"委婉"一些，避免"暴力"沟通，让人反感。"幽默"是最好的交流工具，一个"幽默"马上会使自己和别人都放松，彼此拉近距离，彼此有好感。在"笑"之余，还会使自己的思想和思维开阔，便于更好地沟通和交流。

三、潜在能力

在学校时有那么好的学习条件，有那么好的图书馆自己没有珍惜，没有利用好。现在才知道自己知识缺乏、思维缺乏、点子缺乏，所以就无从谈"潜能"。在实习单位，看到一些领导、先进个人和技术能手们，都是学习的高手，他们时刻不忘学习，时刻钻研学习，时刻看书学习，难怪他们的潜能无限！

首先，学习是潜能提升之路。多学习、多看书、扩大自己的知识面、间接获取前人智慧和经验，当你的知识面达到一定程度，经验丰富起来，你的潜力和潜能就会无限。潜能不是一下子就能提高的，要注重习惯性的知识和经验的积累。

其次，思考是潜能迸发之基。有潜能做好工作，只靠学习还是不够的，还要靠思考。学习解决思路问题，思考解决方法问题。思考出点子，思考出巧干，思考出创新。

我也是有优点的，比如我管理严谨、不愿守旧、充满激情。若能提升自己的以上能力，我将会在未来的工作中脱颖而出，创造属于自己的工作局面和新天地。

总结人：张××

××××年×月×日

📖 读后感

【功能】

读后感是指读一本书或一篇文章后，对文章内容有所体会、有所感悟、有所启发而写成的感悟性文章。在写感悟时，将文章中的内容综合加以思考，将主要内容复述和记录。读后感是读书笔记的升华，是议论性很强的读书笔记。

【注意事项】

（一）读后感（读书体会、读书心得）：是议论性很强的读书笔记

要用切身体会、实践经验和生动的事例来阐明从"读"中悟出的道理。因此，读后感既要写"读"，又要写"感"。既要"叙述"，又要"讲理"。叙述是讲理的前提和基础，讲理是叙述的升华和深化。重在"细读""深感"。读后感属于议论文范畴。

（二）写作模式："引—议—联—感—倡"

引：引用（叙述）；议：议论（感点）；联：联想（实际）；感：感触（讲理、

抒情）；倡：倡议（号召）。**读**：引、叙。**感**：议、联、感、倡。题目可以用《×××读后感》《读 ××× 有感》。

（三）重要性

阅读、分析、概括、写作能力的培养和训练。先有"读"后有"感"，"感"不离"读"，"读"必有"感"。"读"是重点，"感"是中心。

（四）三要、三忌

要读懂原文，忌旁征瞎编。

注意：不要引用一两句话，意思还没有弄懂，也不做分析，就夸夸其谈；更有甚者，夸夸其谈之后发现谈的根本就不是原文的意思，离题万里。

要就文论理，联系实际，忌就文说文，视野狭窄。

注意："为时而著，为事而作"。悟出"道理"，联系"实际"（个人、社会、历史、风俗、习惯、国际等）。

要选"点"而发，忌贪多求全。

注意：选一、二点而发，针对人、事、道而发（一个情节、一个举动、一个人物、一句闪光的语言），论大道、精神、思想、境界等。大而全反而不深、不精、不彩。

【写作步骤】

（一）叙述事实、材料

写读书的时间、地点、书名、故事、事迹，总体印象、感受（受益匪浅……留下深刻印象……）。

（二）联系实际

由阅读事实、材料，联想到的正、反事例（古代、现代、社会、身边、自己），联想出的"道理"或"品质"。

（三）引发议论

感想、号召、倡议（感之深、意之切、动之人），注重时代感、正能量。

【例文 1】

学习就应该这样

今天，我在学校看了《窗边的小豆豆》这本书，这本书的内容使我的情感有了一个 360° 大转变。故事的情节一会儿有趣，让你情不自禁地哈哈大笑；一会儿又让你深有同感，使你心弦拨动，情不自禁地落下眼泪。总之，这本书的内容精彩纷呈，深深吸引了我，令我爱不释手。

[第一部分：写读书的时间、地点、书名、总体感受]

这本书主要讲了作者黑柳彻子，也就是小豆豆小时候在巴学园里求学的经历。书中小林宗校长独一无二的教学方案，独具特色的学校，为孩子着想的小豆豆妈妈，都让小豆豆和她的同学在学习中充满了快乐和乐趣。在这本书中，有许许多多的东西让我既羡慕又向往。羡慕的是他们有一位和蔼可亲、把学生看成朋友的小林宗校长，他非常热爱孩子，看到学生做错什么事，并不是动辄批评，甚至打骂，而总是耐心劝导、语重心长地教育他们。这样的做法不仅让学生更好地知道自己错在哪里，还可以让学生更容易接受。向往的是，学校的教室是用电车代替的，更好玩的是，学生可以从自己喜欢的科目开始学习，以学生为主导。巴学园自由轻松的学习氛围让孩子们如鱼得水，他们在这儿尽情地发挥自己的个性，快乐地学习成长。

[第二部分：概括事实——主要人和事，讲明道理和品质]

与他们相比，我们就可怜多了。老师、家长们总是把我们课程的分数看得比什么都重要。老师控制了上学的时间，而家长控制了我们在家里的一切，让我们时时刻刻都不能离开书本，逼着我们去"遨游"书海，逼着我们去"长技长能"，让我们一点儿空闲时间都没有，更别说是娱乐和按照自己喜欢的科目学习了。我们在学校、在家都是处在老师、家长的要求甚至是逼迫下，只知学习、学习、再学习，这班、那班、特长班。那看似重要的分数和特长，正像一只只恶魔、一块块石头羁绊着我们、压制着我们，使我们失去了自由、透不过气来。我们的学业多半伴随着批评和责骂，我们需要的是辅导、指点和道理的讲解，我们何时才能自由、轻松、乐趣地学习？何时才能有时间、自主地去享受那有趣、精彩的童年？

[第三部分：联想实际——由这一道理或品质想到的正、反事例]

正因为这样，我们成了一个个行尸走肉，变得毫无生气。在竞争年代，我们失去了应有的锐气和朝气，失掉了我们自己的想法和主见，我们已习惯了别人的摆布，已习惯了别人的安排，我们没有了属于自己的人性美、骄傲、妒忌、自私和争取，我们失去了孩子的纯真和童趣。……

老师、家长们，不要让我们的童年变成一个单调而又乏味的回忆，给我们一双翅膀，让我们自由自在地飞翔吧，童年应该属于我们自己，我们要快乐地学习和奔跑。

[第四部分：引发议论、感想、号召、倡议]

【例文2】

我的书屋，我的感悟

"饭可以不吃，觉可以不睡，书不可以不读。"这是来自毛主席的一句名言，告诉我们一定要多读书。

我今天读了《汤姆·索亚历险记》，这本书是美国小说家马克·吐温1876年发表的长篇小说。该书讲述了汤姆和朋友哈克为了揭穿印第安·乔伊的犯罪行为，毅然决然地在法庭上为受害人波特作证，使波特被救，犯罪分子因害怕而逃跑。当良知与自身安危产生矛盾的时候，也许就是对每个人最大的考验，汤姆这次很显然选择了"勇敢"和"正义"。有一次汤姆与朋友去郊外探险和寻宝，走进了一个山洞，正巧在山洞里遇见了逃犯印第安•乔伊，当他们得知逃犯要去加害道格拉斯时，及时通知并营救了道格拉斯。在山洞中，他们勇敢、智慧，最后将罪犯困死在山洞中。我欣赏汤姆那英勇无畏、勇担风险的优秀品格，又钦佩他的机智、聪明。为了自己、朋友及家人的安全，汤姆英勇地去挑战罪犯，最终成功地保护了自己、家人和朋友。

读完这本书，我不禁想起了中华民族的伟大历史。中国曾经是一个国力较弱的国家，饱受列强的欺凌。不过后来，出现了许多革命烈士，他们守卫着家园，他们有的献出了自己的生命。如今中国科技发达，迅速在世界中成为强国，再也没有受到过别人的欺压。在这些革命烈士中，令我印象最深刻的就是黄继光了。在抗美援朝时期，人民英雄黄继光担负爆破的任务，他在身体负伤的情况下，奇迹般地站起来，举起手雷，扑了过去，用自己的胸膛堵住了敌人的枪口，为战士们铺了一条前进的路。如果没有那些前辈们的努力和牺牲，就没有现在我们这个安定和平的中国。

作为新时代青年，我们应该更懂得珍惜生活，好好学习，长大成为为祖国做出重要贡献的人。我们一定要铭记那些革命英雄，学习他们舍己为人、大无畏的精神品质。

📖 演讲稿

【功能】

为演讲而准备的内容稿件。演讲指在公众场合，以有声语言为主要手段，以体态语言为辅助手段，针对某个具体问题，鲜明、完整地发表自己的见解和主张，阐明事理或抒发情感，进行宣传鼓动的一种语言交际活动。演讲稿要适合演讲的表达和口头的表述。

【要点】

根据内容、中心、层次、表达来写，写后要多加朗读、多加修改。考虑现场因素、考虑受众因素、考虑感情因素。文章是思想的流露，思想通过感情表达。思想先到，语言后到。若没有思想只有朗读，那是"背诵"，那是"生搬硬套""照本宣科"，无以动人。

【形式】

有"演"有"讲"。以"讲"为主，以"演"为辅。"讲"是"演"的内在表现，"演"是讲的外在表现。"内在"要生动，"外在"要精彩。

【特点】

（一）针对性

演讲要考虑受众"接受""打动""征服"，与之产生共鸣。

（二）感召性

演讲要考虑"感染性""鼓动性""激发性"。

（三）临场性

演讲要观察受众，"望、闻、问、切"，灵机变化，充分体会听众的关切，达到与听众合拍的氛围。演讲要留有余地，要有弹性，有控场的技巧，时间不能太长。

（四）表演性

演讲具有现场"演"的特征，不能照稿读。"演"要讲究体态、语气、声量、眼神、贴近度，具有较强的即兴性。

（五）可讲性

演讲稿要朗朗上口，意味深长，引人入胜。

（六）口语性

演讲要通畅表达，以口头语言为主。

【内容】

演讲稿内容涉及思想内容、形势发展、迫切任务等。要见解精辟，动之以情，晓之以理，发人深思，具有强烈的感召力和动员力。

（一）开头

抓住听众，与听众同感。先声夺人，富有吸引力。

（1）体现客观性：以客观事实开头。

（2）体现反应性：你的反应是什么。

（3）体现诠释性：诠释你的观点，有理有据（体现你的说服、劝导、号召、分析能力）。

（4）体现决定性：怎么办，怎么做，调动、鼓动、感召。

（二）主体部分

层层展开，步步推向高潮。

（三）结尾

干脆利落，简洁有力。或归纳，或升华，或希望，或号召。卒章显志，画龙点睛。不要"拖泥带水""节外生枝"。

【例文】

让慈善从心开始

尊敬的各位来宾，大家好！

我今天演讲的题目是《让慈善从心开始》。

首先我想为大家分享一个有关慈善的故事。在美国得克萨斯州的一个庄园里，正举行一场为非洲贫困儿童募捐的慈善晚宴。应邀参加晚宴的都是富商和社会名流。但有一位老妇人领着一位手捧储钱罐的小女孩露西被保安拦在了门口，保安安东尼解释道："本次晚宴应邀参加的都是很重要的人士，很高兴你们带着爱心来到这里，但是，我想这场合不适合你们进去。""叔叔，慈善的不是钱，是心，对吗？"小女孩露西天真地问保安。她的话让安东尼愣住了。"我知道受到邀请的人有很多钱，他们会拿出很多钱，我没有那么多，但这是我所有的钱啊！如果我真的不能进去，请您帮我把这个带进去，好吧！"小女孩露西说完，将手中的储钱罐递给了安东尼。此时的安东尼不知道是接还是不接。正在他不知所措的时候，突然有人说："孩子，你说得对，慈善的不是钱，是心，你可以进去，所有有爱心的人都可以进去。"说话的是一位长者，他就是股神巴菲特先生。当天慈善晚宴的主角不是倡议者前联合国秘书长安南，不是捐出 300 万美元的巴菲特，也不是捐出 800 万美元的比尔·盖茨，而是仅仅捐出 30 美元零 25 美分的小露西。她赢得了最多最热烈的掌声。而晚宴的主题标语也变成了这样一句话："慈善的不是钱，是心。"第二天，美国各大媒体纷纷以这句话作为标题，报道了这次慈善晚宴。看到报道后，许许多多的普通美国人也纷纷表示要为非洲那些贫穷的孩子捐赠。

"慈善不是钱，是心。"我很赞同，并为之深深感动。每一个具有慈善心的人，哪怕只捐一元钱也都是慈善家。在我们期待富豪慈善家慷慨解囊的时候，我们也期待更多的是一份慈善之心。中华民族是一个热情仁爱、乐善好施的民族，中国的慈善思想源远流长。

儒家的孟子说："老吾老以及人之老，幼吾幼以及人之幼"，"出入为友，守望相助，疾病相扶"。道家的"劝善之书"中列举了"收街市弃儿，普济应验汤药，修桥铺路"等多种慈善方式；佛教传入中国后，更是提倡无边的慈爱和宽泛的悲悯。时代发展到今天，社会经济突飞猛进，物质文明日益繁盛。在个人财富日益增长的时候，一些人却表现出一种"富而不贵"的姿态。这是多么令人悲哀和不齿的行为。金钱至上，物欲膨胀，而仁爱之心日益萎缩。这绝不是人类社会的进步，而恰恰是一种倒退。我们知道，"给予"本身是一种高尚的行为，捐赠不仅是助人，也在助己。我们不仅需要慈善家，更需要社会群体性的慈善参与，来唤起更多人的温情和关爱，来引起更多人的倾情相助，让慈善成为公众义举。也许你会说，我们看多了一掷千金的捐助，也知道比尔·盖茨在余生为慈善所做的了不起的人生选择，我们感慨卡耐基"在巨富中死去是一种耻辱"的豪言，也钦佩尤努斯创办穷人银行的慈善智慧。然而我们又深知千千万万普通人的点滴善举也同样举足轻重，平凡的人们给了我们更多的感动和温暖。

"感动中国"的候选人，农村妇女林秀贞，从 20 多岁嫁到这个村子后，就义务赡养了村里 6 位孤寡老人。她自己的生活很贫困，她跟这些老人讲："我家吃窝头，就给你送窝头，我家喝稀饭，就给你送稀饭"，他们一起过着最低水准的生活。但是 30 年来她从没有间断过这样的赡养，而且一直养到为老人送终。在颁奖时，她之前的获奖者是霍英东先生，评委会给霍英东先生的评语是"辉煌一生"，而给这位农村妇女的评语是"温暖世道"。30 年间，她让善良流淌过村庄，她用自己的行为温暖了这个世道。北师大教授于丹在推荐词里写道：富人做这等事是慈善，穷人做这等事是圣贤。如果说圣贤是一种态度的话，我更愿意理解为一种情怀。你没有资产，但同样可以用心完成一种持久的救助。是的，慈善也许不需要一个火热的态度，一个昂贵的钱财数字，一次豪奢的行为，它需要的是一种接近体温的温暖，年复一年，日复一日，慈善也没有贫富差距，慈善没有年龄限制，慈善更没有强迫的味道，它只希望我们把慈善当作一种习惯，一种信仰，一颗对慈善执着而温暖的心。

演讲进行到现在，我的周围暖意浓浓，一股暖流涌入心中，我似乎强烈地感受到在座的朋友们由衷散发的幸福热潮，那是和谐社会、和谐民族带给我们的幸福感！那么，就请你我伸出幸福的双手，把这份手中的幸福传递下去，用我们的爱温暖无助的心灵，用我们的心来点亮悲伤的生活，用爱守望，用心相助，点点滴滴，涓涓细流，汇成爱的海洋。因为慈善不是钱，是心。心有多大，慈善就能走多远。朋友们，让我们用一颗慈善之心，在寒冷的冬日播撒春的希望，携手共创和谐幸福的家园！

📖 综述

【功能】

综述又称文献综述，是利用已发表的文献资料为原始素材而撰写的"解决问题"的文章。综述包括"综"和"述"两部分。"综"就是指作者必须对占有的大量素材进行归纳整理、综合分析，而使材料更精练、更明确、更分明、更具逻辑性。"述"就是针对素材而做的"评述"，是对所写专题的比较全面、深入、系统的论述，体现出个人解决问题的方式、方法和成果。

【特点】

（一）综述是个人的思想和观点

是作者对某一专题、某一领域、某一著作的历史背景、前人工作、争论焦点、研

究现状与发展前景等方面，以作者自己的观点写成的严谨而系统的评论性、资料性文章或论文。

（二）综述是全面性、系统性的观点

综述反映的是某一专题、某一领域、某一著作在一定时期内的研究进展情况。包括该主题的历史、现在成果、未来进展及分支学科的最新进展、新发现、新趋势、新原理，甚至是新技术等都要表达概括、论述出来。

（三）综述是高度思想性的论著

综述是一门知识性、学术性、深刻性、全面性、系统性很强的论述分析文章，是作者经过研究、分析形成的高度思想性、认知性、头脑风暴性的文章，要求撰写者有较高、较全面的专业知识积累和对专业的认知和预测能力。

【 类 型 】

（一）归纳型

将搜集到的文献资料进行整理、归纳，并按一定顺序进行分类排列，使它们互相关联、前后连贯，且撰写具有条理性、系统性和逻辑性的学术性文章。

（二）实用型

作者具有一定的学术水平和实践经验，在搜集较多资料的基础上撰写的系统性、逻辑性和实践性都很强的学术文章，文中很好地体现出作者自己的观点、倾向性和实践结果。

（三）评论型

作者对该专业有较高学术水平，在该领域有较高造诣。在搜集大量资料的基础上，对原始素材归纳整理、综合分析，撰写出反映当前该领域研究进展和发展前景的较高的评论性学术文章。

【 写作格式 】

（一）格式

题目、署名、摘要、关键词（与学术论文相同）、前言、主体、总结、参考文献。

（二）题目

一般以所研究题目或主要论题加"文献综述"的方式构成。即以《×××研究的文献综述》作为标题。

（三）署名

署名即签署作者的名字。

（四）摘要

对文章中重要的论述观点和论述证据加以摘录，并概括文章的中心观点和成果，使阅读的人可以通过摘要一目了然了解和掌握文章的内容。

（五）关键词

选择 3~5 个能表达文章中心内容的常用词汇，这些词汇成为文章内容的引领，代表文章的中心和主要内容。

（六）前言

前言又称引言，点明综述的论题、学术意义以及其与所阅读文献的关系，简要说明文献收集的目的、重点、时空范围、文献种类、核心刊物等方面的内容。

（七）主体

无固定格式，可以按文献的时空顺序、层次顺序、综述的论点顺序等展开。内容一般要包括历史发展、现状评述和发展前景预测三方面内容。总之要根据综述的具体情况撰写，对综述所采用的全部参考文献分类、归纳、分析、比较、评述，应特别注意对主流、权威文献学术成果的引用和评述，注意发现已有成果的不足。

（八）总结

总结又称结论、小结或结语。对全文的评述做出简明扼要的总结。重点说明具有启示、借鉴作用或作为综述重要论述依据的相关文献已有成果的学术意义、应用价值和不足，点明自己的成果和研究目标。

（九）参考文献

参考文献即原始素材，也是综述的基础。它除了表示尊重被引证作者的劳动及表明引用的资料有其科学依据以外，更重要的是为读者深入探讨该主题查找有关文献提供线索。

【写作步骤】

（一）选题

选择专题、领域。应是近年来进展甚快、内容新颖、知识尚未普及而研究报告积累甚多的主题；研究结论不一致有争论的主题或是新发现和新技术在我国有应用价值的主题。

选题与作者的关系：应选择与作者从事的专业密切相关的主题；与作者从事的专业交叉的边缘学科的主题；作者即将进行探索与研究的主题；与作者从事专业关系不大，但乐于探索的主题；科学情报工作者作为研究成果的主题。题目要具体、明确，范围不宜过大，切忌无的放矢，泛泛而谈。选题必须有创新、有所发现，具有实用价值。

（二）搜集文献

题目确定后，需要查阅和积累有关文献资料，这是写好综述的基础。因而，要求搜集的文献越多越全越好。常用的方法是通过《文摘》《索引》等检索工具查阅文献。现在通常采用计算机数据库或网络数据查阅文献。

（三）阅读和整理文献

阅读文献是写好综述的重要步骤。因此，在阅读文献时必须领会文献的主要论点和论据，做好"读书笔记"，用自己的语言写下阅读时所得到的启示、体会和想法；制作文献摘录卡片，摘录文献精髓，为撰写综述积累最佳的原始素材。最后对分类整理好的资料进行科学分析，结合作者的实践经验，写出体会，提出自己的发现和观点。

（四）撰写成文

撰写综述之前，应先拟订写作大纲，然后写出初稿，待"创作热"冷却后，再进行修改。

【注意事项】

（一）综述内容应是前人未曾写过的

如已有人发表过类似综述，一般不宜重复，更不以他人综述之内容作为自己综述的素材。

（二）综述要全面细致、便于阅读理解

对于某些新知识、新技术，写作时可以追溯该主题的发展过程，适当增加一些基础知识内容，以便读者理解。撰写综述时，搜集的文献资料尽可能齐全，切忌随便收集一些文献就动手撰写综述。

（三）综述的原始素材应体现"新"字

即必须有最近最新发表的文献，重要论点、论据不能以教材、专著、非学术性文献、未发表的文献、第二手资料作为参考文献。

【例文】

中国媒介素养研究文献综述

王 × 媒

摘要：文章主要以国内媒介素养研究状况为本体对象，试图厘清媒介素养由欧洲引入中国的历史脉络，媒介素养概念本土化的过程与成果，媒介素养研究内容的发展过程，媒介素养研究意义的探讨源流，国内媒介素养的五大研究主体的状况以及媒介素养研究的个案新趋向。

关键词：媒介素养 媒介素养教育 大众传媒 大学生 传媒人

引言

媒介环境的不断解构与重组，使得21世纪的新媒体环境所成为了一个引导并决定着人们生活与思想观念的拟态环境。面对媒介声势浩大的舆论进攻，作为一个现在人，以何种方式、何种心态与何种角色接触、面对与探讨媒介所传达的信息并理性地厘清媒介现实与客观现实的区别，已经成为了一种适应现代社会的全新素质，即媒介

素养。媒介素养是指人民对各种媒介信息的解读和批判能力以及使用媒介信息为个人生活、社会发展所用的能力。它与科学素养、人文素养一样，是现代公民所应该具备的一种基本人文素质。当代中国媒介素养的研究主体可以大体分为五类，即媒介从业人员、大学生、青少年、公民以及农民。不同的研究主体体现出不同的媒介素养要求，在学术研究领域也呈现出不同的话语结构形态。另外，一些针对事件本体的媒介素养研究成果也不断涌现，成为省市媒介素养的一类新的视角。

一、媒介素养概念与内涵

媒介素养（media literacy）是一个外来词。而从中国语境来看，"素质"一词最早出现于古代汉语《尔雅·释鸟》一文："伊洛而南，素质，五彩皆备，曰翠。"现代汉语所用的"素质"一词，实际上来自于日语的"素质"（soshitsu），而日语的"素质"，则是意译了德语的 Aulage 一词，原意指人的神经系统和感觉器官上的先天特点。素质，注重人的本性，"素养"是"素质"的同义词，不过"素养"一词更强调养成和培育，强调通过学习以后达到的知识积累、认识水平以及实践活动。[1]

从大量文献资料来看，中国国内学者对媒介素养的概念并不存在很大的争议，意见比较一致。国内学者的概念推理一般都是立足于引进国外优秀概念的基础上的，因而关于媒介素养的概念应该首先从国外概念的介绍开始。

1859 年，英国的教育科学部在将传媒素养纳入正式教学体系时，把传媒教育做了这样的定义："媒介教育的目的是培养更积极、更有批判性的媒介使用者，他们将媒介产品的更大范围和多样化并为此作出贡献。"；美国媒介素养研究的专门机构对传媒素养作了这样的定义："媒介素养是一种能力，用这种能力来接触分析和评价大众媒介中所传递的诸多复杂信息。"；美国著名传媒素养研究者詹姆斯·波特（James Poter）在 1995 年出版的著作《媒介素养》一书中说："媒介素养是一种观察方法，既当我们置身于媒介中时，为了解读我们所遇到的信息时主动采用的一种方法。"；传播学的鼻祖施拉姆也曾经特别指出：……[2]

国内最早见于中国社科院副研究员卜卫发表的一篇系统论述媒介素养教育的论文《论媒介教育的意义、内容和方法》。书中将媒介素养引入到中国传媒学视野下[3]；张开等人认为媒介素养是指人们面对媒介的各种讯息的选择能力、理解能力、质疑能力、评估能力、思辨性应变能力，以及创造和制造媒介讯息能力；也再可简化为获取、分析、传播和运用各种形式媒介讯息的能力[4]；陈先元认为大众传媒素养是指现代社会中的一般公众对于传播媒体及其传播信息的认知、解读、批评和利用的整体素质及实际能力，是大众对于传播媒体所从事的信息传播这一社会现象的基本诉求及基本看法。实际上，反映了社会个人和社会传播机制之间的一种互动关系[5]……

关于媒介素养的内涵，则有着不同的视角与落点。陈先元先生认为大众传媒素养可以在两个层面进行考察。首先，就个人层面上来说，大众传媒素养是人的基本特征，是人格因素；其次，就群体层面而言，大众传媒素养是一种社会现象，又是一种社会机制。……[6]；还有许多专家学者不是从内涵的实际角度去阐述，而是从不同媒介的角度来总结媒介素养的不同内涵，他们是指所有大众媒介信息的技能，包括电视、电影、广播、报刊和网络。其中，电视和网络最为重要，也最受关注[7]。张开的《大众媒介素养概论》一书就是从不同媒介的不同素养内涵去挖掘和分析解读的。其他角度诸如林爱兵对传媒素养的内涵进行了细分，区分了传者素养、受者素养、媒介素养和媒体素养等概念；……[8]

归纳学者们的研究成果，媒介素养的内涵应该包括认识大众传媒、参与大众传媒、和使用大众传媒三部分。

二、媒介素养的意义

中国学者在研究文章中一致同意，实行媒介素养教育不仅对公众个人而且对全社会均有十分重要的意义。

《大众传媒素养论》认为消除信息传播的负效应从社会体制的层面上来说，需要健全法律；从经济动因来说，应该规范市场；从社会道德水准的层面来说，应该提升大众传媒素养水平。……[9]

张开在《大众媒介素养概论》中提出……，[10]

郑保卫则从民众的需求、形势的需要和媒介批评的诉求三方面强调实施媒介教育大众化具有特殊的意义。……[11]

从更宽泛的意义上来说，吴廷俊和舒咏平认为实行媒介素养教育是为了"满足信息社会人们对传播沟通空前巨大的需求。"……[12]

总之，专家学者们都从系统论的角度以微观和宏观两个视角去考察了不同主体媒介素养的所得对于社会、个体与群体的不同作用，但这种作用与影响始终是正向的发展性的。

三、媒介素养主体的研究

主体媒介素养，简单地说就是这些个体或群体使用、分析、评估、驾驭媒体信息的能力。对这种群体能力的研究就是主体媒介素养研究。在当今中国媒介素养研究领域，主体媒介素养研究仍然占到了很大的比重，并且愈发显示出实证的倾向。

胡连利，王佳琦的《我国大陆媒介素养研究的缺失与进展》一文中给出了2004—2006年媒介素养各主体研究的文本数量比重表格：[13]

表 6.1.1　2004—2006 年媒介素养各主体研究的文本数量比重表

主体分类	大学生	公民	青少年	传媒人	农民	其他	合计
数量 / 篇	13	11	6	5	4	12	51
百分比 / %	25.5	21.6	11.8	9.8	7.8	23.5	100

数据来源：中国学术期刊全文数据库。

我们可以从中看出，主体媒介素养研究主要可以区分为五类主体，即：大学生、公民、青少年、传媒人和农民。其中以大学生和分民媒介素养研究为甚。综合来年，对于大学生媒介素养，学者们的共识是应在大学生群体中积极培育媒介素养。因为当代大学生虽然已初步具有应对传媒时代的基本素养，但是这种素养尚处于自发状态；研究公民媒介素养的学者认为公民不能仅仅局限于自然人；传媒人媒介素养则重点要认清自己具有重要的职业责任和社会责任的双重责任；农民媒介素养的问题长期受到忽视，所以极大地影响了社会整体媒介素养提高的进程。另外，一些新的媒介素养视野也开始遁入研究领域，诸如少数民族媒介素养和新闻发言人媒介素养等列为窄化细化的研究境地。

3.1 大学生媒介素养研究

3.2 公民媒介素养研究

3.3 青少年媒介素养研究

3.4 传媒人媒介素养研究

3.5 农民媒介素养研究

3.6 其他媒介素养主体研究

四、媒介素养研究论文的总体状况

由于中国传入媒介素养研究的时间较短，媒介素养研究不是很充分与深入。胡连利、王佳琦在《我国大陆媒介素养研究的进展与缺失》中将媒介素养研究的进展总结为：总体媒介素养研究的视域不断拓展；媒介素养教育研究实践性日益凸显；网络媒介素养研究方兴未艾；媒介素养研究译介成果丰富；媒介素养研究开始应对全球化的发展趋势。媒介素养研究的缺失表现在：研究视野中存在着盲点；基础理论研究中概念混乱；研究中存在着失衡现象；研究方法相对匮乏和单一。深化媒介素养研究应明确研究范畴，厘清基本概念；提升研究层次，深化研究理论，关注失衡领域，加强实证研究。

笔者通过研读媒介素养研究的专项论文，将中国媒介素养的研究现状和特点概括为以下几点：

1. 研究时间短、成果少，尚未引起充分、广泛的重视。……

2. 定性分析多，定量调查少，媒介素养状况的实证研究值得探讨。……

3. 仅限于理论研究和介绍，媒介素养的教育缺乏有效实践。……

参考文献

[1] 陈先元. 大众传媒素养论［M］. 上海：上海交通大学出版社，2005：81.

[2] 陈先元. 大众传媒素养论［M］. 上海：上海交通大学出版社，2005：1.

[3] 张开. 媒介素养概论［M］. 北京：中国传媒大学出版社，2006：4.

［4］陈先元.大众传媒素养论［M］.上海：上海交通大学出版社，2005：46.

［5］陈先元.大众传媒素养论［M］.上海：上海交通大学出版社，2005：53.

［6］张开.媒介素养概论［M］.北京：中国传媒大学出版社，2006：23.

［7］张冠文，于键.谈媒介素养教育［J］.中国职业技术教育，2003（1）：29.

［8］张波.普及传播学知识提高学生媒介素养——浅谈加强中小学生媒介素养教育的必要性［J］.教育理论研究，2007（21）：6-7.

［9］张开.媒介素养概论［M］.北京：中国传媒大学出版社，2006：47.

［10］吴廷俊，舒咏平.转型期新闻职业精神的缺失与重塑[J].新闻前哨,2006(1)：17-19.

［11］胡连利，王佳琦.我国大陆媒介素养研究的缺失与进展[J].河北大学学报(哲学社会科学版)，2007（1）：26-32.

［12］陈一祥.大学生媒介素养教育对策研究［J］.东南传播，2008（1）：89-90.

［13］陈万怀.高校媒介素养教育现状和发展途径的思考［J］.浙江万里学院学报.2008（1）:149-151.

［14］张明炯.论公众媒介素养教育[J].宁波大学学报(教育科学版)，2005(3)：42-44.

📖 训练任务

1. 请分别针对学习本课程过程中的某一事件或某一现象写一份简单的"报告"和"汇报"。要求：对问题和现象进行分析，提出你自己的看法、建议和思考。提交至"云班课"作业中。

2. 请写一份《学习〈阅读与信息检索技术〉课程的总结》。提交至"云班课"作业中。

3. 请写一篇《重读〈红楼梦〉有感》。字数为 800~1 000 字。提交至"云班课"作业中。

4. 请以《我的奋斗目标》为题写一篇演讲稿。字数在 800 字左右。提交至"云班课"作业中。

6.2　专业论文写作训练 ··· ◎

📖 论文架构

表 6.2.1　论文架构（16 步法）

论文架构		
（一）文前格式	（二）正文	（三）文后格式
①~⑤中文题目、作者、单位、摘要、关键词 ⑥中图法分类号 ⑦文献标识码 ⑧~⑫英文题目、作者、单位、摘要、关键词	⑬正文内容 （正文内容一般为 2 000~5 000 字，分 3~5 个内容段落为宜，每段落标题层级一般不超过 3 级。各级标题标号用阿拉伯数字连续编号。）	⑭参考文献 ⑮作者简介 ⑯联系方式

表 6.2.2　论文格式

	论文格式
文前 格式 （5+2+5）	正题名 ——副题名　　　　　　　（可选择） 作者姓名 1，作者姓名 2 （作者单位　所在省区市　国别　邮编） ［摘要］··（200~300 字中文摘要） ［关键词］·········，·········，·········，·········（选择 3~5 个中心词） ［中图法分类号］··············（根据《中图法》22 大类分） ［文献标识码］A—E（由期刊专职人员划分） Title Name of Author （Place of work City China PC.） ［Abstract］··（与中文对应） ［Key Words］·········，·········，·········，·········（与中文对应）
正文	（正文内容一般为理论、实践或成果，以解决某一问题为主线，一般为 2 000~5 000 字，标题层级一般不超过 3 级，各级标题标号用阿拉伯数字连续编号。各级标题应具有概括性、精练性。）
文后 格式 （2+1）	［参考文献］ ［1］李道亮.中国农村信息化发展报告 2007［M］.北京：中国农业科学技术出版社，2007：154-157. （［顺序号］作者.著作名［文献类型标志］.出版地：出版社，出版年：起止页码）. ［2］张新红.新农村信息化建设需要完善八大机制［J］.中国信息界，2007，19（3）：38-40. （［顺序号］作者.题名［文献类型标志］.刊物名称，出版年，卷（期）：起止页码.） ［3］国务院新闻办公室.中国的粮食问题［N］.人民日报，1996-10-25（2）. （［顺序号］作者.题名［文献类型标志］.报纸名，年-月-日（版次）.） ［4］宋晓舒，程东明.传统图书馆和数字图书馆［C］//图书情报工作杂志社编.图书馆学情报学研究论文选.北京：科学技术文献出版社，2002：1-2. （［顺序号］作者.题名［文献类型标志］//编者.文集名.出版地：出版者，出版年：起止页码.）

论文格式	
文后格式（2+1）	［5］张志祥．间断动力系统的随机扰动及其在守恒律方程中的应用［D］．北京：北京大学数学学院，1998. （［顺序号］作者．题名［文献类型标志］．保存地：保存者，年份．） ［6］刘江等．假如陈景润被量化考核［N/OL］．（2004-03-12）［2004-04-05］．http：//rearch.cnk.inet/cc-nd/mainframe.amp？ encode=gb&display=Ch. （［顺序号］主要责任者．题名［文献类型/载体标志］．（更新日期）［引用日期］．网址．） ［作者简介］…………………………………………………………（姓名、出生年月、性别、职称、职务、研究方向、发表论文及出版著作数量等） ［联系方式］…………………………………………………………（电话号码）

论文示例如图 6.2.1、图 6.2.2 所示：

高校图书馆“知识学习共同体”建设研究 —— | 题目 |

邵××—— | 作者 |

（××× 职业技术学院图书馆　浙江 ××　310023）—— | 单位 |

摘　要：[目的/意义]旨在为高校图书馆服务提供参考。[方法/过程]阐述图书馆“知识学习共同体”的内涵，分析其特点，以及形成条件、目的、方法。[结果/结论]“知识学习共同体”适应新时期的“泛读”服务，能更好地发挥图书馆知识学习、信息交流、实践体验等功能，而建设“知识学习共同体”的前提条件是开放办馆，并通过多元资源建设提供支撑。—— | 摘要 |

关键词：图书馆；服务转型；知识学习共同体；拓展服务范围 —— | 关键词 |

中图分类号：G251　　文献标识码：A　　Adoi：10.3969/j.issn.1005-8095.2018.08.015 —— | 中图法分类号/文献标识码 |

Research on Construction of Knowledge Learning Community in University Libraries —— | 英文题目 |

Shao ××—— | 英文作者 |

（×××× Polytechnic Library.　×× Zhejing　310023）—— | 英文单位 |

Abstract: [**Purpose/significance**] The paper is to provide reference for university libraries' services. [**Method/process**] The paper expounds the connotation of knowledge learning community in library, and analyzes its characteristics, formation conditions, purposes and methods. [**Result/conclusion**] It considers that knowledge learning community will be accommodated to extensive reading services, and give full play to the functions of library knowledge learning, information exchange and practical experience. But building knowledge learning community needs opening library firstly and is supported by multiple resources construction. —— | 英文摘要 |

Keywords: library; service transformation; knowledge learning community; expanding service area —— | 英文关键词 |

图 6.2.1　论文示例 1

0　引言

近几年，高校图书馆的文献借阅率越来越低，到图书馆看书学习的人也没有往年多。笔者认为，这与时代发展、信息需求方式、信息获取途径，以及高等教育转型息息相关。(1)高校文献资源需求来源发生变化。高校是科学研究的前沿阵地。近几年，高校的高精尖成果层出不穷，但研究所需的参考文献资源大多来源于电子资源以及各种数据库，参考纸质资源较少，用户到图书馆主要是参考古籍文献以及非……生了变化，更多的不是靠死记硬背和复习课堂理论知识，而是实际操作、实验、研究、设计或实地考察，他们学习的场所很多，图书馆只是其中的一个。

图书馆没有以往那么热闹，但不等于图书馆作用就此降低。图书馆的作用对高校来说是不可替代的，它是学生的第二学堂、实践基地、精神乐园、活动佳园、技能获取中心。图书馆服务正处在转型之中，“知识学习共同体”成为图书馆服务新模式。—— | 正文内容 |

1　“知识学习共同体”的内涵

……

参考文献

[1]　百度百科. 共同体[EB/OL]. [2017-04-15]. http://baike.baidu.com/link.

[2]　百度百科. 学习共同体 [EB/OL]. [2017-04-15]. http://baike.baidu.com/item.

[3]　邵魁德. 从阅读推广看高职院校图书馆服务行为的转变[J]. 图书馆研究与工作, 2017(1):69-73.

[4]　翁娇瑞. 基于生态位理论的高校图书馆服务创新思路[J]. 闽西职业技术学院学报, 2015(1):98-101.

[5]　邵晶, 李佳, 南希. “大学图书馆发展趋势与服务创新论坛”综述[J]. 大学图书馆学报, 2016(4):13-16. —— | 参考文献 |

作者简介：邵××（1963—），男，研究馆员，研究方向为图书馆建设，信息管理，文献资源共建共享。—— | 作者简介 |

联系方式：14255906590qq.com —— | 联系方式 |

图 6.2.2　论文示例 2

📖 文前格式

【论文题目确定】

表 6.2.3　题目查新

题目查新	
查新途径	查新工具
通过搜索引擎查新。搜索引擎是根据一定的策略、运用特定的计算机程序搜集互联网上的信息，在对信息进行组织和处理后，为用户提供检索服务的系统。它通过"网络蜘蛛""调度算法""搜索器"等技术，达到快速检索互联网信息的目的。我们可通过搜索引擎查找相关内容，了解当前的进展程度和专家、学者关心的问题。通过大量的网络信息来确定自己的选题内容	百度、搜狗、360 等
通过电子数据库查新。我们发表的论文，经过授权后，资源商将原文收录在电子数据库中，供人们检索、查询、下载、参考和引用。我们可通过电子数据库，利用题名、作者、关键词等检索、查看相关论文内容，通过论文内容的研究程度（范围、深度）等确定自己的选题范围	知网数据、万方数据、维普数据、超星数据、EBSCO 等

表 6.2.4　论文题目的确定

论文题目的确定		
论文题目的定位	论文主题的类型	论文主题的选择
◇ 概括性和统领性 ◇ 准确性和针对性 ◇ 研究性和成果性 ◇ 新颖性和意境性 ◇ 真实性和事实性 ……	◇ 关心的话题 ◇ 旧话题新论 ◇ 新研究话题 ◇ 对比研究话题 ◇ 实践创新话题 ◇ 调研分析话题 ◇ 公关立项话题 ◇ 新成果话题 ……	◇ 结合自身兴趣选择 ◇ 结合自己研究的领域选择 ◇ 结合工作和实践选择 ◇ 结合项目和特殊任务选择 ◇ 结合研究和成果选择 ◇ 避免研究范围太大的主题 ◇ 避免同时研究多个主题 ◇ 避免空洞的论说主题 ……

【论文题目举例】

◆ 新时代中国高等教育质量政策焦点的质化考察

◆ 美、英、澳中高职衔接的比较研究

◆ 后疫情时代高等教育国际化的未来走向

◆ 公共治理理论视野的高等教育管办评分离模型与框架

◆ 加拿大高等教育现代化发展战略：一种宏观视角的分析

◆ 中外大学图书馆社交媒体应用比较研究

◆ 新时代中国图书馆学教育的发展方向

◆ 应用型本科、高职院校信息检索课现状调查及教学模式改革

◆ 大学图书馆服务一流"本科教育"创新路径
◆ 中国大学图书馆战略转型：内涵、影响因素与基本构想
◆ 中外大学图书馆社交媒体应用比较研究
◆ 图书馆"创客空间"热中的冷思考
◆ 微信使用对大学生生活满意度的影响
◆ "快餐式"文化对当代大学生生活方式的影响研究
◆ 大学生生活方式与心理健康关系研究
◆ 大学生生活方式及其影响因素的调查与分析
◆ 浅谈小学教学中游戏与教学相结合

【作者姓名及英文】

中国人姓名有单姓和复姓之分。作者姓名的英文写法即为汉语拼音。在汉文期刊中，姓在前，名在后，姓和名分开写，姓和名的首字母均大写。如，李宪章（LI Xianzhang），姚坤（Yao Kun），欧阳文安（Ouyang Wenan），李王文思（LI Wangwensi）；在英文期刊中，名在前，姓在后，名和姓分开写，名和姓的首字母均大写。如，韩金现（Jinxian Han），马月（Yue Ma），司马相如（Xiangru Sima），李西安（Xi'an Li）。论文中有两个或以上作者的，两个作者并列写出，中间用逗号"，"分开。如，张玉[1]（Zhang Yu[1]），李光[2]（Li Guang[2]），并分别标以右上角上标数字区分，并分别介绍"作者单位"和"作者简介"，如图6.2.4、图6.2.5所示。

美国公共图书馆战略规划核心体例与编制特点分析

史智×

（××图书馆，广州，510623）

Analysis of the Core Format and Compilation Characteristics of the Strategic Plans of American Public Libraries

Shi Zhi×

（×× Library，Guangzhou，510623）

图 6.2.3　汉文文献作者英文姓名的写法

The Collection and Service Optimization of China's Academic Library ILL Based on Bipartite Matching: A Case Study of Soochow University

[MT] 基于二分匹配的我国高校图书馆馆藏与服务优化- -以××大学为例

作者: Yue Ma; Jingxian Han; Zhuozhuo Li

作者背景: School of Information Management, Central China Normal University, Wuhan, China; Soochow University Library, Suzhou, China; Department of Archive and E-Government, School of Social Science, Soochow University, Suzhou, China

DOI: 10.4018/IJLIS.2020070101

图 6.2.4　英文文献作者姓名的写法

嵌入式高可靠星务管理软件设计与验证

王平×[1,2,3]，李华×[2]，尹增×[2]，孙宁×[2]

（1.××大学电气信息学院，成都 610039；2.中国科学院××微小卫星工程中心，上海 200050；
3.××计算机网络重点实验室，济南 250014）

摘要：针对某型号小卫星在空间飞行可能面临的硬件和软件故障，设计星载计算机星务管理软件，分析其可靠性。该星载计算机采用双机冗余设计，使用双机通信保持主备份机切换时的系统运行状态，通过软件可靠性技术实现空间环境下部分硬件暂态错误的容错。空间飞行测试结果证明该星务管理软件安全可靠，使卫星完成了预定的任务。

关键词：星载计算机；星务管理软件；可靠性

Design and Verification of High Reliable Embedded Satellite Mission Management Software

WANG Ping×[1,2,3], LI Hua×[2], YIN Zeng×[2], SUN Ning×[2]

(1.Electric andInformation College，××University,Chengdu 610039；2.××Engineering Center for Micro-satellite，Chinese Academy of Sciences，Shanghai 200050；3.×× Province Computer Network Key Laboratory，Jinan 250014)

图 6.2.5 多作者分别标出

【摘要】

摘要撰写要求：

中文摘要字数一般为 200~300 字。注意无需交代背景，而需直接从"针对什么问题""进行什么实践""得出什么结论"，以期达到"什么目的和作用"的角度撰写，且不必出现"本文……了"等字样。

英文摘要应与中文摘要相对应。

【例文】

例文如图 6.2.6 所示。

大学图书馆学报
Journal of Academic Library

"四大资源"建设实践与展望
——对南京大学图书馆"十四五"规划制定的思考

程×灿

摘要 南京大学图书馆"十三五"期间注重"四大资源"建设，即人才资源（第一资源）、文献资源（第二资源）、智慧资源（第三资源）、文化资源（第四资源）。在此基础上，"十四五"规划围绕"一平台、四中心"的建设，即智慧图书馆与服务支撑平台，文献与数据资源中心、学习支持中心、科研支持中心、古籍保护与文化传承中心，与学校"双一流"建设工作同频共振，不断提升馆员的专业化与国际化水平，打造无边界、智慧化的服务体系。

关键词 "十四五"规划 人才资源 智慧图书馆 文化营销

Abstract：During the 13th Five-Year Plan period，Nanjing University Library pays attention to the planning and construction of four resources，that are human resources as the first resource，literature resources as the second resource，intellectual resources as the third resource，and cultural resources as the fourth resource. On this basis，the main task of the 14th Five-Year Plan is to build one platform and four centers，namely，the smart library and service support platform，the literature and data resource center，the learning support center，the research support center，the ancient books protection and cultural heritage center，in order to meet the need of "Double First-Class" construction，continuously improve the professional and international level of librarians and hopefully create an intelligence service system with no boundary.

Keywords：The 14th Five-Year Plan；Human Resources；Smart Library；Cultural Marketing

图 6.2.6 摘要的写法

【关键词】

关键词是人们通常习惯用的、可理解的、能表达论文中心内容的中心词。一篇论文一般选择 3~8 个关键词。关键词可以是人名、地名、实物名、单位名，也可以是网络词汇、新闻词汇、小说用词，也可以是软件、游戏、星座、购物、论文等相关的词汇。总之，可以是任何表达一定意思的中文词，也可以是外文、数字，或是不同文种与数字、字母的混合体。如："红楼梦""红楼梦研究""计算机""电脑""网上购物""虚拟世界""911""Windows""F-1 赛车"等。你可以选择一个字、二个字、三个字、四个字做关键词，你甚至可以选择一句话做关键词，如："爱""美女""mp3 下载""游戏攻略大汇聚""蓦然回首，那人却在灯火阑珊处"等。

【例文】

例文如图 6.2.7 所示。

大学图书馆学报
Journal of Academic Library

"四大资源"建设实践与展望
——对南京大学图书馆"十四五"规划制定的思考

程 × 灿

摘要 南京大学图书馆"十三五"期间注重"四大资源"建设，即人才资源（第一资源）、文献资源（第二资源）、智慧资源（第三资源）、文化资源（第四资源）。在此基础上，"十四五"规划围绕"一平台、四中心"的建设，即智慧图书馆与服务支撑平台，文献与数据资源中心、学习支持中心、科研支持中心、古籍保护与文化传承中心，与学校"双一流"建设工作同频共振，不断提升馆员的专业化与国际化水平，打造无边界、智慧化的服务体系。

关键词 "十四五"规划 人才资源 智慧图书馆 文化营销

Abstract: During the 13th Five-Year Plan period, Nanjing University Library pays attention to the planning and construction of four resources, that are human resources as the first resource, literature resources as the second resource, intellectual resources as the third resource, and cultural resources as the fourth resource. On this basis, the main task of the 14th Five-Year Plan is to build one platform and four centers, namely, the smart library and service support platform, the literature and data resource center, the learning support center, the research support center, the ancient books protection and cultural heritage center, in order to meet the need of "Double First-Class" construction, continuously improve the professional and international level of librarians and hopefully create an intelligence service system with no boundary.

Keywords: The 14th Five-Year Plan; Human Resources; Smart Library; Cultural Marketing

图 6.2.7 关键词的确定

📖 正文写作

论文到底写什么呢？这就涉及"立题"的问题。所谓立题，就是要确定研究的方向、范围、对象或探讨的主要问题。论文的写作主要基于以下三方面：一是"设定问题"的产生和由来；二是"设定问题"的各种相关角度分析；三是就"设定问题"提出针对性的思考。最终是通过"思考""研究"得出解决问题的方法，或给出"新思路""新途径""新办法""新策略"等。

通过阅读大量相关论文去发现现阶段该议题（立题）的进展和瓶颈。结合自己的实践、发现、思考、研究，得出新结论和新成果。先前论文是"先人"的经验、方法和成果，为"后人"利用。若先前论文不能给"后人"带来经验、方法、启发或成果，那么就失去了论文的价值和作用。

立题：首先要考虑"价值作用"。即你所选择的题目、即将解决的问题，会给读者带来什么好处、什么作用、什么实用价值。这就要从某个"立题"的历史进程、现实情况、未来发展等多方面考虑，重点关注这一立题的"理论问题"和"现实问题"。着重体现"社会实用价值"和"学术理论价值"。"社会实用价值"应关注业界期待解决的问题或在实际操作上的困境需要指导。"学术理论价值"应就某一理论进行分析和综合，给人以思想上的启迪或解答业界疑虑需要进行理论探讨的问题。

例如《数字人文研究演化路径与热点领域分析》这一立题，在对"数字人文研究"文献进行统计分析和内容挖掘的基础上，分析"数字人文研究"的前沿和热点领域，明确演化路径和发展趋势，既有社会实用价值，也有学术理论价值。相反，《××大学图书馆微信实践与创新》只是对个体的某种实践活动的介绍，无论从社会实用价值角度，还是学术理论价值角度看，这种立题作用和价值不大。研究者应通过立题的研究，在前人研究的基础上有所突破、有所发现、有新成果。

【论文内容构思】

论文形成原则见表 6.2.5。

表 6.2.5　论文形成原则

论文形成原则		
思考	实施	成文
◇ 问题、危害、原因 ◇ 新时代的要求 ◇ 解决的办法 （思维、研究、发现、办法、成果等）	◇ 明确选题，构思思路 ◇ 拟订大纲，构架层次 ◇ 检索文献，掌握信息 ◇ 综合分析，借鉴吸收 ◇ 动笔行文，修改完善 ◇ 精练全文，传递价值	◇ 定位准确，有理有据 ◇ 行文严谨，阐述深刻 ◇ 方法实际，可行操作 ◇ 高度思想，意义非凡 ◇ 方法可拟、成果可鉴

论文写作注意事项见表 6.2.6。

表 6.2.6　论文写作注意事项

论文写作注意事项	
（1）"标题"和"摘要"很重要，要标新立异。 （2）"规范"研究和写作很重要，要成习惯。 （3）从小处入"眼"，从大处入"局"。 （4）写作内容要有一定深度。 （5）可"人云亦云"，但要有独立主张。 （6）写作内容最好有"实证"和"定量研究"。 （7）外来研究成果写作，一定要与本土融合。 （8）交叉学科研究，要有重点和科学依据。	（9）一事一势，要掌握专家、学者动态和观点。 （10）实践研究最好有理论支撑。 （11）研究要从"点"开始，最终形成"线"和"面"，避免"散点"研究。 （12）避免用"行政方法"或"商业方法"解决学术问题。 （13）根据论文主题，选择不同"投稿意向"的期刊投稿。

【学位论文与专业期刊论文的写作区别】

学位论文第一要考察大学生的阅读和理解能力，要求大学生把课题的历史和来龙去脉搞清楚，要求收集和阅读足够量的研究领域的文献。考察大学生基础资料的准备工作和系统列举研究领域的基本文献情况。第二，要求能够简要复述这些文献的主要内容和观点，根据现有资料，对问题进行全面分析，通过对文献、资料的分类，数据、事例的梳理，相关要素的归纳等，了解大学生是否具备了与学位相称的分析研究能力。所以学位论文的篇幅较大。

专业期刊是专业同行之间的沟通与交流工具。专业期刊的大多读者都是在同一特定领域有着长期经验与思考积累的同行，所以对课题的历史及脉络等状况都比较了解，所以专业期刊论文不需要大篇幅写历史、课题背景等大量资料的分析情况，而将专业活动领域中的创新实践和深化思考作为论文内容的重心。论文内容最大限度地体现课题的新研究、新发现、专业发展的思考预测、具体问题的分析与解决、相关对策探讨、作者个性化思考等。

【学术研究流程】

学术研究应按流程进行。学术研究的流程一般分为四步：选题调研和选题发现，占全部精力的15%；科学分析、研究、实践，占全部精力的50%；学术作品撰写，占全部精力的30%；作品发表、传播、交流，占全部精力的5%。所以，学术研究的大部分工作都集中在"科学分析、研究、实践"和"学术作品撰写"上，如图6.2.8所示。

图6.2.8 学术研究的一般流程

【常用的学术研究方法】

学术研究方法很多，据说超过100种。但经过实践验证，人们通常采用的研究方法有问卷调查法、访谈调查法、比较法、内容分析法、思辨研究法等。

问卷调查法：就是把要研究的内容以问题的形式提出，设计成标准化的问卷或访谈提纲，然后让调查对象来回答，从而收集到研究所需要的第一手资料，最后运用分析工具对这些资料进行分析讨论，从而获得研究结果的一种研究方法。分线下问卷调查和线上问卷调查。

访谈调查法：指通过与调查研究对象直接交流来收集资料的研究方法。几乎所有具有认知能力和语言表达能力的人都可以成为访谈对象。

比较研究法：是按照一定的标准，对两个或两个以上的事物或现象进行比较，以寻找异同，揭示其普遍规律和特殊规律的研究方法。比较是认识事物的基础。

内容分析法：就是对各种文献资料的内容进行客观系统分析的研究方法。旨在揭示文献资料隐含的显性信息和隐性信息，对事物或现象发展做出预测，是透过现象看本质的科学方法。

思辨研究法：指在个体理性认识能力和直观经验基础上，通过对相关概念、命题进行逻辑演绎推理，以认识事物或现象本质特征的研究方法。思辨研究以认识事物或现象的本质属性为目的，通过归纳和演绎等逻辑方法，探求事物或现象的本质属性。建立在研究者深厚的学术功底、渊博的学识以及深刻的哲学思考基础之上。

当然还有很多研究方法。这些方法的熟练运用，一是要掌握各方法的内在规律，二是要经过一定的科研训练。科研在当今和未来是基本的职业技能，所以大学生在大学期间要严格锻炼自己，增强个人的科研能力。科研能力一方面体现为资料的收集、分析研究能力，另一方面体现在专业活动领域中的创新实践和深化思考上。论文又称专业学术论文，就是要在论文中体现出作者的最新思考空间、最新实践成果和最新发现。最终论文的质量就体现在语言的精练表述上和分析、论证的条理上。

【例文】

例文如图 6.2.9 所示。

公共图书馆的使命与服务：
基于内容分析法的国内外比较研究

于良×，李晓×，朱艳×，刘煜×

（××大学商学院信息资源管理系，天津 300071）

〔摘　要〕本研究以近 20 年来国内外公共图书馆的部分纲领性文件、80 家公共图书馆网站信息及我国公共图书馆评估后的总结材料为文本，对国内外公共图书馆的使命陈述和服务项目进行了内容分析。研究发现，近年来我国出现的公共图书馆纲领性文献对当前我国公共图书馆的使命（或任务）基本上都省略不表，公共图书馆界更多地是从国外公共图书馆使命中借鉴发展方向和指导思想；但截止目前，这种借鉴还没有影响到图书馆服务内容的设计。文章根据这一研究结果，提出了若干值得我国图书馆界深思的问题。

〔关键词〕公共图书馆使命；公共图书馆服务；比较研究

〔中图分类号〕G250　〔文献标识码〕A　〔文章编号〕1002 - 1167（2007）06 - 0021 - 08

Public Library Missions and Services：A Comparative Study Based on Content Analysis

YU Liang×，LI Xiao×，ZHU Yan×，LIU Yu×

（Department of Information Resource Management，Commerce Institute of ×× University，Tianjin 300071，China）

Abstract: This paper reports on a study which applies content analysis to a group of public library documents published in China and abroad and a sample of library web sites from China，UK and US．The study compares Chinese public libraries' mission statements and service provision against those in the UK and US．It shows that although Chinese public libraries increasingly define their mission in light of such international documents as "The Public Library Manifesto"，hence demonstrating a notable discontinuity from the past，their service provision，however，has not been much affected by the newly defined missions．

Keywords: public library mission；public library service；comparative study

1 引言

在公共图书馆的管理与发展中，使命与服务彼此决定。使命对服务的决定性表现在，图书馆必须依据其使命（即图书馆对其服务对象承担的责任）确定服务内容，从而保证所有服务活动都围绕使命展开、所有资源都围绕使命分配。服务对使命的决定性表现在，图书馆的使命必须通过其服务来完成，服务的范围和水平决定使命完成的程度。

我国对公共图书馆服务的讨论主要见诸以下语境：公共图书馆功能的拓展与完善[1]、面向不同人群的图书馆服务[2]、传统服务领域的创新等[3]。这些讨论试图确定究竟什么是公共图书馆的服务、图书馆应该提供哪些服务、怎样提供这些服务。遗憾的是，很少有讨论涉及这些服务背后的使命驱动，即很少揭示图书馆的日常服务如何作用于它的长久目标。所以，在很多时候，这些讨论只回答图书馆应该做什么，却没有回答他们为什么要这样做。

本研究试图将图书馆的使命与服务结合起来考察，同时将国内外图书馆为实现自身使命而开展的服务进行对比性考察。具体来说，本研究希望重点考察以下问题：（1）国内外公共图书馆在各自的社会中承担哪些责任？（2）国内外公共图书馆分别提供哪些服务来履行这些责任？我们希望这项研究得出的结论能为图书馆管理者对内进行服务内容设计、对外游说利益相关者提供参考。

2.2 "县级"图书馆网页分析

"县级"图书馆网页分析的目的是考察国内外"县级"图书馆分别通过哪些服务完成自身使命。之所以选择"县级"图书馆作为分析对象主要有两方面的原因：首先，本文所报告的研究构成了国家哲学社会科学基金项目"面向学习型社会主义新农村建设的县级图书馆功能设计"的组成部分；集中考察"县级"图书馆可以为该项目提供更有针对性的研究证据。其次，在国外，与我国"省级公共图书馆"相对应的图书馆类型经常难以确定，例如，从表面上看，与我省级图书馆比较接近的图书馆类型在美国应为州立图书馆，在英国应为"郡级"图书馆，然而，美国的州立图书馆通常不被视作公共图书馆体系的组成部分（NCES，1996），而英国的"郡级"图书馆在很多地方根本就不存在。

为了便于比较，我们选择以下样本的网页信息进行分析：（1）从google上搜索到的、内容相对完整的我国县级图书馆网页，本研究共收集到湖南、湖北、浙江、广东等地36个县级图书馆的网页。（2）美国县（county）级地方政府设置的中心图书馆，原则上以州为单位，每州选取一个样本，但有些州（如新罕布什尔州、佛蒙特州等）由于没有设置县级图书馆（county libraries），未能提供合适的样本；另一些州由于县级图书馆网站设计不够完善，缺少公共图书馆服务内容的详细介绍，也未能提供合适的样本。（3）英国人口在4万人以上的镇图书馆（town library），以英格

2 研究方法

本研究采用的基本方法是内容分析法。内容分析法是通过客观系统地确认文本的特征，从而对研究问题形成推论的方法[4]。构成本研究分析对象的文本材料包括三个部分：（1）近20年来国内外公共图书馆出版/发布的纲领性文件；（2）国内外一组公共图书馆网站上的介绍性材料；（3）国内公共图书馆在历次评估之后产生的总结性材料。

2.1 公共图书馆文件分析

20世纪80年代以来，国内外都出现过不少指导公共图书馆发展的纲领性文件，例如联合国教科文组织于1994年修订的《公共图书馆宣言》，美国公共图书馆协会于1987、1998和2001年分别出版的《公共图书馆计划与功能设计：选项与程序指南》、《面向结果的计划：图书馆变革过程》、《新编面向结果的计划：流水作业法》，英国文化、传媒及体育部于2003年出版的《未来框架：新十年的公共图书馆、学习和信息》，我国文化部于1982年发布的《省（自治区、市）图书馆工作条例》以及近年来很多地方政府颁布的公共图书馆管理条例。我们从上述文件中选择了以下文本进行内容分析：（1）联合国教科文组织的《公共图书馆宣言》；（2）美国公共图书馆协会的《面向结果的计划：图书馆变革过程》；（3）英国文化、传媒及体育部的《未来框架：新十年的公共图书馆、学习和信息》；（4）我国近年

（5）下乡活动中的"影片展、歌剧"归为传播文化使命中的"举办与用户兴趣爱好相关的活动"。

（6）推荐好的阅读网址归为"推荐书目"。

（7）为残疾人、外来务工人员和老年人提供的针对性服务归为弱势群体服务。

必须指出的是，在进行上述分析时，本研究假定图书馆网页所介绍的服务内容是全面、完整、真实的，但这个假定可能与现实存在一定距离，因此，根据图书馆网页分析得出的结论，只具有参考价值，尚需其他材料验证。

表2 "县级"图书馆网页内容分析编码表（片断）

使命	服务	图书馆1	图书馆2	图书馆3	图书馆4
教育使命	为学校课程配备相应的阅读计划	1		1	
	为学校图书馆配备文献			1	
	为中小学生提供作业辅导	1	1	1	1
	为在家上学者（homeshooling）配备资料			1	
	为求学者提供正规教育机构的信息				
	为远程学生充当学习中心或资料中转站				
	为公众组织培训活动，支持终身教育	1			

2.3 图书馆评估总结材料分析

自1994年以来，我国已先后开展了三次公共图书馆评估工作，每次评估之后都产生了一批区域性总结材料，这些材料大都是对全省公共图书馆工作的总结。本研究共收集了36份公开发表（含网上发表）的总结，并按表2所示的编码方式对其中涉及的图书馆服务内容进行了标注。由于这部分材料的总结单位一般是一个省份，而不是具体图书馆，因而，这部分的分析结果只用于佐证本文2.2节析出的服务内容，而不用于统计分析。

3 研究结果

3.1 我国公共图书馆使命：断代性（discontinuity）与国际化

表3和表4列出了国内外主要公共图书馆文献对图书馆使命的陈述。表3显示，《公共图书馆宣言》、《新编面向结果的计划》和《未来框架》虽然在文字表述上存在差异，但它们所界定的公共图书馆使命大致包括以下方面：教育使命、信息素养教育使命、扫盲（维持读写能力）使命、信息服务或信息保障使命、文化传播使命、促进社会和谐与公民权利的使命。

表3 世界主要公共图书馆文献对公共图书馆使命的陈述

使命	主要公共图书馆文献中的相关陈述		
	公共图书馆宣言（1994）	新编面向结果的计划（2001）	未来框架（2003）
教育	支持个人自学以及各级正规教育；支持个人开发其创造力；激发儿童与青年的想象力和创造力；	辅导各个年龄段的学生完成正规教育计划；满足用户自主学习的需求，帮助他们实现个人发展	建立支持正规教育的学习网；倡导自主学习；辅助儿童启蒙教育；与学校建立联系，支持学校工作；充当远程教育参加者的学习中心
信息素养教育	提高利用信息和计算机的能力	帮助用户培养信息查询、信息评价及信息利用等技能	帮助获得信息技能
培养阅读习惯	培养和加强儿童从小阅读的习惯		鼓励儿童对图书馆的利用、开展各类阅读促进活动
扫盲（维持读写能力）	支持、参与并在必要时组织不同年龄组的扫盲活动与计划	维持基本阅读能力、满足基本阅读需求	帮助阅读和写作能力低于11岁儿童水平的成人获得阅读和写作能力
信息服务	确保居民获得各种社区信息；向当地企业、社团和利益集团提供必要的信息服务	满足商业、企业、个人工作、求职过程所需信息；帮助用户了解社区机构与服务；帮助社区居民获取消费信息；向用户提供与日常工作、学习和生活问题相关的各类信息或解答；向用户提供有关政府部门或政府官员的信息，以便他们能正常行使民主权利；满足用户了解自家或地方遗产的需求	利用2002年建成的人民网提供各类信息，包括政府信息
传播文化	提高对文化遗产的认识，对艺术的鉴赏力以及对科学成就与发明的了解；提供通过各种表演艺术来表现文化的途径；促进文化间的对话和文化多样性	帮助社区居民了解自己的文化遗产和其他文化遗产；帮助社区居民了解文化及社会动向、流行话题与流行图书，满足娱乐需要	利用2002年建成的人民网创建和提供"文化在线"
促进社会和谐与公民权利		为人们的交往需要以及社区事务讨论提供共享空间和服务	为社区提供安全、温馨、面向所有人的空间；充当社区的公共港湾；主动为非用户提供服务；为弱势群体提供信息保障；帮助建立社区身份意识，减少社会排斥

• • • • • •

检索显示：1994 年至 2006 年上半年，我国发表的与《公共图书馆宣言》相关的论文达 1056 篇；一些重大的公共图书馆行动也经常引用《公共图书馆宣言》作为理论基础，例如，2004 年以来的很多区域性公共图书馆服务网络建设方案，都明显渗透了《公共图书馆宣言》的指导思想。至少对部分公共图书馆来说，《公共图书馆宣言》弥补了我国图

3.2 公共图书馆为实现自身使命而开展的服务

表 5 显示了国内外"县级"图书馆为实现自身使命而提供的服务。如前所述，这部分数据主要来源于对"县级"图书馆网页的分析。由于难以确认图书馆网页信息的全面性和真实性，因而表 5 中的数据，无论是服务种类还是提供这些服务的图书馆的比例，都只能作为参考。

表 5　国内外"县级图书馆"服务比较

	英美公共图书馆（%）		国内公共图书馆（%）	
教育使命	为学校课程配备相应的阅读计划	47.7	爱国主义教育读书活动	56.9
	为学生提供作业辅导	47.7	培训项目	35.3
	为寻求正规教育机会的人提供信息支持	31.8	送书到学校，设立分馆/流动站	25.5
	组织培训活动，支持终身教育	20.5	开展科普读书活动	25.5
	为学校图书馆配备文献	13.6		
	为在家上学者（homeshooling）配备资料	11.4		
	远程学生的学习中心或资料中转站	9.1		
信息保障使命	日常工作、学习和生活问题咨询解答	77.3	致富信息、科技信息	68.8
	为社区机构或组织提供导引	68.2	地方志与家谱	52.9
	商业和工作信息	61.4	为个人提供研究信息	39.2
	地方志与家谱	59.1	为政府、企事业单位提供信息	15.7
	有关政府部门或政府官员的信息	29.6		
	消费信息：帮助社区居民获取消费信息	11.7		
培养阅读兴趣	组织故事会活动	93.2	向儿童提供适龄图书	76.5
	向儿童宣传和提供适龄图书	86.4	征文、诗歌比赛	66.7
	组织假期阅读活动	86.4	组织假期阅读活动	27.5
	组织各年龄段的阅读与写作俱乐部	84.1	推荐阅读书目	13.7
	宣传推荐图书	79.6	"知识工程"阅读促进活动	11.8
	为家长提供如何引导儿童阅读的指导	36.4	组织家庭阅读活动	7.8
	组织家庭阅读活动	25.0		

4 结论

近年来我国出现的公共图书馆纲领性文献对于"什么是当前我国公共图书馆的使命（或任务）?"的问题，基本上都省略不表；与此同时，我们的专业文献和图书馆实际工作已开始频繁引述《公共图书馆宣言》等国际文献作为指导思想。在采用国际话语体系的时候，我们显然已经放弃了《省（自治区、市）图书馆工作条例》（或它所代表的那个时代）的话语。尽管我们有不少理由对公共图书馆使命的国际化趋势做正面解读，但本研究的内容分析还是给我们留下了挥之不去的疑惑：在社会转型期，我国公共图书馆界是否需要明确陈述自己的使命（任务）？是否需要将《公共图书馆宣言》的使命陈述与我国的区域性特征（如发展不均衡性）和时代特征相结合？如何正视我国公共图书馆使命的断代性？特别是如何正视过去的话语所象征的"中国特色"？

本研究的内容分析还显示，尽管我国公共图书已开始从国外公共图书馆使命借鉴发展方向和指导思想，但图书馆的服务内容（特别是县级图书馆的服务内容）却依然保留着比较鲜明的"中国特色"。与英美同级别的公共图书馆相比，我国县级公共图书馆的服务力量相对侧重于传播文化、促进阅读和为党政及科研机构提供信息服务，而为个人的正规教育、终身教育、民主参与、社会参与、兴趣爱好等提供的服务却较少。这些差异有些是出于职业选择或设计（如信息服务活动向机构与组织的倾斜），有些则是客观条件使然（如作业辅导等服务的缺失），但不管怎样，我们似乎都不得不面对这样的问题：通过现有的服务能否完成与国际接轨的图书馆使命？

过去的经验告诉我们，对这些问题的探索可能会是一个漫长而困难的过程，在答案尚不成熟的时候，我们建议图书馆管理者开始用批判性思维审视国内外图书馆服务的选择性（设计性）差异。以各类爱国主义教育活动为例，我们究竟希望它服务于怎样的公共图书馆使命？是意识形态使命还是公民教育使命？怎样开展爱国主义教育活动才能使它更好地服务于图书馆的使命？再以信息服务为例，在我国更加强调社会和谐和政治民主的今天，我们是否需要重新考虑公共图书馆的信息服务思路？是否需要加强面向个人的信息服务以提高社会成员的民主参与和社会参与能力？希望本研究的结果以及它所揭示的问题，能为图书馆管理者规划和设计图书馆的服务内容提供一些新的思路。

【参考文献】

〔1〕孙丽文, 辛艳玲, 刘 丽. 公共空间论：图书馆社会职能的新定位〔J〕. 图书馆工作与研究, 2007, (2): 21-22.

〔2〕胡靖华. 论公共图书馆对视障人士的服务〔J〕. 图书馆论坛, 2006, (1): 183-185.

〔3〕温雪芳. 论图书馆视听馆藏的建设与服务〔J〕. 图书馆理论与实践, 2006, (1): 36-38.

〔4〕Holsti, O. R. (1969), Content Analysis for the Social Sciences and Humanities. Reading, MA: Addison-Wesley.

〔5〕于良芝. 公共图书馆存在的理由：来自图书馆使命的注解〔J〕. 图书与情报, 2007, (1): 1-9.

〔6〕Rubin, Richard. Foundations of Library and Information Science〔M〕. New York: Neal-Schuman Publishers, 1998: 307.

〔7〕Spacey, Rachel and Goulding, Anne. Learner support in UK public libraries〔J〕. Aslib Proceedings: New Information Perspectives Volume 56 · Number 6 · 2004: 344-355.

〔作者简介〕于良×, 女, ××大学信息资源管理系教授；李晓×, 女, ××大学信息资源管理系副教授；朱艳×、刘烜×, 女, ××大学信息资源管理系2005级硕士研究生。

图 6.2.9 "内容分析法"研究性文章

【参考文献检索】

检索参考文献通过"电子资源数据库"进行。

（1）超星读秀数据库

超星读秀数据库检索如图 6.2.10 所示。

图 6.2.10　超星读秀数据库检索

（2）超星汇雅电子图书数据库

超星汇雅电子图书数据库如图 6.2.11 所示。

图 6.2.11　超星汇雅电子图书检索

（3）中国知网（CNKI）数据库

中国知网（CNKI）数据库检索如图 6.2.12 所示。

图 6.2.12　中国知网（CNKI）数据库检索

（4）万方数据库

万方数据库检索如图 6.2.13 所示。

图 6.2.13　万方数据库检索

（5）维普（VIP）数据库

维普（VIP）数据库检索如图 6.2.14 所示。

图 6.2.14　维普（VIP）数据库检索

【标题标号格式】

各级标题标号用阿拉伯数字连续编号。论文的各级标题标号一般用阿拉伯数字连续编号，如 1.，1.1，1.2，1.3，1.3.1，1.3.2，…，一般层级不超过 3 级，超过 3 级可用①、②、③或❶、❷、❸编号。段落中间有需要加序号的地方，也可用①、②、③或❶、❷、❸编号。

图、表、附注、参考文献、公式、算式等，一律用阿拉伯数字分别依序连续编排。可以统篇编码，也可以分章编码。如图 1，表 1，附注 1，…，图 1.1，表 1.1，附注 1.1，…，文献［1］，式（1）、式（1.1）等。

【例文】

题目编号：

1
1.1
1.1.1
1.2
1.2.1
1.2.2
……

一方面，共读主体围绕共读内容进行选书、读书、交流、评价等一系列共读活动，实现其阅读/服务目标。正确认识图书馆共读服务各要素的内涵，把握要素之间的关系，能帮助图书馆提升共读服务水平、发挥共读服务效果，从而更好地满足读者的共读需求。

1 图书馆共读服务实践分析

1.1 分析框架

以图1中的图书馆共读服务模型为依据提出分析框架，从6个维度对具有代表性的图书馆共读服务实践案例进行分类分析(见表1)。

1.2 样本选取

本研究旨

表1 共读服务实践分析框架

一级要素	二级要素

1.3 现状分析

本文从多个角度对我国图书馆共读服务实践进行分类(见表3)，并结合所选案例分析各类共读服务的特点和不足。根据读者群体的特点，可分为同层次群体共读和多层次群体共读；按共读活动过程的完整性，可分为全程共读和非全程共读；从共读指导团队的构成和参与程度，可分为读者参与指导式共读和专家定期指导共读；依据共读内容的特点，可分为单一书本(又称"单类作品")共读和"书本+"共读；从共读环境与资源角度，则可分为网络共读、现场共读以及"O2O"共读。

1.3.1 同层次群体共读与多层次群体共读

同层次群体共读是指有选择性、倾向性地招

图 6.2.15 标题标号层级

📖 文后格式

【参考文献标注】

论文最后往往都要标注引用的"参考文献"。一是对他人文献劳动的尊重、体现出他人文献的价值，同时也表明个人文献内容的出处及真实性。严格的标引文献，是一种良好的学术道德，是治学严谨态度的体现。论文中某段内容参考了一篇文献，则要在此段最后或中间位置加上上标数字，数字用中括号"[ ]"括起。如：[1]、[2]、[3]。文后参考文献顺序请与正文中引用顺序一致，注意合并相同项，参考文献中不能出现"同参考文献[×]"等字样。每篇参考文献均需在正文中有引用，正文引用时顺序号均以上标形式标出。

【例文】

参考文献例文如图 6.2.16 所示。

上的成员；(3)成员可以在组内交流自己的想法，促进认知、社交能力和情感的发展，激发动机；(4)根据成员个人能力进行分组[6]。Ian 更是直接探寻了共读的本质，将共读理解成一种阅读实践，参与者在一个共享的空间内分享，共同努力以实现对事物的共同理解和共同思考，这远胜个人阅读[7]。

一些学者分析了共读服务的要素。Bjerkaker认为引领者和参与者是共读的两大主要角色[8]。Wenger 则认为共读作为一种阅读实践共同体，应包含相互的参与、共同的愿景、共享的读物三部分[9]。

[6] Chang C T, Tsai C Y, Li Y J, et al. Seamless co-reading system for collaborative group learning[C]// International Conference on Blended Learning. Cham: Springer, 2018: 287-297.

[7] Ian Maxwell. 'What I thought university would be like…' close reading as collaborative performance[J]. Higher Education Research & Development, 2019, 38 (1): 63-76.

[8] Bjerkaker, Sturla. Changing Communities. The Study Circle- For learning and democracy[J]. Procedia-Social & Behavioral Sciences, 2014, 142(3): 260-267.

[9] Wenger E. Communities of practice: Learning, meaning, and identity[M]. Cambridge: Cambridge University Press, 1999.

图 6.2.16 例文（参考文献）

文后参考文献标注格式：

［顺序号］作者.题名［文献类型标志］.刊物名称，出版年，卷（期）：起止页码.

示例：

［1］张新红.新农村信息化建设需要完善八大机制［J］.中国信息界，2007，19（3）：38-40.

［顺序号］作者.著作名［文献类型标志］.其他责任者.出版地：出版社，出版年：起止页码.

示例：

［1］李道亮.中国农村信息化发展报告［M］.北京：中国农业科学技术出版社，2007：154-157.

［2］CIALDINI R B.影响力［M］.陈叙译.北京：中国人民大学出版社，2006：170-175.

［顺序号］作者.题名［文献类型标志］.报纸名，年-月-日（版次）.

示例：

［1］国务院新闻办公室.中国的粮食问题［N］.人民日报，1996-10-25（2）.

［顺序号］作者.题名［文献类型标志］//编者.文集名.出版地：出版者，出版年：起止页码.

示例：

［1］宋晓舒，程东明.传统图书馆和数字图书馆［C］//图书情报工作杂志社编.图书馆学情报学研究论文选.北京：科学技术文献出版社，2002：1-2.

［顺序号］作者.题名［文献类型标志］.保存地：保存者，年份.

示例：

［1］张志祥.间断动力系统的随机扰动及其在守恒律方程中的应用［D］.北京：北京大学数学学院，1998.

［顺序号］起草责任者.技术标准代号顺序号—发布年.技术标准名称［S］.出版地：出版社，出版年.

示例：

［1］国家标准局信息分类编码研究所．GB／T 2659—1986.世界各国和地区名称代码［S］.北京：中国标准出版社，1988.

［专利标注格式］

［顺序号］申请者．专利名［P］.国名，专利号，发布日期．

示例：

［1］刘加林．多功能一次性压舌板［P］.中国，92214985.2，1993-04-14.

［科技报告标注格式］

［顺序号］作者．文题［R］.地名：责任单位，报告代码及编号，年份．

示例：

［1］BOZEMAN B.Knowledge Value Collectives： The Proof of Science in the Putting［R］.Contractor Report，AIAA-98-4484，2012.

［网上文献标注格式］

［顺序号]主要责任者．题名［文献类型／载体标志].(更新日期)［引用日期].网址．

示例：

［1］刘江等．假如陈景润被量化考核［N/OL］.（2004-03-12）［2004-04-05］.http：//rearch.cnk.inet/cc-nd/mainframe.amp？ encode=gb&display=Ch.

［2］Lynch C A. Metadata hearvesting and the open archives initiative［EB/OL］.（2013-03-24）［2021-06-12］.http：//www.arl.org/newsltr/217/mhp.html.

"文献类型标志"分别代表的文献类型如图 6.2.17 所示。

图 6.2.17 "文献类型标志"代表的文献类型

【作者简介】

作者简介内容包括：姓名、出生年月、性别、职称、职务、研究方向、发表论文及出版著作数量。多作者，要分别作以介绍，如图 6.2.18 所示。

示例：

作者简介： 李 × 光（1965.3—），男，教授，情报研究所所长，研究方向：图书馆
信息化建设，资源共建共享，发表论文 30 余篇，专著 4 部。

多作者且不同单位，分别介绍"作者单位"和"作者简介"。

嵌入式高可靠星务管理软件设计与验证

王平×[1,2,3]，李华×[2]，尹增×[2]，孙宁×[2]

（1. ××大学电气信息学院，成都 610039; 2. 中国科学院××微小卫星工程中心，上海南 200050;
3. ××计算机网络重点实验室，济南 250014）

作者简介： 王平×(1970-)，男，副教授、博士，主研方向:高可靠嵌入式系统技术，信息融合技术；
李华×、研究员、博士；尹增×，研究员、博士；孙宁×，副研究员、硕士。

图 6.2.18 多作者简介

📖 论文的发表

论文发表的期刊分非专业刊、专业刊、普通刊、核心刊（北大核心刊、南大核心
刊（CSSCI））、中国科学引文数据库（CSCD）、中国科技论文统计源期刊（CSTPCD）。

北大核心刊： 是北京大学图书馆联合众多学术界权威专家鉴定，国内几所大学的
图书馆根据期刊的引文率、转载率、文摘率等指标确定的。北大核心刊也被众多高校
或项目评定机构作为参考评价的指标。

南大核心刊： 是由南京大学中国社会科学研究评价中心组织评定的。由南京大
学中国社会科学研究评价中心开发研制的数据库——中文社会科学引文索引（Chinese
Social Sciences Citation Index，CSSCI）。它用来检索中文社会科学领域的论文收录和
文献被引用情况。利用 CSSCI 的"来源文献检索"，读者可以检索到包括普通论文、
综述、评论、传记资料、报告等类型的文章。利用 CSSCI 的"被引文献检索"，读
者可以检索到论文（含学位论文）、专著、报纸等文献被引用的情况。

中国科学引文数据库：（Chinese Science Citation Database，CSCD），由中国科学
院文献情报中心创建，与美国的 SCI 接轨，被誉为"中国的 SCI"。分为核心库和扩展库，
核心库的来源期刊经过严格评选，是各学科领域中具有权威性和代表性的核心期刊。
扩展库的来源期刊经过大范围的遴选，是我国各学科领域优秀的期刊。

中国科技论文引文数据库（Chinese Science Technology Paper Citation Database，
CSTPCD）也称"中国科技核心期刊数据库"。中国科技信息研究所自 1987 年开始从
事中国科技论文统计与分析工作，并自行创建的数据库。该数据库选择的期刊称为"中
国科技核心期刊"，选取经过严格的同行评议和定量评价，是中国各学科领域中较重
要的、能反映本学科发展水平的科技期刊。"中国科技核心刊"每年进行遴选和调整。

　　在国内各高校和科研单位，一般以北大核心刊为标准，发表论文尽量发表到北大核心刊物上（《北大中文核心期刊目录》在网上可查）。

　　若所写论文在核心刊物上发表不了，尽可能发表在本专业刊物上。最好不要将论文发表在非专业普通期刊上。

【论文相似度检测】

　　相似度检测原意为确定比较的两个产品间是否相似的一种感官检验方法，属于差别检验的一种。在此指两篇及两篇以上论文的篇章及语句的相同程度。一般用百分比表示。通常论文的相似度不能超过 30%。

【论文投稿】

　　论文写好、修改好后，准备发表前，要选择拟投稿的刊物，按照该刊的网上投稿系统填报投稿或按提供的邮箱投稿（网上投稿系统或投稿邮箱，一般到杂志社的网站上可以查到）。

　　在万方数据库中，通过"搜期刊"可以搜索到某专业期刊是否属于核心刊，属于哪一种核心刊物，如图 6.2.19 所示。

图 6.2.19　万方数据库中查看核心刊种类

📖 学术道德规范

在从事科学研究的过程中，应严格遵守中华人民共和国《著作权法》、《专利法》、中国科协颁布的《科技工作者科学道德规范（试行）》等国家有关法律、法规、社会公德及学术道德规范，要坚持科学真理、尊重科学规律、崇尚严谨求实的学风，勇于探索创新，恪守职业道德，维护科学诚信。

【基本要求】

科学研究应当遵守基本学术道德规范。

（一）在学术活动中，必须尊重知识产权，充分尊重他人已经获得的研究成果。引用他人成果时如实注明出处；所引用的部分不能构成引用人作品的主要部分或者实质部分；从他人作品转引第三人成果时，如实注明转引出处。

（二）合作研究成果在发表前要经过所有署名人审阅，并签署确认书。所有署名人对研究成果负责，合作研究的主持人对研究成果整体负责。

（三）在对自己或他人的作品进行介绍、评价时，应遵循客观、公正、准确的原则。在充分掌握国内外材料、数据基础上，做出全面分析、评价和论证。

（四）尊重研究对象（包括人类和非人类研究对象）。在涉及人体的研究中，必须保护受试人合法权益和个人隐私并保障知情同意权。

（五）在课题申报、项目设计、数据资料的采集与分析、公布科研成果、确认科研工作参与人员的贡献等方面，遵守诚实客观原则。搜集、发表数据要确保有效性和准确性，保证实验记录和数据的完整、真实和安全，以备考查。公开研究成果、统计数据等，必须实事求是、完整准确。对已发表研究成果中出现的错误和失误，应以适当的方式予以公开和承认。

（六）诚实严谨地与他人合作。耐心诚恳地对待学术批评和质疑。

（七）对研究成果做出实质性贡献的有关人员拥有著作权。仅对研究项目进行过一般性管理或辅助工作者，不享有著作权。合作完成成果，应按照对研究成果的贡献大小的顺序署名（有署名惯例或约定的除外）。署名人应对本人做出贡献的部分负责，发表前应由本人审阅并署名。

（八）不得利用科研活动谋取不正当利益。正确对待科研活动中存在的直接、间接或潜在的利益关系。

【学术不端行为】

学术不端行为是指在科学研究和学术活动中的各种造假、抄袭、剽窃和其他违背学术活动公序良俗的行为。全体研究人员不得有下述学术道德不端行为：

（一）抄袭、剽窃、侵吞、篡改他人学术成果。在学术活动过程中抄袭、篡改他人作品等成果，剽窃、篡改他人的学术观点、学术思想或实验数据、调查结果；违反职业道德利用他人重要的学术认识、学说或者研究计划等行为。

（二）故意做出错误的陈述，捏造数据或结果，破坏原始数据的完整性。伪造、拼凑、篡改科学研究实验数据、结论、注释或文献资料等行为。

（三）伪造学术经历。在评奖、评优、奖助学金评定等申报材料填写有关个人简历信息及学术情况时，不如实报告个人简历、学术经历、学术成果，伪造专家鉴定、证书及其他学术能力证明材料等行为。

（四）成果发表、出版时一稿多投。

（五）未如实反映科研成果。虚报科研成果，或重复申报同级同类奖项，或随意提高成果的学术档次，在出版成果时未如实注明著、编著、编、译著、编译等行为。

（六）不当或滥用署名。未参加科学研究或者论著写作，而在别人发表的作品等成果中署名；未经被署名人同意而署其名等行为；在科研成果的署名位次上高于自己的实际贡献的行为；未经被署名人允许的随意代签、冒签；损害他人著作权，侵犯他人的署名权，将做出创造性贡献的人排除在作者名单之外。

（七）采用不正当手段干扰和妨碍他人研究活动，包括故意毁坏或扣押他人研究活动中必需的仪器设备、文献资料，以及其他与科研有关的财物；故意对竞争项目实施不正当竞争行为。

（八）参与或与他人合谋隐匿学术劣迹，包括参与他人的学术造假，与他人合谋隐藏其不端行为，监察失职，以及对投诉人打击报复。

📖 训练任务

1. 请同学们根据自己所学专业或日常生活所见问题，通过文献检索、参考文献、分析文献、借鉴文献，按照论文写作 16 步法写作一篇论文。论文以解决某一问题为线索，提出自己的看法或做法。要求：字数在 1 500 字左右；参考文献要求按格式标注：2 篇以上图书文献，2 篇以上期刊论文文献，2 篇以上网上文献。用 Word 文档编辑；要独立思考，文章成体系，前后一致。完成后上传至"云班课"作业中。

2. 请进入"大雅相似度检测系统"，以"个人用户"登录，上传个人论文，检测并查看个人论文的"相似度"。"相似度"不能超过 30%。将检测结果截图，上传至"云班课"作业中。

附录

现代教学工具的应用

附录1　云班课的应用 ◎

　　"云班课"是国内第一款免费的课堂互动教学App，也是国内唯一融入人工智能技术的智能教学工具。使用"云班课"老师可以快速创建一个拥有唯一7位"班课号"的班课，学生使用班课号即可加入班级，一个在线的班级就形成了。在课堂内外，老师和学生可以随时随地地开展不同类型的教学活动，可以适应不同的教学场景，投票问卷能够让老师快速得到学生的投票反馈结果；头脑风暴能让所有学生背对背地独立思考发言；答疑讨论则能够让师生随时随地沟通互动；随堂测试也可以高效开展，并即时反馈结果，自动分析成绩；作业/小组任务更是能够支持学生或小组提交各种格式的作业；在课堂上，即使是百人的签到也可以通过轻松一点就完成；老师可以在课前、课中、课后随时向学生推送课件、微课、文档、音视频、网页等多种格式的教学资源。"云班课"具有强大的功能，如"智能画像""智能预警""智能批改""智能语音""智能提醒""智能标签"等，使"人工智能＋教学"从遥不可及到唾手可得。

📖 云班课教师端

　　①进入手机的"App应用市场"，查找、下载"云班课App"。

　　②安装"云班课App"，如附录图1.1所示。

　　③下载、安装完成后，利用手机号注册。

　　④选择"学生身份"或"老师身份"，这里我们选择"老师身份"，如附录图1.2所示。

　　⑤完善老师的基本信息，如姓名等。

　　⑥创建"班课"，如附录图1.3所示。

　　⑦填写班课信息，如"班级""课程""学校院系""学习要求""教学进度"以及"云教材"等，信息填写完成后，单击下方的"创建"。

　　⑧"创建成功"后，产生一个7位数班课号，学生则可以通过"班课号"加入课堂，如附录图1.4所示。

①

②

附录图 1.1　下载安装"云班课"

③

④

附录图 1.2　注册和选择身份

⑤

⑥

附录图 1.3　完善信息和创建班课

⑦　　　　　　　　　　　　　　⑧

附录图 1.4　创建班课产生班课号

⑨根据实际情况，老师可以创建多个"班课"，分别产生不同的"班课号"，如附录图 1.5 ⑨所示，已创建了 3 个班课。

⑩单击进入任一班课，进入"添加活动"页面，"观看创建活动示范视频"，了解"创建活动"步骤及要求，然后为自己的班课创建活动，开展教学。单击下方的"➕添加活动"添加活动，按提示要求创建活动，如附录图 1.5 ⑩所示。

⑨　　　　　　　　　　　　　　⑩

附录图 1.5　创建班课并添加活动

⑪"添加活动"包括添加"在线课堂"（需申请），"技能考""云教材学习""作业/小组任务""活动库""投票/问卷""轻直播/讨论""测试"等。常用的有"作业/小组任务""投票/问卷""测试"。可以课前、课中、课后发布作业、进行问

卷投票、开展测试，方便直观，通过手机学生就可以做作业，老师就可以看到作业及作业完成情况，包括完成的学生，未完成的学生。问卷投票结果一目了然，直接形成图表。测试结果清楚可见，分数即时显示，每道题解答正确或解答错误的比例以图表的方式清晰显示出来。

⑫现以"作业/小组任务"为例，介绍"作业"的建立，单击"作业/小组任务"，进入"作业"创建页面，主要内容有"标题""评分方式、评分点及作业分值""设置最晚提交时间""参考答案"等。"评分方式"一般选"教师评分"，平时分值可设为 5 ~ 20 分。"最晚提交时间"如果不设置，则不限时间，到时老师可手动结束，如果设定了"最晚提交时间"，则时间是倒计时，倒计时结束后，则会自动交卷、结束，如附录图 1.6 所示。

附录图 1.6 创建"作业/小组任务"

⑬设置好作业内容后，作业并未开始，只有老师发起"开始"时，学生终端才可以见到作业，并可以"做作业"。在活动列表中显示出刚刚创建的"作业"，在"作业"同行的最后面有"未开始"未开始，单击向下箭头，出现 6 项功能："删除""编辑""开始""信息""转发""分享"。"删除"是删除此条作业；"编辑"是重新编辑该条作业；"开始"是开始发起作业；"信息"是发布关于该条作业的信息；"转发"是将该条作业转发给其他班级；"分享"是将作业结果分享到"课程圈"。单击"开始"开始，则该条作业发起"开始执行"，学生端可见，并可以开始"做作业"。

⑭当作业在"进行中"时，单击后面的"进行中"进行中，则可出现"结束"结束选择，单击"结束"即刻结束作业，如附录图 1.7 所示。

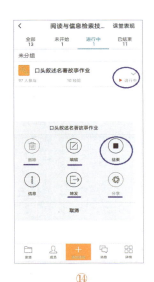

⑬　　　　　　　　　　⑭

附录图 1.7　"开始"作业和"结束"作业

⑮制作的"投票 / 问卷"，当同学们完成"问卷"后，结果即刻显示出来。这时老师要单击"进行中"，将进行中的"问卷"变成"已结束""问卷"。再单击"⬤已结束"已结束，则显示"删除""编辑""开始""分享"等功能，单击"⚙分享"分享，进入"分享活动"页面。

⑯在页面上方，简单输入对这一次活动的设计理念和知识点等相关信息，然后单击右上角的"发布"，则可将"投票 / 问卷"结果信息分享到"课程圈"中，"课程圈"是系统内的学友们和师友们分享成果的一个交流群，如附录图 1.8 所示。

⑮　　　　　　　　　　⑯

附录图 1.8　"分享"活动

⑰进入"云班课"手机主页，在最下方的中间出现"◎发现"发现，单击"发现"，进入发现主页。

⑱发现主页中有"课程圈"，单击"课程圈"右侧的向右箭头"❯"，进入不同的课程圈。

⑲单击眉头课程圈名称右侧的向下"▼"三角，选择发布的"课程圈"（未发布信息之前就要确定），如选择"行动学习教学圈"，则在此圈内就可以见到刚刚发布的分享信息，此信息为共享交流信息。单击右下角的"+"号，则可进一步分享"日志""活动""资源""作业结果"等，如附录图1.9所示。

⑰

⑱

⑲

附录图1.9　查看"课程圈"信息

⑳打开云班课，显示的是老师创建的"班课"。

㉑单击进入某一班课，显示出班课创建的"活动"和"作业"。在页面的下方，有"👤成员"成员，单击"成员"则进入学生管理页面。

㉒在学生管理页面上方有4项功能："发起签到""心意卡片""小组方案""挂科预警"。"发起签到"即上课前老师发起让学生签到，签到结束后，老师可在签到页面中查看"出勤"和"缺勤"情况。"心意卡片"即老师可以给表现优秀的学生送去一份"奖励"的"小花"或是"表奖"的祝福语。"小组方案"即是老师可将班课学生提前划分为几个小组，便于课间、课后学习和交流。"挂科预警"即是根据老师提前设定的条件，系统通过大数据模型计算，发现班课内学生可能存在的挂科风险，通知老师，协助老师更好地管理班课。常用的功能是"发起签到"，如附录图1.10所示。

㉓单击"发起签到"，即可进入"签到"页面。签到分4种模式："限时签到""一键签到""手势签到""手工登记"。"限时签到"即设定一个时间段，学生在这个时间段内完成签到。"一键签到"即老师发出签到指令，学生马上签到，老师控制时间，到时由老师结束签到。"手势签到"即是老师通过滑动手势创建一个签到手势，并现场传达给学生，学生通过输入正确手势完成签到。"手工登记"即是默认全班学生全部已签到，老师单击个别学生，根据实际情况设置为"缺勤""事假""病假""迟

到""早退"等。通常用"一键签到"和"限时签到"。

㉔签到结束后，即刻出现签到结果，包括缺勤、出勤人数和姓名。若有请"事假"或"病假"者，可单独设置为"事假"或"病假"，如附录图1.11所示。

⑳

㉑

㉒

附录图1.10 "成员"管理

㉓

㉔

附录图1.11 签到情况显示

㉕根据教室实际距离，对没来教室，远距离签到的学生，可以通过定位发现他的距离。

㉖对距离远超出固定范围的，可判定未来课堂，单独设定为"缺勤"，如附录图1.12所示。

㉕   ㉖
附录图 1.12　通过定位判断签到距离

📖 云班课学生端

①下载安装好"云班课"App 后，注册"我是学生"。

②或以"我是老师"身份注册后，单击上方的"我加入的"，也可以加入班课。单击下方"加入班课"，输入指定的"班课号"，即可以加入指定老师的班课了，如附录图 1.13 所示。

①   ②
附录图 1.13　以不同身份加入云班课

③输入"班课号"，单击右上角的"下一步"。

④选择指定老师的课，单击下方的"加入"，即可加入指定老师的班课，如附录图 1.14 所示。

③　　　　　　　　　　　④

附录图 1.14　加入指定班课

⑤"加入班课成功"，单击下方的"开始班课"，即可以进入该班课中。

⑥进入该班课，可以见到该班课的所有活动内容。单击某一"进行中"的活动标题，进入"进行中"的活动，如附录图 1.15 所示。

⑦进入某一"进行中"的活动，便可显示活动的详细内容。如果活动内容为作业，即可以在活动的"作答"区输入"文字"进行回答，在下方的"附件"区，单击"+"号添加附件。

⑧添加附件包括"拍照""图片""视频""文件""暂存区""语音"，分别可以现场拍照、添加已有图片、添加已有视频、添加已编辑的文件、添加暂存区内容、添加语音或录音，如附录图 1.16 所示。

⑤　　　　　　　　　　　⑥

附录图 1.15　加入班课查看班课活动内容

⑦　　　　　　　　　　　⑧

附录图 1.16　查看活动内容并作答

⑨若需要再加入其他老师的班课，则单击右上角的"+"加号，输入班课号加入。

⑩加入后，即刻在下方显示"最新待完成任务（作业）"，可以查看和完成，如附录图 1.17 所示。

⑨　　　　　　　　　　　⑩

附录图 1.17　加入多名老师班课

⑪进入某一班课，在各项任务的下方，选择"成员"则进入学员栏。

⑫这里可以实现"参与签到"、送"心意卡片"、查看"小组方案"、查看"平时成绩"。常用功能是"参与签到"和"平时成绩"，如附录图 1.18 所示。

⑪

⑫

附录图 1.18　学生端"成员"功能

📖 云班课电脑端

"云班课"电脑端的应用，可以大大地方便操作，可利用电脑的投影，将课程情况和签到情况显示给学生。直观、实时，会引起学生的高度重视。

进入云班课电脑端主页，单击右上角的"登录"，如附录图 1.19 所示。

附录图 1.19　"云班课"电脑端主页面

用手机"账户""密码"登录或手机"验证码"登录，如附录图 1.20 所示。

附录图 1.20　电脑端"云班课"登录页面

　　登录成功后，即进入个人在手机终端建立的"云班课"中心。个人之前创建的"班课""活动""成员"全部显示出来，如附录图 1.21、附录图 1.22、附录图 1.23 所示。

　　进入电脑端"云班课"，可以导出"课程""签到""作业""测试"等结果。比如，导出测试数据，单击"测试"后面的"导出数据"导出数据，几秒钟后，导出结果则转移到"任务中心"中，如附录图 1.24 所示。

　　进入"任务中心"，则可看到导出的各项任务。单击后面的"下载"，选择存入的本地硬盘目录，则可将导出的数据下载到本地硬盘指定目录中，如附录图 1.25、附录图 1.26 所示。

附录图 1.21　电脑端"云班课"→"我创建的班课"

附录图 1.22　电脑端"云班课"→"活动"

附录图 1.23　电脑端"云班课"→"成员"

附录图 1.24　电脑端"云班课"→"导出数据"

附录图 1.25　电脑端"云班课"→下载数据

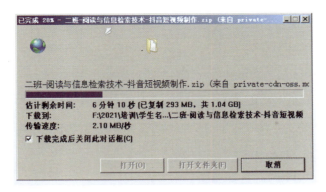

附录图 1.26　电脑端"云班课"→数据下载中

在本地硬盘指定目录中，打开刚下载的压缩文件，其中包含 2 个文件夹和 2 个文件："images"文件夹中包含几个符号；"学生试卷"文件夹中是每个学生的试卷卷面及答题情况分析报表；"测试报告"文件是对全班同学答题情况进行分析报表及显示所有同学的分数报表；"汇总及详情"文件包括"汇总"和"详情"两个表，"汇总"是对第一道题的答题情况及"选择率 / 正确率"进行分析报表；"详情"是对每一位同学的卷面"得分""用时"及每一道题的解答情况的统计报表，如附录图 1.27、附录图 1.28 所示。

名称	大小	压缩后大小	类型	修改时间	CRC32
			文件夹		
images	2,868	2,883	文件夹		
学生试卷	12,247,338	12,249,428	文件夹		
测试报告.html	109,297	109,312	360 se HTML Do...	2022/2/7 22:51	C149851B
汇总与详情.xlsx	29,355	29,360	Microsoft Office ...	2022/2/7 22:51	2A54ED...

附录图 1.27　电脑端"云班课"→下载的压缩文件中包含的子文件

排名	姓名	学号	卷面得分	百分制得分	用时（秒）	题目 1《道德经》的作者	题目 2《四书五经》中的"	题目 3《四库全书》是哪一	题目 4《二十四史》的第
1	赵兴谕	2021002900	50	100.00	185	✓	✓	✓	✓
2	陈浩然	2021002944	50	100.00	231	✓	✓	✓	✓
3	朱美容	2021005505	50	100.00	260	✓	✓	✓	✓
4	罗米会	2021005298	50	100.00	283	✓	✓	✓	✓
5	张靖林	2021002542	48	96.00	111	✓	✓	✓	✓
6	袭蔚	2021004672	48	96.00	181	✓	✓	✓	✓
7	桂福敏	2021003167	48	96.00	493	✓	✓	✓	✓
8	李东检	2001005761	48	96.00	533	✓	✓	✓	✓
9	查梦瑶	2021005813	48	96.00	573	✓	✓	✓	✓

附录图 1.28　电脑端"云班课"→下载的"汇总与详情"文件中详情报表

📖 云班课投屏端

登录电脑端"云班课"，在主页上方有一功能"🖥️**手机投屏**"手机投屏，单击"手机投屏"，则电脑屏幕出现 4 位连接码输入框，如附录图 1.29、附录图 1.30 所示。

附录图 1.29　电脑端"云班课"→"手机投屏"

附录图 1.30　电脑版"云班课"→输入投屏连接码

①进入手机"云班课"，单击右上角"🔘"投屏，产生 4 位连接码。在电脑端输入框中输入连接码后，投屏连接成功。

②在手机端显示出"正在投屏"字样，左下方出现一个分上、下、左、右"控制按钮"，可以遥控电脑端显示画面的上、下、左、右移动，如附录图 1.31 所示。

投屏连接成功后，"云班课"的资源、签到和活动将自动投屏到大屏幕上，但是只有"进行中"和"已结束"的活动可以投屏，如附录图 1.32、附录图 1.33 所示。

 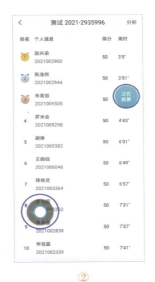

① ②

附录图 1.31 手机投屏操作

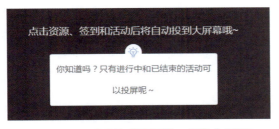

附录图 1.32 电脑端"云班课"→投屏成功提示

排名	姓名	学号	得分	用时
1	赵	2021002900	50	3'5"
2	陈	2021002944	50	3'51"
3	朱	2021005505	50	4'20"
4	罗	2021005298	50	4'43"
5	胡	2021005382	50	6'31"
6	王	2021006046	50	6'49"
7	程	2021003364	50	6'57"
8	曾	2021005252	50	7'31"
9	李	2021002838	50	7'37"
10	华	2021002359	50	7'41"

附录图 1.33 手机端显示的内容同步在电脑端和投影端显示

附录2　雨课堂的应用

　　雨课堂是清华大学和学堂在线共同推出的新型智慧教学解决方案，是教育部在线教育研究中心的最新研究成果，致力于快捷免费为所有教学过程提供数据化、智能化的信息支持。雨课堂旨在连接师生的智能终端，将课前、课上、课后的每一个环节都赋予全新的体验，最大限度地释放教与学的能量，推动教学改革。雨课堂是内置在PPT中的一个小插件，打开PPT，在顶部菜单栏中即可看到雨课堂。雨课堂将复杂的信息技术手段融入PowerPoint和微信，在课外预习与课堂教学间建立沟通桥梁，让课堂互动永不下线。使用雨课堂，教师可以将带有MOOC视频、习题、语音的课前预习课件推送到学生手机，师生沟通及时便利；课堂上实时答题、弹幕互动，为传统课堂教学师生互动提供了完美解决方案。

雨课堂安装

　　雨课堂系统可到雨课堂官网上下载，Windows版系统要求Windows7 SP1及以上版本，如需放映PPT或在Office中使用，需同时安装PowerPoint 2010及以上版本或WPS个人版（6929）及以上版本。进入官网下载雨课堂v4.4以上版本，如附录图2.1所示。

附录图2.1　下载"雨课堂"系统软件

　　选择"PowerPoint 2010及以上/WPS个人版6929及以上"版本，单击下方的"下一步"，如附录图2.2所示。

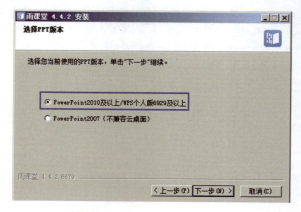

附录图2.2　选择PowerPoint版本项

选择安装本地目录，单击下方的"安装"，如附录图 2.3 所示。

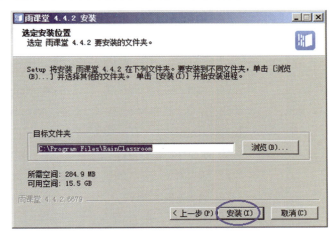

附录图 2.3　安装"雨课堂"系统软件

雨课堂启动

安装成功后，打开 PPT，可以看到 PPT"正在加载加载项 1/1 雨课堂"，即加载、启动"雨课堂"系统，如附录图 2.4 所示。

附录图 2.4　启动 PPT 加载"雨课堂"

在打开的 PPT 中多了一项"雨课堂"。其中包括"雨课堂""微信扫一扫""开启雨课堂授课""单选题""多选题""投票""填空题""主观题""批量导入""新建试卷""新建手机课件""插入慕课视频""插入网络视频"等多项功能，如附录图 2.5 所示。

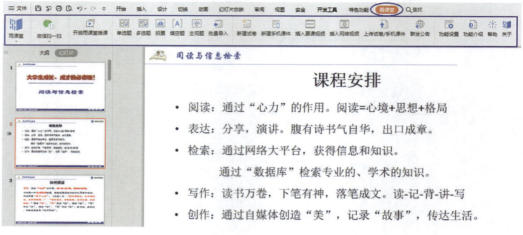

附录图 2.5　PPT 中启动"雨课堂"所有功能

📖 雨课堂应用

　　"雨课堂"第一项功能"服务器"是选择雨课堂服务器的，通常我们选择"雨课堂"服务器。除此之外，还有"荷塘 - 雨课堂""长江 - 雨课堂""黄河 - 雨课堂"服务器。

　　"雨课堂"第二项功能" 微信扫一扫 "微信扫一扫，是微信扫码登录功能项，单击后在电脑屏幕上出现一个"二维码"，如附录图 2.6 所示，老师用手机微信扫描此二维码，则老师手机端出现拟登录的 4 位验证码号，如附录图 2.7 所示，在电脑端"二维码"下方输入此验证码号，即刻登录"雨课堂"。此后便可以开始"雨课堂"其他各项功能的应用。

附录图 2.6　电脑端产生的二维码

附录图 2.7　手机端产生的验证码

登录后，第二项功能的位置就显示老师的名字。单击第三项功能"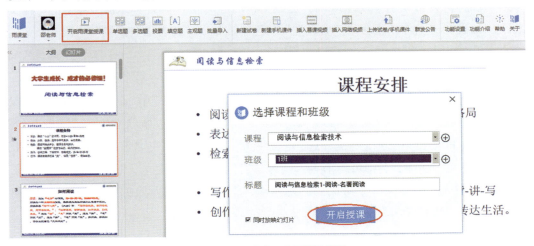"开启雨课堂授课，出现课程名和班级选项，因为一位老师可能开设几门课和教授几个班。选择完成后，同时在左下角"同时放映幻灯片"前打"√"，然后单击下方的"开启授课"，如附录图 2.8 所示。

附录图 2.8　准备开启雨课堂授课

此时出现学生签到的"二维码"和签到的"课堂暗号"。学生可以用手机当场扫描二维码签到，也可在手机"雨课堂"微信公众号中，单击"课堂暗号"，输入课堂暗号号码远程签到（若是课堂上课，必须是扫码签到）。签到过程中，可根据左下角的"已签到 111/118"，知道已签到的人数和未签到的人数。111 表示现已签到的人数，118 表示全班总人数。签到完成后，可单击右下方的"→"向右箭头，开始上课，如附录图 2.9 所示。

课堂暗号：3××××

附录图 2.9　学员签到页面

开始上课同时放映教学 PPT（幻灯片），学生端手机同时可以接收、浏览。此时第三项功能"课堂教学"变为两项分功能"放映幻灯片"和"结束本次授课"，老师可以中途暂停退出幻灯片放映，也可再次单击放映幻灯片或单击结束幻灯片的放映。

在授课过程中，若有晚来的学生需要签到，老师则可以重新调出签到二维码。老师可以单击幻灯片右侧的"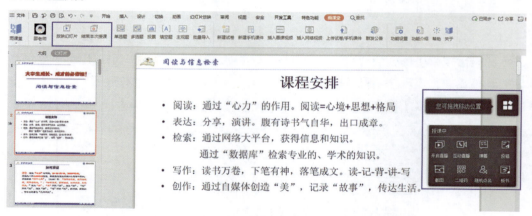"，出现下拉菜单，其中有"❑"二维码选项，单击"二维码"图标，则可调出签到二维码。这些下拉的"课间教学辅助功能"菜单中，除了有"二维码"功能外，还有"开启直播""互动直播""弹幕""投稿""截图""随机点名""板书"等功能。"开启直播"和"互动直播"为"会员专享"功能。老师可以进入雨课堂官网申请成为会员，即可开通直播功能；"弹幕"有两种模式"开"和"关"，老师可根据实际情况，设定"开"和"关"，设定"开"，则弹幕开启；"投稿"可以发起投稿；"截图"可以截取屏幕一定区域的图片，发给学生；"随机点名"则可在签到的学员中，系统随机筛选、定位学员，起到点名或点名答题的作用。"板书"为"会员专享"功能，老师可提前进入雨课堂官网申请成为会员，即可开通板书功能。常用的功能为"截图""二维码""随机点名"，如附录图 2.10 所示。课后老师可以尝试应用。

附录图 2.10　课间教学辅助功能列表

"雨课堂"第四至第九项功能为试题（投票）项，即在 PPT 中插入试题（投票）帧，可随堂让学生作答。单击第四项功能"单选题"，课件 PPT 中插入了一帧"单选题"页。这里需要老师提前完成"题目描述""选项内容"和设置"分数""答案"，如附录图 2.11 所示。

如附录图 2.12 所示为"单选题"题目设置页面。分数设为 5 分；正确答案设为 B；题目描述为"《二十五史》的第一史是哪部史书？"，选项内容分别为 A《资治通鉴》，B《史记》，C《三国志》，D《汉书》。

在设置正确答案的同时，右下方出现"附答案解析"，若在前面打"√"，则出现"答案解析"文字框，可输入对答案的解析内容，在学生作答后，将会显示答案解析，如附录图 2.13 所示。

附录图 2.11　"单选题"添加帧

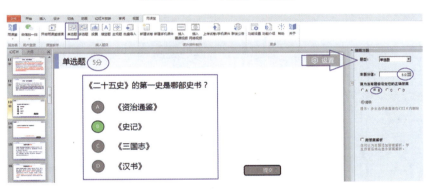

附录图 2.12　"单选题"题目设置页面

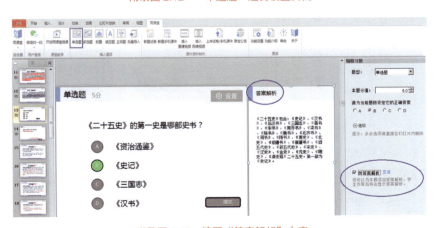

附录图 2.13　填写"答案解析"内容

　　插入第五项功能"多选题"，课件 PPT 中插入了一帧"多选题"页。这里需要老师提前完成"题目描述""选项内容"和设置"分数""多选答案"。如分数设为

5分，多选答案设为A、B、C、D，题目描述为"'知网'数据库都可以检索哪种文献？"。选项内容为A期刊论文，B学位论文，C专利和标准，D图书，如附录图2.14所示。

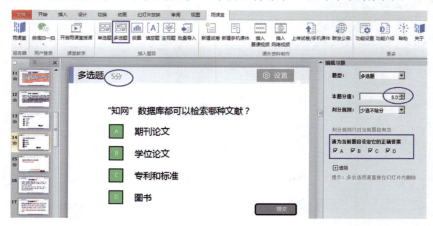

附录图2.14　"多选题"题目设置页面

插入第六项功能"投票"，课件PPT中插入了一帧"投票"页。这里需要老师提前设置"单选"还是"多选"，"题目描述"和"选项内容"。如设置为"单选"，题目描述为"我国'四大名著'你感觉最难读的是哪一部？"，选项内容为A《西游记》，B《三国演义》，C《红楼梦》，D《水浒传》，如附录图2.15所示。

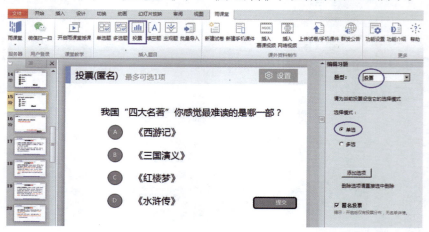

附录图2.15　"投票"题目设置页面

插入第七项功能"填空题"，课件PPT中插入了一帧"填空题"页。这里需要老师提前设置"分值""答案""是否模糊匹配""是否区分大小写""题目描述""添加空格"。如设置为两处空格，每处空格分值均为2分，总计4分，设为"模糊匹配"，"不分大小写"，题目描述为"《四库全书》是我国［填空1］朝［填空2］时期编修的大型丛书。"，填空答案为"清"和"乾隆"，如附录图2.16所示。

插入第八项功能"主观题"，课件PPT中插入了一帧"主观题"页。这里需要老师提前设置"分值""题目描述"。如分值设为 3 分，题目描述为"你认为《读后感》应该怎样写？最重要的是要写好哪部分？"。"主观题"就是让学生发挥主观思考，自主解答，不设具体答案，如附录图 2.17 所示。

附录图 2.16　"填空题"题目设置页面

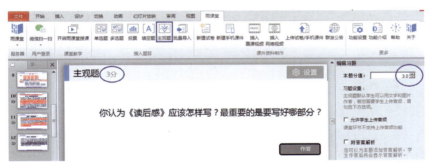

附录图 2.17　"主观题"题目设置页面

　　插入第九项功能"批量导入"，"批量导入"分"文件导入"和"文本输入"两种方式，如附录图 2.18 所示。

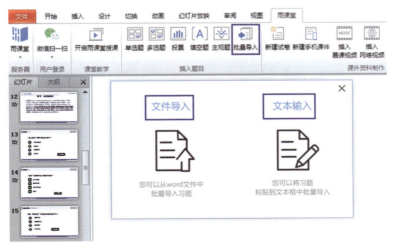

附录图 2.18　批量导入的两种方式

　　"文件导入"是从本地添加试卷文件，并选择"新建试卷并导入"，然后单击下方的"确认导入"，则将试卷 Word 文档中的试题导入一个新建的试卷 PPT 中（不选择"新建试卷并导入"，则将试题加入此课件 PPT 的新增帧页中），如附录图 2.19 所示。

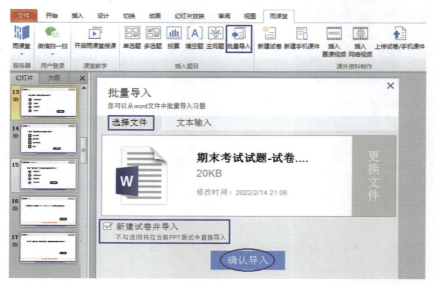

附录图 2.19　批量从文件中导入试题

　　"文本输入"是将已编辑好的试卷文件中的试题内容"复制"到当前的"文本框"中（按照要求的格式建立并粘贴）。当选择"新建试卷并导入"，然后单击下方的"确认导入"，则将试题内容导入一个新建的试卷 PPT 中（不选择"新建试卷并导入"，则将试题加入此课件 PPT 的新增帧页中），如附录图 2.20 所示。

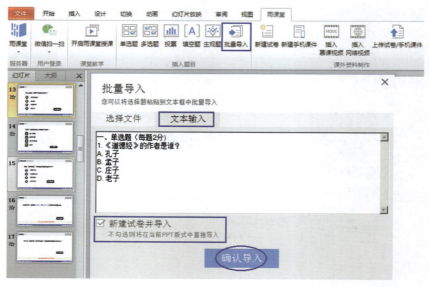

附录图 2.20　批量从文本输入导入试题

　　试卷制作完成后，老师登录"雨课堂"，并"开启雨课堂授课"，当PPT运行至试题页时，试题面右下方出现"发送题目"，单击"发送题目"，如附录图2.21所示。确定答题时间，一般选2分钟就可以，如附录图2.22所示。发送题目后，学生手机端出现"Hi，你有新的课堂习题 第××页"提醒，如附录图2.23所示。单击进入便可答题，答完题后，单击"提交答案"，即完成答题，如附录图2.24所示。

附录图 2.21　试题页"发送题目"

附录图 2.22　确定答题时间

附录图 2.23　学员手机端提醒答题

附录图 2.24　学员答完题后提交答案

　　老师可根据学生答题情况，单击"延时"，让学生继续答题；也可单击"作答结束"，查看"作答情况"，如附录图2.25—附录图2.28所示。

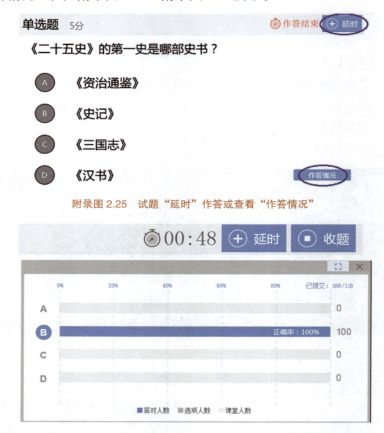

附录图2.25　试题"延时"作答或查看"作答情况"

附录图2.26　"单选题"作答情况显示

附录图2.27　"投票"作答情况显示

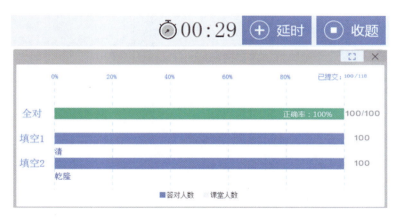

附录图 2.28 "填空题"作答情况显示

　　"雨课堂"第十项至十五项功能是"课外资料制作"项。"新建试卷"即新建一个试卷 PPT；"新建手机课件"即新建一个手机课件 PPT；"插入慕课视频"即插入"慕课"短视频；"插入网络视频"即链接到网上短视频；"上传试卷 / 手机课件"即将本地建立的"试卷"或"课件"上传至雨课堂的"课件库"中；"群发公告"即可向一个班或多个班同时群发公告。

　　"雨课堂"第十六项和第十七项功能是"功能设置"和"功能介绍"。"功能设置"包括"通用""弹幕""授课幻灯片""语言""直播""常用服务器"设置；"功能介绍"介绍雨课堂的常用功能。课后老师和同学们可以尝试和了解这些功能。